# Das andere Ägypten

*Kulturen – Mythen – Landschaften*

Allen, die uns nahe stehen, Groß und Klein, die unsere Leidenschaften und unsere unersättliche Neugier teilen.

Originalausgabe © 2000: Editions Mengès, 6, rue du Mail, 75002 Paris
Originaltitel: »L'égypte des sables. Une civilisation du désert«

© 2000 für die deutsche Ausgabe:
Könemann Verlagsgesellschaft mbH
Bonner Straße 126, D-50968 Köln

Übersetzung aus dem Französischen:
Monika Cyrol und Elke Trautwein, für content publishing
Satz und Redaktion: Martin Sulzer-Reichel, Agents–Producers–Editors

Projektkoordination: Dr. Birgit Wüller
Herstellung: Ursula Schümer

Druck und Bindung: Stige SpA, Turin
Printed in Italy

ISBN 3-8290-5354-1

10 9 8 7 6 5 4 3 2 1

Alle Rechte vorbehalten.

Pauline und Philippe de Flers

# Das andere Ägypten

*Kulturen – Mythen – Landschaften*

KÖNEMANN

*»Suchen wir wie jene suchen, die
finden müssen, und finden wir wie
jene, die noch suchen müssen.«*

      **Augustinus**

                *»Das lässt zu wünschen übrig … Was will man mehr?«*

                            **Roger Munier**
                           *Proverbes (Sprichwörter)*

*»Die Reisenden umherziehende Poeten
folgen den Spuren des Windes
in die Abgründe der Unendlichkeit
geleitet von den Blitzen der Nacht
Allein diese Spuren
die die Sprache des Windes
in den Rücken der Dünen gräbt
legen Zeugnis ab über das Stöhnen
und das Gefühl dieser Erde …«*

      **Hawad**
     *Karawanen des Durstes*

# *Vorwort*

Ägypten – der Name ruft sofort das Bild einer Oase wach, die sich an den Ufern des Nil entlang erstreckt und deren Palmen sich im befruchtenden Wasser des breiten Flusses spiegeln. Aber es gibt noch ein anderes Ägypten: das durch seine Einsamkeit faszinierende Land der Wüste. An dessen Zauber wollen uns Pauline und Philippe de Flers teilhaben lassen.

Wie viele Reisen haben sie wohl in die in ihrer Gleichförmigkeit so grandiose und trotzdem so abwechslungsreiche Sahara unternommen – von den Dünen zu den Hammadas, von den Ergs zu den Dschabals, von den Oasen zu den Wasserstellen, und wie viele Bücher müssen sie gelesen haben, von Herodot über die arabischen Geschichtsschreiber bis zu den großen europäischen Forschungsreisenden wie Barth, Rohlfs, Bagnold, Almasy und Théodore Monod.

Diesem Buch liegen persönliche Erlebnisse der Autoren zugrunde, die die herrlichen Sonnenauf- und -untergänge mit eigenen Augen gesehen haben. Es fußt auf ihren Erfahrungen, zeichnet sich durch seine Ungekünsteltheit aus, vermeidet schwülstige Übertreibung und ordnet Informationen, die andere Quellen nur sehr unsystematisch präsentieren.

Im ersten Teil werden die im westlichen Teil Ägyptens liegenden Oasen als eng umrissene Lebensräume in den immensen Weiten der Wüste vorgestellt. In diesem Sinne ist der Strabon'sche Vergleich der Wüste mit einem Leopardenfell, dessen Tupfen in einem »wasserlosen, öden Land« liegen, durchaus zutreffend. Der Begriff *Oase*, in den Phantasien der Touristen ein magisches Wort, ist nachweislich bereits seit ca. 4000 Jahren, d. h. seit der 4. Dynastie (um 2300 v. Chr.), gebräuchlich, wie in Assuan auf dem Grabmal des Herkhuf nachzulesen ist. Der Jäger beschreibt dort, wie er ins Dongola-Becken hinter dem 3. Nilkatarakt gelangte.

Es finden die wichtigsten Oasen Erwähnung, beginnend im Norden mit Siwa, die durch die Pilgerfahrt Alexanders zum Orakel des Ammon im Jahre 331 v. Chr. und die damit verbundene Anerkennung seines Weltreichs Berühmtheit erlangte. Die zweite Etappe ist Bahariya mit ihren großen Nekropolen aus römischer und ptolemäischer Zeit, wo in Sarkophagen mit manchmal goldglitzernden Masken jahrtausendealte Mumien schlummern. Die dritte Station ist die dank ihrer guten Bewässerungsanlagen blühende Oase Farafra inmitten der Weißen Wüste. Danach geht die Reise weiter nach Dachla, wo erst kürzlich Ausgrabungen unter französischer Leitung die Mastabas der Gouverneure des alten Pharaonenreichs (Balat, Ayn Asil) ans Tageslicht beförderten. Endstation ist Charga mit ihrem gewaltigen Heiligtum des Hibis aus den Zeiten persischer Herrschaft, ihrem einzigartigen System unterirdischer Kanäle (den *qanat*) und ihren befestigten Tempeln der Ptolemäer und Römer, der Christianisierung unter der Leitung des heiligen Athanasios und des Nestorios sowie der Totenstadt von Bagawat mit ihren sehr gut erhaltenen Wandmalereien.

Die Sahara selbst ist Gegenstand des zweiten Teils. Hier verstehen sich die Autoren als Interpreten der Geologen und Geomorphologen. Akribisch genau beschreiben sie z. B. die Dünen, die erstaunlich viele verschiedene Formen annehmen können, sowie das Gilf Kabir, ein riesiges Sandsteinplateau im Süden der Großen Sandwüste. Ein weiterer Abschnitt ist dem »Leben des Sandes« mit seinen mysteriösen »Gesängen« sowie seinen schrecklichen Stürmen gewidmet. Nachdem dem Leser mutige Forschungsreisende und Wissenschaftler vorgestellt wurden, folgt eine Einführung in die Fauna und Flora der Wüste. Tier- und Pflanzenwelt können hier nur aufgrund ihrer enormen Anpassungsfähigkeit überleben und sich in dieser extrem lebensfeindlichen Umgebung behaupten, die von glühender Hitze, Wassermangel und heftigen Winden gekennzeichnet ist. Die Autoren berichten von der Beobachtung des *Eremiaphils*, einer Mantaart, die kannibalisch lebt, sowie versteckt lebender giftiger Tiere (Schlangen, Skorpione) und der agilen Springmaus. Das Kamel – oder genauer gesagt, das Dromedar – wirft mehr als nur ein historisches Problem auf, da seine Existenz in der Wüste erst relativ spät urkundlich belegt ist. Und es gibt weitere Wunder und Rätsel: die Höhle von Dschara mit ihren Stalaktiten und Stalagmiten, das Krugfeld von Abu Ballas sowie das so genannte *libysche Glas* – ein Ort, an dem große Mengen kosmischen Materials niedergingen.

Der Leser entdeckt, dass es neben dem Ägypten der Pyramiden, Tempel und Grabmäler auch noch ein anderes, ebenso anziehendes Ägypten gibt: das Land der Wüste. Den Pharaonen galt der Westen als das Reich der Toten und der Ort, wo sich die Sonne am Ende ihres göttlichen Laufs zur Ruhe legt. Im Gegensatz zum landwirtschaftlich durch und durch genutzten Niltal war die Wüste das Land der Gefahren, des Unbekannten und Fremden, der Wohnort angsteinflößender, monströser Hybridwesen. Für das Christentum wurde die Wüste zum Sinnbild der Prüfung und heiliger Ort der Einsiedler.

Heute, da die Welt unter Schnell-Lebigkeit, Lärm und Umweltverschmutzung leidet, ist die Wüste einer der seltenen Orte, die für Einkehr und innere Sammlung stehen. Ihre erhabene Landschaft, die hier beschrieben wird, legt davon Zeugnis ab.

Jean Leclant
*Generalsekretär der
Französischen Akademie für
Inschriften und Dichtkunst*

# Inhalt

**5** VORWORT VON JEAN LECLANT

**15** EINLEITUNG

*ERSTER TEIL: DIE OASEN*

**21** DIE OASEN – INSELN IN WEITER FERNE

**22** KAPITEL I: DIE MYTHISCHE OASE – SIWA, DIE ABGELEGENE
- 22 Befreiende Isolation
- 25 Eine Bevölkerung mit besonderen Sitten und Gebräuchen
- 30 Eine bewegte Geschichte
- 35 Ergreifende Ruinenstätten: Der Tempel des Orakels / Der Tempel von Umm Ubaida / Dschabal al-Mauta, die Grabstätten des Totengebirges / Shali, die aufgegebene Festung / Die Oasen in der näheren Umgebung

**46** KAPITEL II: OASE DER SCHWARZEN WÜSTE – BAHARIYA, DIE GLANZVOLLE
- 46 Kreuzweg der Karawanen
- 46 Eine bunt gemischte Bevölkerung
- 50 Der Einfluss von Handel und Austausch auf Namen und Geschichte der Oase
- 50 Grabstätten von außerordentlichem Reichtum
- 51 Die Mumifizierung in den Oasen
- 56 Die Tempel – wunderbare Ruinenstätten

**62** KAPITEL III: FARAFRA, OASE DER WEISSEN WÜSTE – ZENTRUM DER BEWÄSSERUNG UND DES INTENSIVEN LANDBAUS
- 62 Eine wohltuende Etappe
- 64 Gespenstische Orte: Eine ehemalige Festung / Die Legende des Königs Hennis / Die Weiße Wüste

**70** KAPITEL IV: DACHLA, TOR ZUR WÜSTE – DIE INNERE OASE
- 70 Eine ehemalige Hauptstadt
- 70 Eine dem Sand entrissene Geschichte
- 70 Eine handwerklich versierte Bevölkerung / Die Töpferei / Die Korbmacherei
- 77 Wunderbare Orte

**92** KAPITEL V: CHARGA, DAS ANDERE TOR – DIE ÄUSSERE OASE
- 96 Eine von Fremdherrschaft gekennzeichnete Geschichte
- 99 Die Tempel: Hibis / Nadura und Chons / Qasr al-Ghuita / Qasr az-Zayan
- 104 Die Umgebung von Dush
- 108 Die Festungen: Ain Umm Dabadib / Ain Labacha / Das Fort ad-Dar
- 110 Monumente christlichen Ursprungs: Die Nekropole von Bagawat / Die Kirche von Shams ad-Din / Das unvollendete Projekt: New Baris

**114** EXKURS: DIE SYMBOLIK DER FARBEN: GRÜN ALS KÖNIG DER OASEN, ROT ALS SOUVERÄN DER WÜSTE

*ZWEITER TEIL: DIE WÜSTE*

**119     MYSTERIEN DER GROSSEN ÄGYPTISCHEN WÜSTE**

**124     KAPITEL I: SPUREN IM SAND**

       124     Dauerhafte Spuren – die ersten Forschungsreisenden
       124     Forscher aus Leidenschaft: Patrick A. Clayton und R. A. Bagnold / Kamal ad-Din Hussain / Ladislaus E. von Almasy / Gerhard Rohlfs

**134     KAPITEL II: RÄTSEL DER WÜSTE**

       134     Bewegende Spuren im Sand – Pisten von Kamelkarawanen / Das Töpferlager von Abu Ballas – ein flüchtiges Mysterium / Zarzura, die verlorene Oase

**144     KAPITEL III: DIE DÜNEN, LEBENSELIXIER DER WÜSTE**

       144     Die Große Sandwüste
       144     Die verschiedenen Dünenarten
       152     Das Leben der Dünen: Das Wanderverhalten / Die Reproduktion / Der Gesang
       158     Das Plateau des Gilf Kabir

**164     KAPITEL IV: EINE ARIDE UND UNWIRTLICHE WÜSTE**

       164     Eine außergewöhnliche Flora
       164     Eine widerstandsfähige Fauna
       174     Der Falke – ein vergöttlichter Raubvogel
       175     Das Kamel – das unverzichtbare Haustier

**178     KAPITEL V: EINE FESSELNDE WÜSTE**

       178     Die Wüste, ein brennender Ozean – tödlich wie Feuer
       180     Ein sagenumwobener Ort
       183     Ort des Exils und der Wiedergeburt
       184     Die Nekropolen der Wüste – die Reise ins Jenseits

**188     KAPITEL VI: HIMMELSKÖRPER IN DER WÜSTE – SCHÄTZE IM SAND**

       188     Fulguriten – Zeugen der Unruhe am Himmel
       188     Meteoriten und Meteore aus der Ferne
       193     Das Geheimnis des libyschen Glases

**198     KAPITEL VII: SPUREN DES PRÄHISTORISCHEN MENSCHEN IN DER WÜSTE**

       198     Hundertausende von Jahren klimatischer Wechsel
       200     Die Kultur der Nomadenjäger
       203     Ein altes Nomadenvolk konserviert seine Lebensart – die Tebu
       203     Die Kultur der Playas
       208     Zwei außergewöhnliche Playas – das Wadi Bacht und das Wadi Ard al-Akhdar
       210     Spuren der Vorgeschichte: Dschara / *Mud Pans* / Abu Ballas / Wadi Hamra / Wadi Firaq / Wadi Sura

**231     SCHLUSSWORT**

**233     ANHANG: DIE ENTDECKER DER WESTLICHEN WÜSTE ÄGYPTENS WÄHREND UND ZWISCHEN DEN BEIDEN KRIEGEN**

**236     BIBLIOGRAPHIE**

**238     DANKSAGUNGEN UND BILDNACHWEIS**

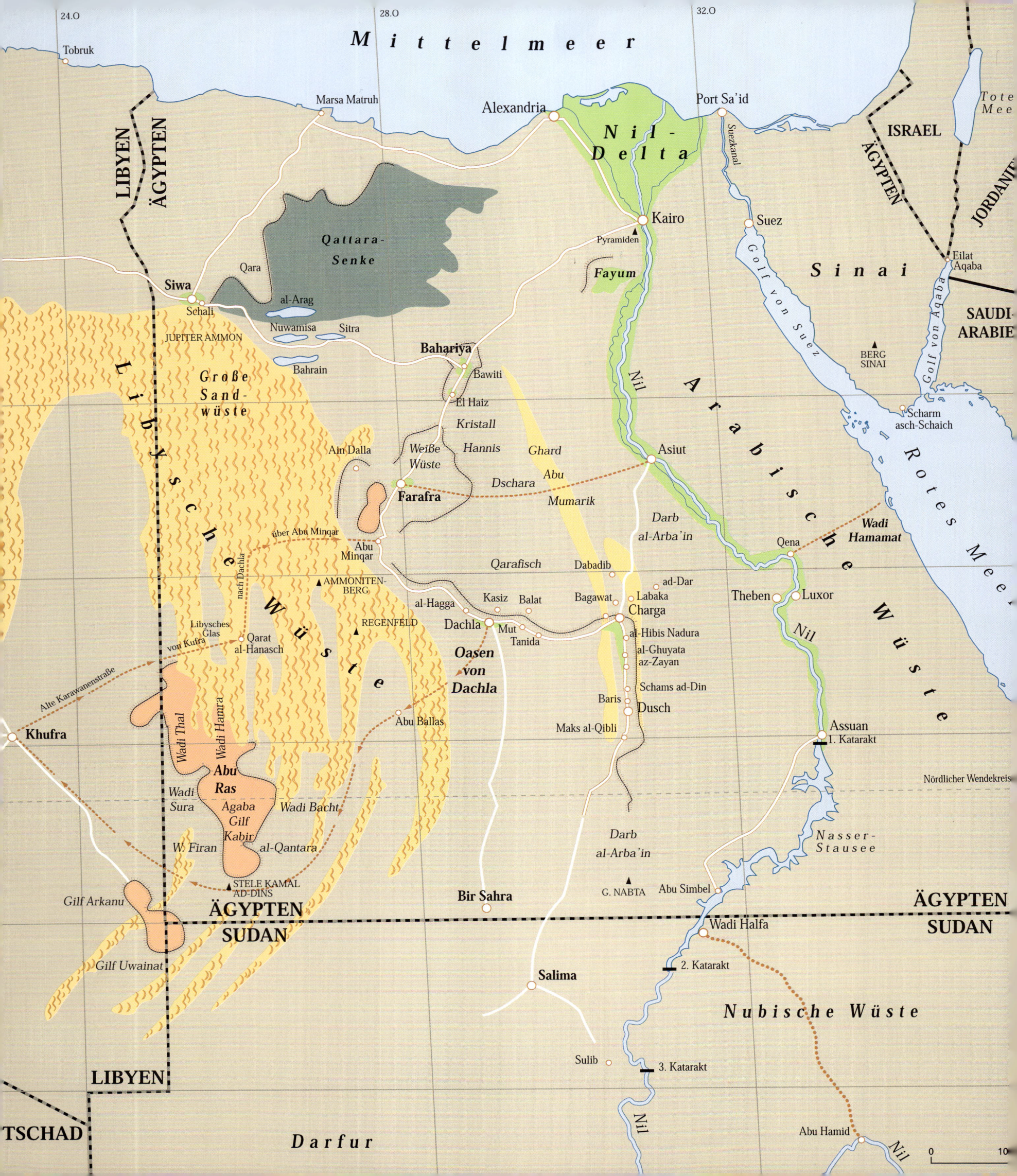

# Einleitung

Bei dem magischen Wort Ägypten denkt man sofort ans Niltal, das vom Sudan bis zum Mittelmeer von Tempeln gesäumt ist und seit 3000 v. Chr. zum Schmelztiegel der ägyptischen Kultur wurde. Schon bei der bloßen Erwähnung des Namens des Landes, das vom König der Flüsse durchquert wird, dem Strom, der als schmaler Streifen die Wüste teilt und das Land an seinen Ufern nährt, packt jeden ein heiliger Schauer. Das reiche, überbevölkerte Flusstal bietet seinen Bewohnern alles zum Leben Notwendige, obwohl sich das Wasser selbst seinen Weg unter manchmal schwierigen Bedingungen zwischen zwei Wüsten bahnen muss, die zu den trockensten der Welt zählen. Die Östliche Wüste, die den Nil vom Roten Meer trennt, hat allerdings bereits seit der Antike ihren Schrecken verloren, da die Entfernungen kurz sind und sie ohne Probleme durchquert werden konnte. Die linksseitige, sich nach Westen erstreckende Wüste hingegen scheint geradezu unendlich. Bis heute stellt sie ein fast unüberwindliches Hindernis dar und hält die Mehrzahl der Reisenden davon ab, in dieses Reich der Legenden und Mysterien, das den Alten Ägyptern als Königreich der Toten galt, einzudringen.

Die westlich des Nils gelegene Libysche Wüste gehört zum östlichen Teil der Sahara. Ihre bewegte Entstehungsgeschichte verdankt sie den Launen verschiedener, manchmal extremer Klimaperioden. Der Theorie über die Verschiebung der Kontinentalplatten zufolge muss es vor 600 Millionen Jahren einen Kontinentalblock gegeben haben, das so genannte *Gondwana*, das die Festlandsgebiete der südlichen Halbkugel vereinte. Nun begann allerdings vor 180 Millionen Jahren, also im Mesozoikum, das noch im Paläozoikum fest verbundene Gondwana auseinander zu brechen. Die einzelnen Teile bewegten sich langsam in ihre heutige Position und bildeten Südamerika, Afrika, Indien, Australien und die Antarktis. Welch gewaltige Kräfte hier wirkten, die die Erdkruste auseinander rissen und vermutlich gleichzeitig das Mittelmeer und Nordafrika formten, ist nur schwer vorstellbar. Sicher ist, dass die gewaltigen Ereignisse mit tiefgreifenden klimatischen Umbrüchen einhergingen.

Das Aussterben der Dinosaurier vor 65 Millionen Jahren geht wahrscheinlich auf ein anderes gewaltiges Ereignis zurück: einen Meteoritenabsturz. In dieser Zeit bildete sich nach und nach die östliche Sahara heraus, deren Konturen im Tertiär bereits erkennbar waren. Parallel zur Kontinentaldrift und so gewaltigen Katastrophen wie dem erwähnten Meteoriteneinschlag stieg und fiel der Wasserspiegel des Meeres. Dies wiederum hatte heftige Klimaschwankungen zur Folge. Nachdem das Meer Nordafrika endgültig freigegeben hatte, dominierten granitene Massive die Sandsteinebenen, die sich aus den Sandablagerungen der Flüsse und des Meeres gebildet hatten. Außerdem kam es zu ersten Vulkanausbrüchen.

Im Quartär setzten sich die Klimaschwankungen fort. Dicke Eispanzer drangen von Norden her vor und schliffen die Felsen ab. Aufgrund der thermischen Spannungen und der Erosion durch den Wind bildete sich immer mehr Sand, der sich zu Dünen aufhäufte. In dieser Zeit tauchten die ersten Menschen in der heutigen Sahara auf und begannen, einzelne Wüstengebiete zu besiedeln.

Die prähistorischen Siedlungen waren großflächig verteilt. Besonders verbreitet war der als *playa* bezeichnete Typ, der dadurch gekennzeichnet war, dass die Behausungen um Senken herum lagen. Dort gediehen diverse Pflanzen in der Nähe von Seen, die das Meer zurückgelassen hatte und die durch häufige Regenfälle aufgefüllt wurden. Außerdem gab es damals noch reichlich sprudelnde Quellen.

Diese Oasen der Fruchtbarkeit bestanden in den Senken, in denen sich reichlich Humus ablagerte, fort. Sie bilden einen Gürtel, der bis heute den Menschen eine Heimat gibt und sie hier ihren Traditionen gemäß leben lässt. So bewahren die zwischen dem Nil und der Großen Sandwüste gelegenen Oasen Siwa, die Abgelegene, Bahariya, die Schwarze, Farafra, die Weiße, sowie Dachla und Charga als »Tore zur Wüste« gleichsam als Erbinnen der Vergangenheit die Kultur der Wüste bis heute.

In diesen wenig gastlichen Gegenden war der Mensch trotz aller Widrigkeiten immer präsent. Ehe die Wüste sich in die Sahelzone hinein ausbreitete, jagte er in den Savannen die Tiere, die in der Umgebung der reichlich vorhandenen Wasserstellen lebten, wie zahlreiche Felsmalereien belegen. Als das Klima zunehmend trockener wurde, zogen sich die Jägergesellschaften in die großen Flusstäler zurück, die ihnen im Westen wie im Osten eine lebensfreundlichere Umwelt und Möglichkeiten zu einer Entwicklung boten, die ihnen in ihren ursprünglichen Territorien verwehrt war.

Die großen Senken der westlichen Wüste bildeten einen Übergangsbereich, der den Tieren, auf die die Menschen angewiesen waren, dank der Wasservorräte einen Lebensraum bot und so die Halbnomaden an diese Regionen banden. Die tonhaltigen Böden und die trotz der Austrocknung weiterhin bestehenden natürlichen artesischen Brunnen ermöglichten den Menschen seit jeher die Ansiedlung. Das im nubischen Sandstein unterirdisch gespeicherte Wasser stellte ein fast unerschöpfliches Reservoir dar. Daher brauchte sich die Bevölkerung in prähistorischer Zeit nur sporadisch mit Landwirtschaft zu beschäftigen, die allenfalls die Erträge der Jagd und des Sammelns ergänzte.

Die Art und Weise, wie die Ägypter diese Regionen kolonisierten – Quellen belegen, dass dies zu Beginn des 3. Jahrtausends v. Chr. geschah, sehr wahrscheinlich aber auch schon früher, auch wenn davon heute selbst mit Hilfe modernster archäologischer Methoden keine Spuren mehr zu finden sind –, lässt diese Ursprünge erkennen. Ihr Interesse galt zunächst den Senken, wo sich ähnliche Bedingungen wie im Niltal schaffen ließen. Der Begriff *ouhat*, den die Ägypter diesen Senken gaben, bezeichnete in ihrem allgemeinen Sprachgebrauch ein recht tiefes Gefäß, eine Art Kessel. Das Wort vermittelt anschaulich, wie groß der Höhenunterschied zwischen dem libyschen Plateau und den Oasen ist, die nur über steile Abstiege zwischen Felsgestein und Sanddünen zu erreichen sind. Das Wort *ouhat*, von dem sich das griechische *oasis* ableitet, ist noch heute im Arabischen lebendig.

In diesen Kesseln ließen sich die Neusiedler, die ihre Kultur und ihren Glauben mitbrachten, nieder, ohne ihre Wurzeln am alles befruchtenden Fluss zu vergessen. So entwickelte sich eine Gesellschaft, die sich in jeder Hinsicht wie die Bewohner der Provinzen im Niltal organisierte. An ihrer Spitze standen Gouverneure, die die königliche Macht repräsentierten, und eine Verwaltung, die dem Herrscher rechenschaftspflichtig war. Es entstanden Städte, Tempel und Nekropolen. Namenskundliche Forschungen belegen, dass die damals hier lebenden Menschen die gleichen Namen trugen wie ihre Mittelägypten besiedelnden Zeitgenossen.

In diesem Zusammenhang ist bemerkenswert, dass man zwar in Ägypten ist, aber gleichzeitig den Eindruck hat, eine ganz andere Welt vor sich zu haben: Zwar überschwemmen die Bauern ihre Felder wie im Niltal, doch kommt heute das Wasser dazu aus künstlich angelegten Brunnen, die oft mehr als 1000 Meter tief gebohrt wurden und das fossile Grundwasser verschwenden und überdies die Felder versalzen lassen. Zwar wurde auch früher das gleiche Prinzip angewendet, doch ging man überlegter mit dem Wasser um: Ausgrabungen des Französischen Instituts für orientalische Archäologie im Süden der Oase Charga ergaben, dass das Wasser in persischer bis römischer Zeit durch lange unterirdische Röhren floss, so genannte *qanat*, die halfen, die natürlichen Ressourcen sinnvoll zu verteilen. Die Tatsache, dass diese alte Technik heute mit Erfolg wieder in Farafra Anwendung findet, beweist, dass sie immer noch ihre Daseinsberechtigung hat.

Stets in ihrer Geschichte sahen sich die Bewohner der Oasen als Teil der großen Kulturen, an deren Rändern sie lebten. Eine Ausnahme ist vielleicht Siwa, das zwischen zwei Welten – Afrika und dem Mittelmeer, dem Maghreb und dem Nahen Osten – liegt. Aber auch wenn sich Siwa vor der umgebenden Welt abzuschotten versuchte, war es stets ein Objekt der Begierde. Es lockte Eroberer an und war Rückzugsgebiet und Ausgangspunkt für die mythische Ausstrahlung des Islam.

Die Oasen sind keine in sich geschlossene Welt. Zwischen den hier lebenden Menschen hat sich eine besondere Kommunikationskette herausgebildet: Alle Oasen waren seit alters Anlaufpunkt für Jäger und boten wertvolles Ackerland für die vom Nilufer kommenden Bauern, ein Zentrum der Kultur und obligatorische Durchgangsstation für alle Reisen durch die Wüste. Diese Rolle spielen sie auch heute noch. Und was wären der grüne Teppich Siwas, die ockerfarbenen Felder Dachlas und die Obstgärten Farafras ohne die sie umgebende und schützende Wüste? Hoffen wir, dass die großen Projekte unserer Tage zur weiteren Nutzbarmachung dieses Gleichgewicht nicht stören.

# Warum Oasen in Senken liegen
## von Rushdi Saïd

Die Oasen der westlichen ägyptischen Wüste sind Senken, die aus dem großen Kalksteinplateau dieser Landschaft herausgearbeitet wurden. Da das Gelände nach Norden abfällt, liegen die südlichsten Oasen Charga und Dachla in ihren ältesten Schichten. Beide befinden sich am Rand dieses Plateaus, das von einem Steilhang aus harten Kalksteinbänken gebildet wird. Diese wiederum sind von wenig verfestigtem Flugsand und Schiefern bedeckt, beides Materialien, die leicht rissig werden. An der den Felswänden gegenüberliegenden Seite steigt die Bodenlinie der beiden Oasen nach und nach auf das allgemeine Niveau der Wüste an.

Die nördlicher gelegene Oase Farafra wurde in jüngere Schichten hineingearbeitet. Sie ist dreieckig und wird im Osten, Westen und Norden von steil abfallenden Felsen begrenzt. Die nördliche Felswand ist, obwohl weniger hoch, aufgrund ihrer blendend weißen Farbe am auffälligsten. Bahariya, die am weitesten im Norden liegende Oase der Kette, ist von allen Seiten von Steilhängen in jüngeren Schichten gesäumt. Sie unterscheidet sich von den anderen Oasen, die an mindestens einer Seite offen sind, dadurch, dass sie vollständig von schroffen Felsen umgeben ist und dass sich innerhalb der Senke einige einzelne Hügel erheben.

Der Ursprung der in der westlichen ägyptischen Wüste liegenden Oasen ist umstritten. Aufgrund der Tatsache, dass sie abgeschlossene Becken bilden, die inmitten des Festlands liegen und keinerlei Zugang zum Meer haben, glauben viele, dass sie vom Wind geschaffen wurden. Sicher ist es richtig, dass der Wind dazu beigetragen hat, den Oasen ihre derzeitige Form zu geben, es ist jedoch ebenso wahrscheinlich, dass das Wasser während der letzten Regenperioden ihre Herausbildung beschleunigt hat. Die Oasen entstanden vor ca. 40 Millionen Jahren in Schichten, die sich langsam hoben, und die sie umgebenden Felsen wie auch ihre Grundplatte bildeten einst den Grund des Meeres, das sich im Laufe der Zeit zurückzog.

Nach dessen Rückgang war die gesamte Westliche Wüste zunächst eine große, flache Ebene, die von Kalksteinbänken bedeckt war. Diese Gebiete waren während der ganzen Zeit, als sie sich hoben, den Elementen unterworfen. Das Plateau selbst war mehreren Regenzeiten und Drainagesystemen ausgesetzt, von denen sich mindestens eines vor der Entstehung der Oasen gebildet haben muss. Das Regenwasser drang in die Kalksteinfelsen des Plateaus ein und wusch die Nahtlinien zwischen den einzelnen Abschnitten aus, sodass sich Höhlen und unterirdische Kanäle bildeten, die das Wasser in tief liegende Becken ableiteten. Im Fall der im zentralen Plateau gelegenen Oasen Bahariya und Farafra, die auf allen Seiten von Steilhängen umgeben sind, ist es möglich, dass ihr Entstehen auf den Austritt von Wasser an die Oberfläche zurückgeht, das dann die Kalksteinschichten auflöste, die die umgebenden Felsen bedeckten. Als diese harten Schichten beseitigt waren, arbeitete wahrscheinlich der Wind den Grund der beiden Oasen immer tiefer in den mürben Kalkstein und Schiefer ein. Farafra wie auch Bahariya liegen in Bereichen, wo der Austritt von Grundwasser an die Oberfläche vorstellbar ist.

Charga und Dachla, die am Fuße des großen Plateaus der Westlichen Wüste liegen, entstanden wohl auf ähnliche Weise. Beide Oasen liegen entlang tektonischer Achsen mit einigen aktiven Quellen. Einige Wissenschaftler führen die Entstehung der beiden Oasen dagegen auf eine alte Drainageachse zurück, die wahrscheinlich die flache Oberfläche des südlichen Teils der westlichen Wüste formte. Diese Oberfläche entstand offenbar, als das Mittelmeer vor ca. 6 Mio. Jahren ein tiefes Niveau hatte. Dann wären die Oasen Relikte des alten Drainagesystems.

Erster Teil

# Die Oasen

»Die Insel der Glückseligen:
die Inseln des Meeres;
bewohnte Eilande, von großen
Wüsten umschlossen.«

Herodot

# Die Oasen — Inseln in weiter Ferne

Jeder, der sich in Richtung der untergehenden Sonne vom Nil entfernt, wird unweigerlich in der Hölle landen: Die Pisten verwischen, es gibt kein Wasser mehr, weit und breit ist kein Mensch zu sehen, nur blendender Sand, bis an den Horizont. Die Expedition bewegt sich mit ungewissem Ziel vorwärts, aber die Verstoßenen haben keine Wahl. Doch gegen Ende der Reise gibt es Hoffnung. Eine Fata Morgana? Nein, Farben und Leben zeigen sich, üppig wuchernde Vegetation, ein Springbrunnen, geschäftiges Treiben allenthalben: Die Oase, von Herodot als »Insel der Glückseligen« bezeichnet, taucht auf. Für Olympiodoros sind Oasen vom Meer ausgesetzte, für immer gestrandete Inseln, über deren Vergangenheit Muscheln und Meeresfossilien heute noch Zeugnis ablegen.

Woher kommt der Begriff *Oase*? Er hat, wie Jean Leclant berichtet, eine lange Geschichte: Das Wort war seit dem Alten Reich gebräuchlich und ist seitdem allgemein bekannt.[1] Früher bezeichnete es bestimmte Orte der Libyschen Wüste, später nannte man alles Oase, wo es Wachstum und Frieden inmitten einer Ödnis gab.

Oasen profitieren von günstigeren Witterungsbedingungen, die sich angesichts der lebensfeindlichen Umgebung besonderer Wertschätzung erfreuen: Das hier reichlich vorhandene Wasser neideten ihnen selbst die Bewohner des Niltals, die den Kapricen des Flusses ausgesetzt waren. Von Nord nach Süd wie Perlen auf einer Schnur zwischen den Vorposten der Wüste aufgereiht, spielten die Oasen eine wesentliche Rolle für Sammlungsbewegungen und gesellschaftliche Prozesse. In grauer Vorzeit zogen sie zunächst die aus der Sahara Flüchtenden an, die diese wegen zunehmender Trockenheit verlassen mussten. Die Ansiedlung der Saharabewohner führte zur allgemeinen Verbreitung ihrer Kenntnisse über Ackerbau, Haustierzucht und Handwerk wie Töpferei, Weben, Malerei usw. Die Oasen profitierten zudem von der ägyptischen Vorherrschaft und dem kommerziellen, künstlerischen und kulturellen Austausch und wurden zum Sammelbecken für politisch Missliebige aus dem Niltal.

Die Fortschritte im Verkehrswesen und der Ausbau der Infrastruktur trugen dazu bei, dass sie ihre Isolierung überwanden. Das aktuelle Neues-Tal-Projekt zieht zusätzlich Menschen an: Die Oasen, einst Welt der Verbannten, werden zur Alternative für die Bewohner des Niltals.

**Linke Seite:** *Ägyptenkarten von Guillaume Delisle von der Königlichen Akademie der Wissenschaften, in Paris beim Autor am Quai de l'Horloge im Aigle d'Or, November 1707*

1. Jean Leclant: »Oasis, Histoire d'un mot.« In: *A la croisée des études libyco-berbères*, Mélanges offerts à P. Galand-Pernet et L. Galand, Paris 1993.

Kapitel I

# Die mythische Oase — Siwa, die Abgelegene

**Befreiende Isolation**

»Im Binnenlande beginnt das Libyen der wilden Tiere und dahinter eine hügelige Sandwüste, die sich von Theben in Ägypten bis an die Säulen des Herakles erstreckt. In dieser Wüste finden sich ungefähr alle zehn Tagereisen auf auf Hügeln mächtige Salzblöcke, und oben auf den Hügeln entspringt mitten aus dem Salze kaltes Süßwasser. Da herum wohnen auch Menschen, die letzten nach der Wüste zu und südlich von dem Lande der wilden Tiere.«[2]

Nach Tagen mühsamer, für Leib und Leben gefahrvoller Durchquerung der Wüste entdecken die Karawanen eine phantastische Landschaft mit einem beeindruckenden Ort im Zentrum: Kalksteingebirge in blendendem Weiß mit riesigen, meerähnlichen Salzseen, die sich im leichten Dunst der Hitze spiegelten, sowie Berge, die Grabstätten beherbergten, andere wiederum Häuser, und noch andere waren von Tempeln hoch oben auf dem Fels gekrönt. Trugbild oder Wirklichkeit?

Der erstmalige Anblick Siwas wirkt wie ein Schock, auch heute noch. Die geografische Lage der Oase ist einzigartig: Bis zum Nil sind es 600 und bis zum Mittelmeer 300 Kilometer, die libysche Grenze ist nur 50 Kilometer entfernt. Im Süden wird sie von der Großen Sandwüste begrenzt und im Osten von Sümpfen und Treibsanden, sodass die Route von Norden her die zugänglichste bleibt.

Aufgrund ihrer Isolation kann die Oase auf eine bemerkenswerte Geschichte zurückblicken. Seit frühester Vorzeit bewohnt, spielte sie in der Antike als Zufluchtsort und obligatorischer Zwischenstop für Karawanen, die in nord-südlicher Richtung vom Mittelmeer bis in den Sudan reisten bzw. in ost-westlicher vom Niltal nach Libyen, eine wichtige Rolle. Später wurde sie zum Etappenziel auf dem Weg nach Mekka.

Lange Zeit war das Gebiet vom Meer überspült, bevor es sich vollständig zurückzog, um später aufs Neue zurückzukehren, bis es dann in seinen heutigen Ufern verharrte. Salzfelsen und fossile Seetiere legen darüber noch heute Zeugnis ab, ebenso kleine Salzseen. Zu Beginn des 19. Jahrhunderts beschrieb Heinrich von Minutoli die Oase so: »Der Boden« ist »hie und da feucht, sumpfig und mit kleinen Salzseen bedeckt, aus einigen von welchen ganz sonderbar fruchtbare Inselchen hervorsteigen, die süße Quellen enthalten und mit reichsten Pflanzungen bedeckt sind.«[3] Das Wasser, das nicht aus der Senke ablaufen kann, ist auch weiterhin Ursache dieses Phänomens, denn Regenfälle gibt es nur selten, und wenn, dann sind sie heftig und zerstörerisch. Die artesischen Süßwasserquellen führen manchmal das geschätzte Thermalwasser, jedoch ist weniger als ein Drittel davon trinkbar. Zudem sind seit der Antike zahlreiche Wasserstellen versiegt.

Der hohe Salzgehalt der Gewässer ist im Übrigen der Grund, weshalb die Bewohner Siwas auf Fische und Dromedare verzichten müssen: Gäbe es Fische, würden diese viele der in den Sümpfen lebenden Insekten vertilgen, die dann nicht über die Dromedare herfallen könnten, wodurch diesen ein tragischer Tod erspart bliebe.

Nur Esel überstehen das Klima unbeschadet. Um das Schamgefühl der Frauen der Oase nicht zu verletzen, verbannt ein alter lokaler Brauch alle Eselinnen auf eine »Nachbarinsel« und gestattet nur das für die Reproduktion unerlässliche Zusammentreffen beider Geschlechter pro Jahr. Die Esel wiederum, von allen »unsittlichen« Ablenkungen befreit, revanchieren sich durch hundertprozentige Verfügbarkeit bei der Erfüllung ihrer häuslichen und landwirtschaftlichen Aufgaben, zu denen vor allem der Transport der Oasenbewohner gehört.

Weitere besondere Merkmale Siwas sind, dass sich die Oase in einer 80 Kilometer langen Senke befindet und circa 20 Meter unter dem Meeresspiegel liegt. Es gibt dort 300 Quellen, 15 000 Einwohner, 200 000 Dattelpalmen sowie zahlreiche Obstbäume. Nach von Minutoli[4] war das Land fruchtbar und warf viel ab, wobei manches sicher Legende ist. So soll die Jahresernte eines einzigen Orangenbaums 14 000 Früchte betragen haben! Guy Wagner[5] zufolge stellten Oliven, Granatäpfel, Feigen, Aprikosen, Melonen, Weintrauben und Datteln, die »Früchte des Orakels des Ammon«, den Reichtum der Oase dar.

Qualität und Menge der hiesigen Datteln sind berühmt. Eine Dattelpalme hat einen besonders langen »Produktionszeitraum«: Der Baum

*Eine Fata Morgana in der Wüste? Oder die Erfüllung des Wunsches, seinen Durst zu löschen und die von der Hitze des Sandes und der Sonne geschlagenen Wunden zu kühlen? Eine riesige Wasserfläche breitet sich vor dem Auge aus, eine real vorhandene Oase, weiß schimmernd und von großen Seen umgeben, jedoch auf grausame Weise arm an Trinkwasser und schleichend vom Salz unterwandert, das sämtliche Fische tötete und an den Feldern frisst. Das Meer, das sich schon vor sehr langer Zeit zurückzog, hat der Gegend am Fuß der gigantischen Kalkplateaus, an der Grenze zur Sandwüste, seinen Stempel aufgedrückt.*

---

**2.** Herodot, IV. Buch, Kapitel 181 (Übersetzung nach: Herodot: *Das Geschichtswerk*. 2 Bd., Berlin und Weimar 1967).
**3.** Heinrich von Minutoli, *Reise zum Tempel des Jupiter Ammon in der Lybischen Wüste und nach Ober Aegypten in den Jahren 1820 und 1821*. August Rücker, Berlin 1824, S. 89.
**4.** Ebd. S. 89.
**5.** Guy Wagner: *Les Oasis d'Égypte*. IFAO (Institut Français d'Archéologie Orientale – Französisches Institut für orientalische Archäologie), Kairo 1987, S. 296.

*Landschaftsbild mit lockenden Seen, deren Ufer allerdings sumpfig sind oder aus heimtückischem Sand bestehen. Die Palmen, Obstbäume und Felder sind einem immer währenden Kampf zwischen dem aufsteigenden Salzwasser und den Süßwasserquellen ausgesetzt. Im Gegensatz zu den bereits vom Salz ruinierten Oasen in der Umgebung Siwas konnte die Hauptoase selbst ihren Wohlstand dank ihrer 300 Quellen bewahren.*

**Oben:** *Das unter den Dattelpalmen schimmernde Quellwasser dient der Bewässerung der Ackerflächen, die dem Boden abgetrotzt wurden. Die Wasserverteilung ist über ein streng reglementiertes, jahrhundertealtes System organisiert.*

**Nächste Seite:** *Zwei Bewohner Siwas sitzen draußen und wärmen sich in der aufgehenden Wintersonne: Die Nächte vor den Toren der Wüste sind kalt. Die indigofarbene Mauer (Indigo ist ein am Ort vorkommendes Farbpigment) erinnert jeden, der an ihr vorbeigeht, an die unverbrüchliche Einheit von Himmel und Wasser, den Lebensquell der Oasen, und dient außerdem der Abwehr böser Geister.*

*Datteln sind der legendäre Reichtum der Oase Siwa. Sie gedeihen auf 200 000 Palmen verschiedener Arten und werden seit der Antike verzehrt und geschätzt. Als »Früchte des Orakels des Ammon« bezeichnet, profitierte ihr Ruf vom Prestige des Pilgerortes. Die verschiedenen delikaten Sorten spielen noch heute bei diversen Zeremonien eine Rolle: nicht nur als Geschenk, sondern vor allem als Symbol des Glücks. Die fünf Farben, die die Datteln im Laufe ihrer Reifung annehmen, erscheinen auf den Brautkleidern und gelten als Garanten für Glück und Fruchtbarkeit.*

6. Minutoli (wie Anm. 3), S. 89.
7. *Égypte, Oasis d'Amun-Siwa*. Ethnographisches Museum. Sammlung Bettina und Leonardo Leopoldo. Genf 1986, S. 28.
8. Wagner (wie Anm. 5), S. 215.
9. Ahmed Fakhry: *The Oases of Egypt*. Band I: *Siwa Oasis*. The American University of Cairo Press, Kairo 1973.

trägt ab seinem vierten Lebensjahr 150 bzw. 200 Jahre lang Früchte. Von Minutoli berichtet von jährlich 5000 bis 9000 Kamelladungen von jeweils durchschnittlich drei Zentnern Gewicht.⁶

Siwa verdankt seinen Ruf mehreren Dattelarten. Hierzu gehören *al-qak*, die Weiße, *gasali*, die Rote, und *thawa*, die Zarte, die als die wohlschmeckendste gilt. Den verschiedenen Farben der Früchte wird große Bedeutung beigemessen. Sie müssen in den Stickereien auf den Brautkleidern vorkommen, damit diese Glück bringen: Die Ethnologin Bettina Leopoldo, die in Siwa lebte, bemerkte dazu, dass die Palette »fünf typische Farben – Rot, Grün, Orange, Gelb und Schwarz – umfasst, von denen jede einen anderen Reifegrad der Datteln symbolisiert«⁷.

## Eine Bevölkerung mit besonderen Sitten und Gebräuchen

Die Lage der Oase Siwa, ihre Entfernung zu den Hauptstädten Ägyptens, Libyens und des Sudans trugen zu ihrer Unabhängigkeit bei.

Der abgelegene Ort hat seine Ursprünglichkeit eifersüchtig verteidigt, um sein Berbertum und seine Sprache, das Siwi, zu bewahren. Die Bewohner sind stolz auf ihr Anderssein und ihre Fähigkeit, trotz der Schwierigkeiten, die der Feldbau in den vom Salz zerfressenen Feldern mit sich bringt, autark zu leben, und waren immer betont fremdenfeindlich. Sie sind mehrheitlich Berber; allerdings bildeten sich in Folge der durchziehenden Karawanen Siedlungen ehemaliger Sklaven äthiopischer bzw. nubischer Herkunft. Das Siwi nahm Elemente ihrer Sprachen auf und unterscheidet sich erheblich vom Arabischen. Wagner⁸ beschreibt es als eine Mischung aus altägyptisch und altnubisch.

Der ägyptische Ägyptologe Ahmed Fakhry lebte länger in der Berbersiedlung, befragte die Bewohner und las den »Codex von Siwa«, einen Bericht über die Geschichte der Oase, der eine Beschreibung des Orts, seiner Reichtümer und der bis heute lebendigen Bräuche liefert.⁹

Das lokale Brauchtum unterscheidet sich erheblich von dem der anderen Oasen: Die Frauen halten sich vorwiegend innerhalb ihrer Häuser in der Stadt auf, leben weitestgehend isoliert und kommen nur bei großen Feierlichkeiten wie Hochzeiten, Taufen, Beerdigungen usw. heraus. Verlassen sie das Haus, verschwinden die Oasenbewohnerinnen geradezu unter der *milaya*, einem großen, schwarzen, blau gesäumten Überwurf, der ihr Gesicht bis auf einen schmalen Sehschlitz verdeckt.

Aushäusige Tätigkeiten sind Sache der Männer. Sie gärtnern, handeln und beleben die Straßen. Junge unverheiratete Burschen (*zaggalat*, »Stockträger«) leben vor den Toren der Stadt und widmen sich ausschließlich dem Garten, wo sie auch schlafen, um ihn zu bewachen.

*Wohin mag diese gesichtslose Frau in der berühmten schwarzen, blau gesäumten und weiß gestreiften* milaya *wohl gehen? Begibt sie sich vielleicht zur Hochzeit ihrer Freundin, die über den sieben Kleidern ihres großen Tages das traditionelle, mit vielen Perlmuttknöpfen reich geschmückte Brautkleid angelegt hat?*

**Nächste Seite:** *In der Öffentlichkeit spielende Kinder und plaudernde Männer. Frauen hingegen verlassen das Haus nur zu großen Festlichkeiten wie Hochzeiten, Taufen und Beerdigungen. Hier sind sieben Bewohner Siwas beisammen, sicher ein gutes Omen!*

### *Die Hochzeit*

An ihrem großen Tag trägt die junge Siwanerin sieben (diese Zahl gilt als magisch und soll Glück bringen) Kleider übereinander. Außerdem ist sie so in der Lage, sich an jedem Morgen der darauf folgenden Woche in einer neuen Toilette zu zeigen. Die Reihenfolge der Kleider ist stets gleich: Das erste Kleid, das direkt auf der Haut getragen wird, muss weiß und durchsichtig sein, das zweite rot und ebenso leicht, das dritte schwarz, das vierte gelb, das fünfte blau, das sechste ist aus roter und das letzte aus grüner Seide. Darüber trägt die junge Frau das traditionelle schwarze Brautkleid, das am Halsausschnitt mit farbigen geometrischen Mustern und zahlreichen kleinen Perlmuttknöpfen – kleinen Sonnen, die gegen den bösen Blick schützen – bestickt ist. Manche sehen darin ein Fortbestehen der strahlenden Sonnen als Symbole des Gottes Aton[10]. Andere, wie Bettina Leopoldo, beschreiben sie als magische Spiegel: »Sie reflektieren nicht nur alle Farben, sondern ziehen, ihrem Glauben zufolge, die Sonnenenergie an und leiten sie an den Träger weiter. Damit sind sie eine Quelle persönlicher Energie, einer mächtigen und positiven Aura.«[11]

Breite Silberketten mit Sonnenmustern und traditionellen Motiven wie Datteln, Palmen und Fischschuppen vervollständigen den Feststaat. Das Haar, das mit mehrere Kilogramm schwerem Silberschmuck in Halbmondform geschmückt wird, bedeckt ein großer gestreifter Schal aus roter Seide, an dem die unerlässlichen Pompons aus farbiger Wolle schaukeln. Die Feier selbst beginnt mit der Entführung der Braut …

### *Die Trauer*

Während Schwarz die Farbe des Festkleides ist, symbolisiert Weiß Trauer. Nur in Siwa lebt noch die seltsame, *guhla* genannte Tradition fort: Junge Witwen werden als Opfer des bösen Blicks in einigem Abstand zur Gemeinschaft weggeschlossen, um jedes Ansteckungsrisiko zu vermeiden. In ein weißes Gewand gehüllt, dürfen sie sich vier Monate und zehn Tage lang nicht waschen, umblicken und sich sehen lassen und nur mit nahen Verwandten und der alten Frau reden, die ihnen durch eine geschlossene Tür Nahrung reicht. Am Vorabend ihrer Rückkehr wird die Stadt durch eine Trommel darüber in Kenntnis gesetzt. Damit der böse Blick nicht entweichen kann, werden sie mit verbundenen Augen zu einem reinigenden Bad bei der Tamusi-Quelle geführt, das sie für immer vom Dämon befreit und ihnen erlaubt, sich ein Jahr später neu zu verehelichen. Witwer unterliegen keinen Zwangsmaßnahmen und dürfen schon wenige Wochen später wieder heiraten.

## Der Ursprung und die heilige Bedeutung der Zahl Sieben

Die Zahl Sieben zieht sich durch die gesamte ägyptische Mythologie und begleitet die Menschen von der Geburt bis zum Tod. Ihre Bedeutung leitete sich direkt vom Ursprung der Welt ab, deren Erschaffung mit den »vom Schöpfer ausgesprochenen sieben aufeinander folgenden Worten« beginnt, so Dimitri Meeks und Christine Favard-Meeks.[12]

Die sieben *Hathors* bestimmen Geburt und Schicksal jedes Menschen. Der Tote muss sieben Vorhallen überwinden, um der Finsternis zu entweichen, auf Osiris warten und wird dann bis in alle Ewigkeit glücklich wie er. Der Gott Re selbst besitzt sieben Seelen und sieben Paar Ka[13], denen man bei Sonnenaufgang Ehre erweisen muss:

»Salut dir und deiner Seele, sieben Mal!
Salut dir und deinen Kas, vierzehn Mal!«[14]

10. Aton, die Sonnenscheibe, gehört seit dem Alten Reich zum ägyptischen Pantheon. Aton repräsentiert die physische Erscheinung der Sonne. Amenophis IV. (1352–1338 v. Chr.) bestimmte ihn zum dynastischen Gott und stellte sich unter seine Anrufung, indem er seinen Namen Amenophis, »Amun sei Friede«, in Echnaton, »es gefällt dem Aton«, änderte, so die göttliche Immanenz hervorhob und eine direkte Verbindung zwischen dem Schöpfer und der Menschheit schuf. Diese neue Beziehung wird auf Darstellungen durch eine Sonnenscheibe symbolisiert, deren Strahlen in Händen enden, die sich den Menschen zuwenden. Der Realismus in der Kunst unter Echnaton, der fast schon wie eine Karrikatur wirkt, hatte keine Zukunft. Nach dem Tod des Pharaos und der kurzen Herrschaft des Semenchkares kehrte Tut-Anch-Aton, das »lebende Abbild Atons«, zur Amun-Orthodoxie zurück und regierte unter dem Namen Tut-Anch-Amun, »das lebende Abbild Amuns« (1336–1327 v. Chr.).
11. *Égypte, Oasis d'Amun-Siwa* (wie Anm. 7), S. 49–50.
12. Dimitri Meeks und Christine Favard-Meeks: *Les Dieux Égyptiens*. Hachette, Paris 1995, S. 139.
13. Der Ka ist ein abstrakter Ausdruck und aus diesem Grund schwer zu definieren, da er eine »Offenbarung der Lebensenergien, und zwar sowohl in ihrer erschaffenden als auch in ihrer bewahrenden Form, ist.« Georges Posener, Serge Sauneron und Jean Yoyotte, *Dictionnaire de la civilisation égyptienne*, Fernand Hazan, Paris 1992, S. 143.
14. Paul Barguet: *Le livre des morts des anciens Égyptiens*. Éd. du Cerf, Paris 1967, S. 46.

In der Altstadt von Siwa stehen verfallene Häuser neben Bauten, die aus unbehauenen Palmenstämmen errichtet wurden. Diese ragen aus den Mauern heraus. Jedes Haus hat eine Terrasse, die den Frauen als bevorzugter Aussichtspunkt dient, von dem aus sie das Kommen und Gehen beobachten können, ohne sich den Blicken der Öffentlichkeit auszusetzen.

**Nächste Seite:** *Die kleinen Mädchen aus Siwa in ihren traditionellen langen Kleidern schwatzen, lachen und singen gern. Dabei werden sie von ihrer ältesten Schwester beaufsichtigt. Schleier tragen sie erst ab der Pubertät.*

---

**15.** Jean Chevalier und Alain Gheerbrant: *Dictionare des Symboles.* Robert Laffont/Jupiter, Paris 1982, S. 862.
**16.** Ebd. S. 863.
**17.** Herodot, IV. Buch, Kapitel 181.
**18.** *Égypte, Oasis d'Amun-Siwa* (wie Anm. 7), S. 11.

In alten wie modernen Kulturen und Religionen hat die Zahl Sieben oft eine besondere Bedeutung. Allerdings kannten die Alten Ägypter die Sieben-Tage-Woche noch nicht, die heute der Zeit ihren Rhythmus gibt. Ihre Woche dauerte zehn Tage. Im Islam hingegen ragte die Sieben seit je heraus: Symbol des Glücks, eines regelmäßigen Zyklus' und der Erneuerung, ja sogar der Ewigkeit. Das Modell dafür ist die Sieben-Tage-Woche, deren unveränderlicher Kreislauf Evolution und Fortschritt bewirkt. Die Sieben steht für das Streben nach Vollkommenheit und Perfektion, man nehme nur die sieben Himmel oder spirituellen Sphären, die man überwinden muss, um die Glückseligkeit zu erlangen, die sieben Farben des Regenbogens oder die sieben Noten der Musik … Sieben ist auch ein Viertel des Mondmonats des islamischen Kalenders. Zudem haben viele islamische Riten einen Bezug zur Zahl Sieben:

> »Bei der Pilgerfahrt nach Mekka muss man die Kaaba siebenmal umrunden.«[15]
> »Man spreche über der schwangeren Frau, die von einer Gefahr bedroht wird, sieben Verse der Suren.«[16]

Auf den Mauern des Tempels von Edfu sind sieben Oasen genannt, und in der Wüste erwarten uns sieben Mysterien.

### Ein verlorener Name

Der Text der »Sieben Oasen« in einer Mauer des Tempels von Edfu erwähnt Siwa ebenfalls, allerdings ist die Inschrift so verwittert, dass man ihren altägyptischen Namen nicht mehr ausmachen kann. Die Oase befand sich damals auf libyschem Gebiet; der Begriff *aman* für »Wasser« ist libyschen Ursprungs. Hier wurde Ammon, der Gott der Quellen verehrt. Zu Zeiten der Griechen, als das Orakel Berühmtheit erlangte, beeinflusste der Gleichklang des Namens mit dem des Hauptgottes Amun von Karnak die Benennung der Oase: Sie wurde Ammon- bzw. Zeus-Ammon-Oase genannt. »Das erste Volk, zehn Tagereisen weit von Theben, sind die Ammoniter mit dem Tempel des Thebaischen Zeus. Denn auch das Götterbild des Zeus in Theben hat … einen Widderkopf.«[17]

Im 14. Jahrhundert war die Oase nur noch als *Santariya*, »Ort der Akazien«, und *al-Wahat-al-Aqsa*, was soviel wie »die abgelegene Oase« bedeutet, bekannt. Siwa ist eine relativ junge Bezeichnung, die auf das 15. bis 17. Jahrhundert zurückgeht. Nach Ahmed Fakhry hat sie ihren Ursprung bei einem Berberstamm, den Swa. Bettina Leopoldo[18] präzisierte dies und verwies darauf, dass eine tripolitanische Völkerschaft, wie der Historiker Ibn Chaldun im 14. bzw. 15. Jahrhundert erwähnte, ebenfalls den Namen Ti-Swa trug.

*Kleiner Laden an einer staubigen Straße*

## Eine bewegte Geschichte

Zahlreiche Werkzeuge aus behauenem Stein beweisen, dass Siwa – wie die gesamte Sahara, deren Klima noch nicht so lebensfeindlich war wie heute –, bereits in prähistorischer Zeit besiedelt war. Allerdings gehörte Siwa, anders als die übrigen Oasen, der so genannten nördlichen Kultur an. Es waren Sammler, Jäger und Fischer, während in der südlichen Kultur Feldbau auf den dafür geeigneteren *playas* betrieben wurde.

Während der ersten Dynastie (3000 bis 2780 v. Chr.) wurde die Region von Völkern mediterraner Herkunft besiedelt, die aus dem Westen kamen, wie die Ägypter eine dunkle Haut hatten und *Tjehenu* genannt wurden. Die Tjehenu wurden später von den vermutlich aus Kleinasien stammenden *Tjemehu* mit heller Haut, blauen oder grauen Augen verdrängt. Diese schmückten den Kopf mit einer Straußenfeder und einer langen Haarlocke an der Seite.

Zur Zeit der 6. Dynastie unter Pepi I. (2289–2247 v. Chr.) wurden alle Oasen von Ägypten kontrolliert, mit Ausnahme von Siwa, das seine Unabhängigkeit bewahrte. Sehr viel später sollte sich durch die Entwicklung der um 640 v. Chr. gegründeten griechischen Kolonie Kyrene der kommerzielle Austausch mit Ägypten ausweiten: Karawanen ermöglichten den Tauschhandel mit Datteln und Oliven aus Siwa, die schon damals eine guten Ruf hatten, gegen Getreide und Herden aus Fayum oder das Silphion von der Kyrenaika, eine Pflanze, die als Medikament genutzt wurde und heute ausgestorben ist. Während der 26. Dynastie (663–525 v. Chr.) wurden schließlich ägyptische Monumente in Siwa errichtet, darunter der Tempel von Aghurmi, der das Orakel des Ammon beherbergte.[19]

Dem Orakel kam zu dieser Zeit eine große Bedeutung zu, da Besucher über einen vermittelnden Priester direkt vom Gott eine Antwort auf ihre zentralen Fragen erhielten. Es hatte einen besonderen Ruf und außerordentliche Autorität, vergleichbar mit dem Orakel von Delphi in Griechenland. Von drei berühmten Ratsuchenden weiß man noch heute. Die damals von Prinzen libyscher Herkunft regierte Oase stand zwar bereits unter ägyptischem Einfluss, blieb jedoch aufgrund der Entfernung vom Niltal relativ unberührt. Unter dem Schutz des Gottes Ammon konnten sich die damaligen Potentaten der Oase eine weitgehende Unabhängigkeit bewahren.

Das erste Beispiel für die Macht des Orakels zeigt sich im Missgeschick des persischen Königs Kambyses, des Sohns von Kyros II., der Ägypten 525 v. Chr. überfiel. Kambyses eroberte zunächst das Niltal und dann die Oasen mit Ausnahme von Siwa. Der neu gekrönte König und Begründer der 27. Dynastie war über den zunehmenden Einfluss des Ammon-Orakels verärgert, das ihm eine katastrophale Niederlage vorhersagte, sodass er sich schwor, den Ort zu zerstören. Er entsandte also seine Truppen, die die abgelegene Oase erobern sollten. Zudem hoffte er, so das wichtige Handelszentrum, zu dem sie sich entwickelt hatte, zu beherrschen. Eine 50 000 Mann starke Armee brach von Theben aus auf, erreichte Charga und zog dann über die gefährliche südliche Karawanenroute, die die Große Sandwüste durchquerte.

Herodot berichtete: »Die Ammoniter selbst aber sahen, ungefähr in der Mitte auf dem Wege durch die Wüste von Oasis [Charga] zu ihnen habe sich, als das Heer gerade beim Frühstück gesessen, ein furchtbarer Südwid erhoben und alle unter Massen von Wüstensand begraben, und so sei es spurlos verschwunden. So, sagen die Ammoniter, sei es diesem Heer ergangen.«[20]

Niemand hat sie je wieder gesehen, nach ihren Spuren wird noch heute gesucht, und mancher träumt davon, einige Reste persischer Rüstungen zu finden. Aber hätten sich nicht auch einige Ammoniter, alarmiert von der Gefahr, die Siwa bedrohte, und ermutigt durch den Spruch des Orakels, unter die Führer des Feldzugs mischen und so zu seinem offiziellen Misslingen beitragen können? Eine Fehlleitung wäre zu der Zeit leicht möglich gewesen, zumal die Lage Siwas auf zeitgenössischen Darstellungen falsch eingezeichnet war und der auf den Karten markierte Weg dorthin in Richtung einer 1000 Kilometer weiten Wüste wies, wie Jean Leclant[21] in seinen Untersuchungen belegen konnte. Einige Soldaten sollen, einen schrecklichen und unabwendbaren Tod in der Großen Sandwüste vor Augen, desertiert und in den Oasen geblieben sein, wo sie in der einheimischen Bevölkerung aufgingen.

## DIE MYTHISCHE OASE – SIWA, DIE ABGELEGENE

**Oben:** *Gesamtansicht des Tempels des Orakels und der Ruinen des Aghurmi-Viertels, die auf dem Felsen liegen, der die Senke von Siwa überragt. Der Tempel des Orakels war dem Jupiter-Ammon geweiht. Der Eingang in das Heiligtum ist noch heute erkennbar.*

**Rechts:** *Alte Ansicht von Siwa, der »Stadt aus Schlamm«, aufgenommen von der Kaufmannschen Expedition vor den heftigen Regenfällen des Jahres 1926, die zum Einsturz vieler Gebäude führten. Ausdehnung und Größe der Stadt sind gut zu erkennen.*

19. Ammon ist eine Mischgottheit: Einerseits ist er der Widder, alter Gott des Wassers und der Fruchtbarkeit, verehrt im gesamten Norden Afrikas und in Ägypten, aber andererseits auch Amun, der in Theben verehrt wurde, die Gestalt eines Menschen hatte und einen Widderkopf oder eine Kopfbedeckung mit zwei großen Federn trug. Das Merkmal des Amun von Siwa sind zwei um die Ohren gerollte Hörner, letztes Zeichen seines tierischen Ursprungs und Symbol der Kraft. Die Verbindung zwischen Tier und Gott wird von Herodot so beschrieben: »Herakles habe gern Zeus einmal sehen wollen, Zeus aber habe sich nicht sehen lassen. Endlich aber, da Herakles so sehr darum gebeten, habe Zeus zum Spaß einem Widder das Fell abgezogen und den Kopf abgeschnitten, sich den Kopf vorgehalten und das Fell umgehängt, und sich ihm so gezeigt. Deshalb bilden die Ägypter Zeus mit einem Widderkopf ab, was die Ammonier ihnen nachmachen ...« (II. Buch, Kapitel 42).
20. Herodot, III. Buch, Kapitel 26.
21. Jean Leclant: *Per Africae Sitientia, Témoignages des sources classiques sur les pistes menant à l'oasis d'Ammon.* IFAO, Kairo 1950, S. 193–253.

*Ansicht der Stadt Siwa und des Totengebirges nach einer Zeichnung aus dem Jahr 1820 (Blatt Nr. V) von Minutoli*

**Nächste Seite:** *Die Überreste vom Tempel des Orakels des Gottes Ammon im Herzen der Zitadelle von Aghurmi*

22. Friedrich Hornemann: *Tagebuch seiner Reise von Cairo nach Murzuck.* Nachdruck der Ausgabe Weimar 180. Olms, Hildesheim 1997, S. 118.

*Das befestigte Aghurmi-Viertel, in dem sich der Tempel des Orakels befand, 1820 nach Heinrich von Minutoli (Blatt Nr. XI)*

*Ansicht der Aghurmi-Festung durch ein Portal des Tempels von Umm Ubaida (Blatt Nr. VII von Heinrich von Minutoli aus dem Jahr 1820)*

Die zweite Geschichte betrifft den aus Kyrene stammenden griechischen Athleten Eubotas, der auf einer Reise in Siwa Station machte. Als ihm das Orakel weissagte, dass er siegen werde, ließ er eine Statue seiner selbst anfertigen, die dann am Tag seines Triumphs bei den Olympischen Spielen 408 v. Chr. eingeweiht wurde (nach Diodorus Siculus).

Die dritte, wohl berühmteste Erzählung rankt sich um Alexander den Großen. 331 v. Chr. hatte er die Perser aus Ägypten vertrieben, wurde zum Pharao ausgerufen und hoffte, vom Ammon-Orakel, das bei den Griechen wie bei den Ägyptern gleichermaßen angesehen war, eine Bestätigung seiner göttlichen Abstammung zu erhalten. Daher unternahm er vom neugegründeten Alexandria aus eine hastig vorbereitete Expedition nach Siwa. Da er das Schicksal der Armee des Kambyses kannte, wählte er die nördliche Route, die weniger gefährlich war: Obgleich es auf der Strecke einen Abschnitt gab, auf dem man eine Woche lang ohne Nachschub auskommen musste, deckten die mitgeführten Vorräte den Bedarf der Expedition nur für drei Tage. Fast wäre Alexander mit seinem Tross verdurstet, wäre nicht unverhofft Regen gefallen, der alle mit knapper Not rettete. Der Legende nach soll er mit seinen Soldaten, die in einem Sandsturm die Orientierung verloren hatten, gezwungen gewesen sein, sich zwei Raben anzuvertrauen, die ihnen den Weg nach Siwa wiesen. Noch heute wird dieser Ort bei den Berbern in Erinnerung an dieses Abenteuer »Weg der Raben« genannt.

Alexander offenbarte die Botschaft des Orakels nie, aber Plutarch berichtet, dass der Hohepriester, der die griechische Sprache nur unvollkommen beherrschte, einen Lapsus beging, da er ihn mit »O Païdios«, »Sohn des Zeus«, und nicht mit »O Païdion«, »Mein Sohn!«, anredete. Alexander sah sich damit in seiner göttlichen Geburt bestätigt und blieb dem Orakel bis zu seinem Tod 323 treu. Er bat, in Siwa beerdigt zu werden – ein Wunsch, der nicht in Erfüllung ging.

Nach dieser Bestätigung wurde der nunmehr als Gottherrscher verehrten Alexander mit den göttlichen Symbolen – zwei eingerollten Widderhörnern am Kopf – auf griechischen Münzen dargestellt. In griechisch-römischer Zeit blieb Siwa wegen seines Orakels, seiner Thermalquellen und Sandbäder populär. Auch Kleopatra weilte hier, eine Quelle trägt bis heute ihren Namen.

Zu Zeiten des Römischen Reichs wurde die Oase zu einem Verbannungsort für politische Gefangene. Der Niedergang des Orakels begann mit dem christlichen Zeitalter. Der byzantinische Kaiser Justinian ließ die Tempel Siwas im 6. Jahrhundert n. Chr. zur gleichen Zeit schließen wie die von Philae in der Nähe von Assuan.

Mit dem Aufkommen des Islam im 7. Jahrhundert n. Chr. geriet das Orakel in Vergessenheit; allerdings widerstand das rebellische Siwa den Umwandlungsprozessen länger als die anderen Oasen. Trotz intensiver Anstrengungen gelang es den Arabern erst Mitte des 8. Jahrhunderts, dort Fuß zu fassen, und selbst danach blieb die Oase bis 1798 autonom.

Von da an tauchten die ersten europäischen Reisenden in Siwa auf, scheiterten jedoch an der legendären Fremdenfeindlichkeit der Oasenbewohner, deren abweisende Haltung nicht zuletzt auf eine düstere Prophezeiung zurückging: Sollte ein einziger Christ in die Stadt eindringen, würde das unvorstellbare Katastrophen auslösen!

Gegen Ende des 18. Jahrhunderts verkleidete sich der Engländer W. G. Browne als Muslim, wurde aber entdeckt und daraufhin sofort ausgewiesen. Auch der deutsche Forschungsreisende Friedrich Hornemann litt bei seinen Aufenthalten in Siwa während der napoleonischen Feldzüge 1798 zweimal unter den Folgen dieser Xenophobie. Hornemann sprach Arabisch, kleidete sich nach Landessitte und war mit den islamischen Bräuchen vertraut. Er durfte die Oase besichtigen, verriet sich aber durch die Häufigkeit seiner Besuche im Tempel des Orakels. Als er verdächtigt wurde, ein Ungläubiger zu sein, stellte er seine Ermittlungen ein. Er verließ Siwa, fiel aber in einiger Entfernung in einen Hinterhalt der Oasenbewohner. Zu seiner Rechtfertigung hielt er ihrem Anführer den Koran entgegen, der ihn seinerseits mit der Frage verblüffte, ob »jemand aus seiner Begleitung etwas davon verstünde«. Horneman begriff, dass er und sein Begleiter die Einzigen unter den Männern waren, die sich in religiösen Dingen auskannten. Dank seines Mutes und seiner Kenntnisse des Korans ließen sich seine Widersacher umstimmen. »Man forderte uns auf darin zu lesen, um zu zeigen, daß wir ihrer Religion wirklich angehörten. Glücklicherweise beschränkten sich unsre Kenntnisse nicht auf bloßes Lesen; mein Dollmetscher wußte den ganzen Koran auswendig, und ich konnte schon damals das Arabische mit ziemlicher Fertigkeit schreiben, welches in jenen Gegenden für tiefe Gelehrsamkeit gilt. Die Häupter der Karawane, die bis jetzt geschwiegen hatten, nahmen jetzt laut unsre Parthey und selbst viele Siwaher verwendeten sich für uns ... Mein angenommener Charakter als Mahometaner war jetzt fest gegründet und ich entging so ferneren Untersuchungen dieser Art und vielleicht bestimmteren Proben, die ich nicht würde haben ablegen können.«[22]

**Oben:** *Griechische Münzen, Tetradrachme Ptolemäus' I. Auf der Vorderseite ist Alexander der Große mit Ammonhörnern und Elefantenhaut auf dem Haupt dargestellt, auf der Rückseite die als Krieger gekleidete Athene mit einem Adler zu ihren Füßen (Münzkabinett Paris).*

**Links:** *Blick vom Tempel des Orakels über die Senke von Siwa durch eine Öffnung in der Mauer der Zitadelle*

**Nächste Seite:** *Büste des Zeus-Ammon, möglicherweise mit den Gesichtszügen Alexanders des Großen. Die Ammonhörner, die um die Ohren eingerollten Widderhörner, sind das Symbol göttlicher Abstammung, die Alexander vom Orakel anlässlich seines Besuchs im Tempel von Siwa bestätigt wurde (Musée Calvet, Avignon).*

23. Leclant (wie Anm. 21), S. 218.

Später kamen der französische Mineraloge Frédéric Cailliaud im Auftrag Muhammad Alis 1818 und 1820 der Preuße Heinrich von Minutoli, die besser aufgenommen wurden und ins Zentrum der Oase gelangten. Beide hinterließen Beschreibungen und Skizzen von Bauwerken, die heute zerstört und teilweise vollständig verschwunden sind.

Dem Aufenthalt der Christen folgten in der Tat schreckliche Ereignisse, wie es die Prophezeiung vorhergesagt hatte: Siwa, die Rebellische, wurde besiegt und zu Beginn des 19. Jahrhunderts von Muhammad Ali unterworfen, der sie zwang, die ägyptischen Gesetze zu respektieren und Steuern zu zahlen, u. a. 2000 Kamelladungen an Vorratsgütern.

Perioden der Unterwerfungen und Aufstände wechselten sich bis zur Errichtung eines ägyptischen Gouvernements im Jahre 1829 ab. Ausländern verwehrte man weiterhin den Zugang, eine Praxis, die erst eingestellt wurde, als sich as-Sayyid Muhammad as-Sanusi, Begründer der religiösen Bewegung der Sanusi, einer in Algerien 1837 gegründeten Sufi-Bruderschaft, in Siwa niederließ. Der Große Sanusi wollte nach Libyen emigrieren, erkrankte jedoch auf der Reise und ließ sich in Siwa nieder. Dort richtete er ein bedeutendes Bildungszentrum ein, das zweitwichtigste in Ägypten nach der al-Azhar-Universität in Kairo. Ursprünglich predigte die Bewegung Gewaltlosigkeit, Einheit der verschiedenen Stämme und Rückbesinnung auf strenge religiöse Praktiken wie das Verbot von Alkohol und Tabak. Es gelang dem Großen Sanusi, Siwa zu befrieden und die Bewohner durch Heirat zwischen den östlichen und westlichen Bewohnern der Oase auszusöhnen. Die Feindseligkeit gegen Fremde aber blieb. Der Einfluss der Bewegung hält bis heute an, und eine angebotene Zigarette wird gelegentlich mit der Bemerkung »Nein, ich bin Sanusi« zurückgewiesen.

Das Sufitum, apolitisch und gewaltlos, war zu jener Zeit von der Sahara bis zum Sudan verbreitet. Der Enkel des Gründers, Sayyid Ahmad ash-Sharif, ließ sich allerdings 1914 in den Ersten Weltkrieg verwickeln, wurde von der englischen und ägyptischen Armee geschlagen und flüchtete nach Siwa. Gegen Kriegsende ergab sich die Oase kampflos, und das Oberhaupt der Sanusi musste ins Exil gehen.

Beide Weltkriege trugen erheblich zur Zerstörung Siwas bei: Die Bewohner zogen sich jedes Mal in die Grüfte des Totengebirges zurück (davon wird später noch die Rede sein), fanden darin Schutz, erweiterten sie aber ohne Rücksicht auf Malereien oder antike Funde.

## Ergreifende Ruinenstätten

### Der Tempel des Orakels

Über den Ursprung des Tempels gibt es mehrere Mythen, u. a. die Geschichte des Nigidus Figulus (1. Jahrhundert v. Chr.): »Als Liber eine Armee in Afrika führte, lichteten sich seine Truppen aufgrund des Wassermangels ... Nach einigen Tagen erschien plötzlich ein [Widder] und [führte] Liber und seine Armee auf wunderbare Weise zum Wasser; aus diesem Grund nannte Liber diesen Widder Jupiter Ammon und errichtete ihm an dem Ort, wo das Wasser gefunden wurde, einen wunderbaren Tempel ...; der Tempel befindet sich neun Tage von Alexandria entfernt, inmitten der Wüste, wo es zahlreiche

Schlangen gibt. Der Name von Ammon ist von dem Wort für ›Sand‹ abgeleitet. Der Widder als Führer zum Wasser wurde ... in den Rang eines Sternbildes erhoben.«[23]

Der Tempel des Orakels beherrscht die Anhöhe des Gebirges von Aghurmi. Er wird von der Stadt umschlossen und quasi verborgen, als ob dadurch sein göttlicher Charakter verschleiert und sein Geheimnis geschützt werden solle. Anders als die Stadt, die aus getrockneten Schlammziegeln errichtet war, ließen ihn Pharao Apries und sein Nachfolger Amasis (26. Dynastie, 624–525 v. Chr.) im ägyptischen Stil aus Stein erbauen. Später wurden ptolemäische Säulen hinzugefügt.

Trotz des schlechten Zustands der Bauwerke und der Risse im Gemäuer beeindrucken die Ruinen noch heute die Besucher, die den beschwerlichen Aufstieg zum Tempel auf sich genommen haben: Die komplexe Innenarchitektur, die vermutlich dazu beitragen sollte, dem Tempelinneren eine Aura des Geheimnisvollen zu geben, leitet zu der Treppe, die einst vielleicht zum Allerheiligsten führte, das nur der Priester betrat, der die Sprüche des Orakels verkündete.

Alexander liebte diese heilige Stätte, die die Oase überragt und die sich heute wie damals in kristalliner Schönheit mit den umliegenden Palmwäldern und Dattelhainen im See spiegelt. Die Sonnenquelle, auch »Bad der Kleopatra« genannt, war berühmt für ihre tageszeitlich schwankenden Temperaturen. Hier reinigten sich die Pilger vor ihrem Aufstieg zum Tempel: »Es gibt bei den Ammonitern aber auch noch anderes Quellwasser, das des Morgens warm, um die Zeit, wo der Markt voll wird, aber kälter und um die Mittagszeit ganz kalt ist.

# Die mythische Oase – Siwa, die Abgelegene

*Ammon-Tempel von Umm Ubaida, von dem nur eine Wand mit Götterdarstellungen in drei Registern erhalten blieb. Unter den Textsäulen oben rechts kniet der Erbauer des Tempels vor Ammon nieder, hinter ihm die Mitglieder der Familie Ammons, die auch auf den unteren Registern dargestellt sind (30. Dynastie unter Nektanebes II.).*

**Unten:** *Der Stich von Minutolis (Blatt VIII) zeigt den Erhaltungszustand im Jahr 1820, besonders den heute verschwundenen oberen Teil*

**Nächste Seite:** *Ansicht der erst kürzlich rekonstruierten Mauer des Tempels von Umm Ubaida – ein gerettetes Heiligtum aus jüngerer Zeit*

24. Herodot, IV. Buch, Kapitel 181.
25. Sydney Aufrère, Jean-Claude Golvin und Jean-Claude Goyon: *L'Égypte restituée.* Band II: *Sites et Temples du Desert.* Ed. Errance, Paris 1994, S. 146–147.

Dann bewässern sie ihre Gärten. Neigt sich der Tag, so läßt die Kälte nach, bis das Wasser dann bei Sonnenuntergang wieder warm wird. Bis Mitternacht wird es immer heißer, so daß es kocht und vor Hitze sprudelt, dann aber kühlt es sich gegen Morgen allmählich wieder ab.«[24]

Der Legende zufolge soll ein unterirdischer Gang vom Tempel bis zum Totengebirge geführt haben.

Sydney Aufrère, Jean-Claude Golvin und Jean-Claude Goyon verdanken wir einen Eindruck vom Glanz der Stadt und ihrer Gebäude, insbesondere vom Tempel des Orakels.[25]

### Der Tempel von Umm Ubaida

Der etwas weiter entfernte, tiefer gelegene Tempel ist das Werk König Nektanebes' II. (30. Dynastie, 360–341 v. Chr.), wie seiner Kartusche zu entnehmen ist. Der Handschrift Siwas zufolge leitet sich der Name des Tempels von *umm ma'bad* ab, »der Muttertempel«, denn der Muschelkalk, aus dem er – wie auch der Tempel des Orakels – errichtet wurde, erinnert durch seine zahlreichen fossilen Muscheln an das Erbe des Meeres, das sich hier einst erstreckte.

Das Erdbeben von 1811 richtete erste Zerstörungen an dem Bauwerk an, doch erst gegen Ende des 19. Jahrhunderts nahm das Unheil seinen Lauf, als ein Polizeioffizier befahl, den Tempel als Steinbruch zu nutzen. Er ließ die Steine zum Bau eines öffentlichen Gebäudes und seines Privathauses mit Dynamit aus dem Tempel sprengen.

Nur eine Mauer zeugt noch von altem Glanz. Auf einer wiederhergestellten Stele finden sich in drei Registern Götterdarstellungen: Unter den Textbalken im oberen Feld erscheint Uenamon, der »Große Führer der Wüste«, der Erbauer des Tempels, wie er vor Ammon kniet, dem der Tempel geweiht war. Auf dem Kopf trägt er eine Straußen-

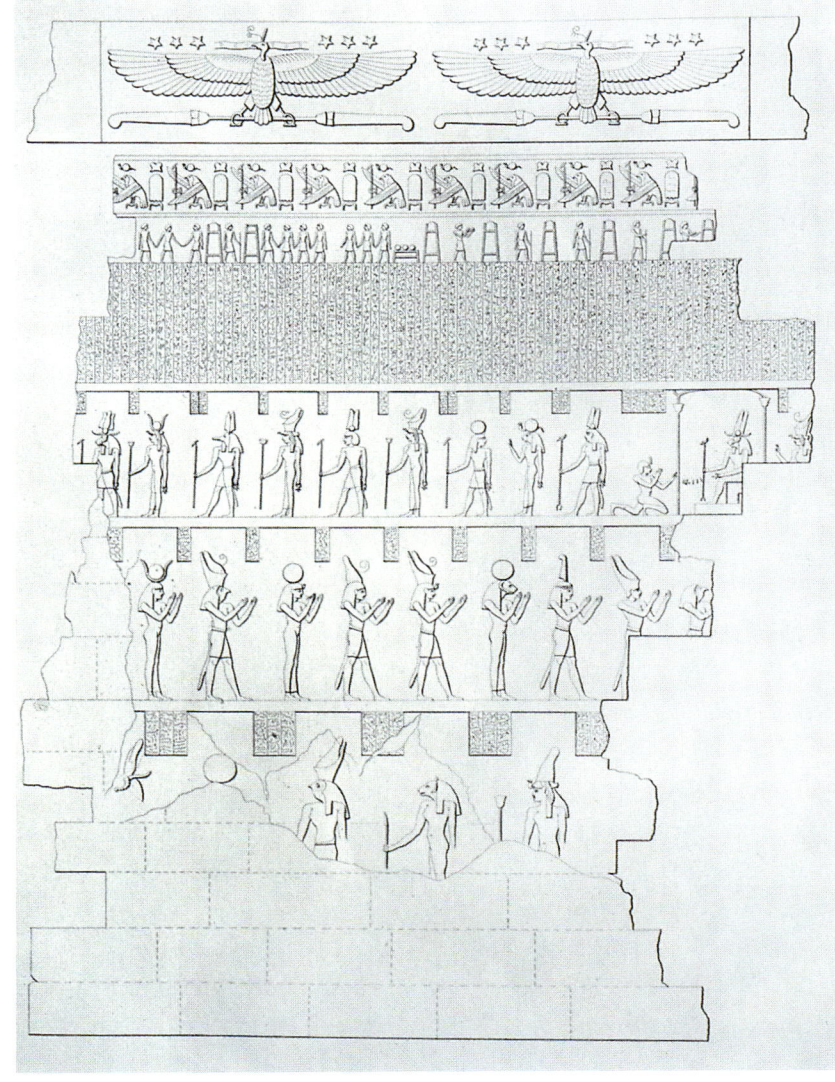

feder, Zeichen seiner libyschen Herkunft. Darunter defilieren die Götter Atum, Schu, Tefnut, Seth, Geb, Nut und Nechbet.

Von Minutoli fertigte präzise Beschreibungen der Flachreliefs an, die zu seiner Zeit noch auf blauem Grund zu sehen waren. Das Ritual der Mundöffnung – heute ist die Darstellung leider nicht mehr erhalten – diente dazu, dem Toten oder einer Götterstatue Lebensenergie und die Fähigkeit zur Nutzung der Sinne und der Sprache zu verleihen. Es umfasste mehr als 100 rituelle Handlungen und erforderte die Verwendung von Werkzeugen wie dem Dachs- oder Querbeil.

Leider gab von Minutoli die Hieroglyphen, die zu seiner Zeit noch nicht entziffert waren, nicht genau wieder. Dafür hinterließ er aber Zeichnungen mit der Darstellung einiger heute nicht mehr existierender Flachreliefs, die ebenso schön sind wie die noch erhaltenen.

### Dschabal al-Mauta, die Grabstätten des Totengebirges

Viele der in dem Hügel angelegten Gräber stammen aus der 26. Dynastie und aus ptolemäischer Zeit. Trotz der Wiederverwendung der Gräber und mehrerer systematischer Plünderungen findet man hier noch Mumien, die beweisen, dass an diesen Orten in der Regel altägyptische Bestattungsriten gepflegt wurden. Erhalten sind sogar einige ausgeschmückte Grabstätten, die allerdings während der beiden Weltkriege stark beschädigt wurden. Eine genaue Vorstellung davon lässt sich nur anhand der Verzeichnisse Ahmed Fakhrys erlangen.

### Shali, die aufgegebene Festung

Um 600 n. Chr. beschlossen einige Dutzend Männer, Überlebende eines Kampfes, auf einem der Hügel der Oase eine befestigte Stadt zu errichten. Sie trägt den Namen Shali, in der Berbersprache soviel wie »die Stadt«, und war dazu bestimmt, die Oase vor Übergriffen von libyscher wie von ägyptischer Seite zu schützen. Ursprünglich besaß sie nur eine Pforte; später wurden zwei weitere Tore eingerichtet, von denen eines ausschließlich den Frauen vorbehalten war und diesen einen diskreten Zugang zu den Gärten bot.

Die Häuser wurden aus einem Gemisch aus Stroh und getrocknetem Schlamm erbaut, das Wasser und Regen kaum widerstand. 1926 wurde Shali durch sintflutartige Regenfälle zerstört, die sich in drei Tagen auf die Stadt ergossen. Was blieb, sind einsturzgefährdete Ruinen, deren Schatten heute nur noch Schafe und Ziegen aufsuchen.

Siwa bewahrt seine Legenden, auch jene über den Ursprung des Windes. Davon berichteten Pomponius Mela und Plinius der Ältere

**Rechts:** *Dschabal al-Mauta, das Totengebirge, beherbergte zahlreiche ausgemalte Grabstätten, darunter auch das Grabmal Si-Amons. Dieses wurde zu Anfang des 18. Jahrhunderts entdeckt und in der Folgezeit stark beschädigt.*

**Unten und nächste Seite:** *Shali, die alte befestigte Zitadelle, die 1926 von sintflutartigen Regenfällen zerstört wurde, erinnert mit ihren beeindruckend starken, jahrhundertealten Mauern noch an einstigen Glanz und vergangene Macht.*

(1. Jahrhundert n. Chr.): »(Es gab) einen bestimmten Felsen, der dem Südwind vorbehalten war. Weist man mit der Hand in dessen Richtung, erhebt sich ein kräftiger Wind, der entfesselt wie über dem Wasser Sand wie Wellen vor sich hertreibt.«[26]

### Die Oasen in der näheren Umgebung

In der Nähe von Siwa und der Qatara-Senke befinden sich viele Oasen, die heute wegen ihrer Versalzung unbewohnt sind: Nuwamisa, Sitra, Bahrain oder die zwei Seen, al-Arag usw. Sie spielten eine bedeutende Rolle als Vorposten zum Schutz vor Invasionen aus dem Osten sowie als Versorgungszentren für Siwa. Durchziehende Karawanen ergänzten hier ihren Reiseproviant. Diese Oasen liegen meist unterhalb des Meeresspiegels und sind von Wanderdünen umgeben, die ihnen inzwischen gefährlich nahe kommen. Übrig blieben nur einige Palmen an den Ufern kleiner Salzseen, an deren Stränden unzählige Fossilien, *Nummuliten*, liegen, die in der Sonne wie Münzen glänzen.

Zwei dieser Oasen haben sich ihren eigenen Charakter bewahrt: In al-Arag oder »der Schiefen«, einer bedeutenden Nekropolis in einer Zone aus erodierter Kreide, sind die Überreste eines Tempels erhalten, dessen Inschriften und Verzierungen allerdings verblichen sind.

Qaret Umm as-Sughayar, »die kleine Mutter«, dominiert die Qatara-Senke. Ihre Bevölkerungszahl wird durch einen eigenartigen Brauch konstant gehalten, der das wirtschaftliche Gleichgewicht der Gemeinschaft wahren soll. Bereits Cailliaud berichtet über das gleiche Phänomen, allerdings zählte man zu seiner Zeit 40 Bewohner: »Der Scheich Kurum sagt mir, dass … es niemals mehr als 40 Bewohner geben dürfe … Wenn eine Frau niederkommt, könne man sich sicher sein, dass kurze Zeit später einer der Bewohner stirbt; auf diese Weise würde die Anzahl 40 weder über- noch unterschritten.«[27]

Heute scheint die Bevölkerungszahl auf 120 begrenzt zu sein, immerhin das Dreifache von 40! Jede Geburt kompensiert einen Todesfall oder erfordert einen Wegzug.

Alexander der Große soll auf seinem Rückweg nach Memphis sein Lager hier aufgeschlagen haben. Schließlich wurde die Altstadt ebenso wie die Siwas von oft heftig niedergehenden Regenfällen zerstört.

Alle wichtigen Städte der antiken wie der modernen Welt strebten die Rolle einer Hauptstadt an. Siwa als Zentrum des Handels, der inneren Auseinandersetzungen, des Bruderzwists und der Fremdenfeindlichkeit konnte zwar seine Macht und seinen Ruhm bewahren, erlangte aber nie den Rang einer Hauptstadt – trotz seiner Bedeutung als Bewahrerin des Orakels. Diese abgelegenste Oase symbolisiert Unabhängigkeit und Widerstand gegen fremde Hegemoniebestrebungen. Besser als jede Hauptstadt hat sie es verstanden, Einflüsse von außen abzuwehren und die Kultur ihrer Bewohner zu schützen.

**Oben:** *Qarat Umm as-Sughayar bzw. Qara, die aufgegebene Stadt, die noch immer über der Senke von Qatara liegt, während der Dämmerung. Der Legende zufolge soll hier Alexander auf seinem Rückweg von Siwa nach Memphis sein Lager aufgeschlagen haben.*

**Rechts:** *Blick von al-Arag auf die Senke von Qatara*

**Vorhergehende Seite:** *Al-Arag, eine ehemalige Oase in der Umgebung Siwas, die wie viele andere Vorposten zu ihrer Verteidigung im Schutz von Kalkhügeln liegt. Sie beherbergte einen Tempel, von dem heute nur noch Ruinen erhalten sind. Der mit zahlreichen Muscheln durchzogene Kalk bildet einen magischen Gegensatz zu den dunklen Kappen der Hügel, in die die Erosion Täler eingeschliffen hat.*

26. Leclant (wie Anm. 21), S. 218.
27. Frédéric Cailliaud: *Voyage à Méroé ... à Syouah et dans les autres oasis ...* Paris 1826, S. 53.

**Oben:** *Qarat Umm as-Sughayar, wie Siwa durch die heftigen Regenfälle des Jahres 1926 zerstört, wacht noch heute wie ein Geisterschiff von der Anhöhe des Felsens herab über die nicht weit von diesem Ort von den Bewohnern, die ihre alten Sitten weiterhin pflegen, neu erbaute Stadt.*

**Vorhergehende Seite:** *Auf dem Weg nach Qarat haben der Wind und der Sand die Landschaft geformt. Die Ebene ist mit Erosionspilzen gespickt: Die leichtere Kreide wird davongetragen, zurück bleibt lediglich die härtere Kappe, die allerdings einsturzgefährdet ist.*

*Nummuliten, Fossilien aus dem Tertiär, bedecken den Boden wie ein silberner, funkelnder Teppich.*

## Die Nummuliten der libyschen Oasen
### von Didier Basset

*Nummuliten sind charakteristische Fossilien aus dem Paläozän. Sie kamen vor 65 bis 23 Mio. Jahren zu Beginn des Tertiärs bis zum Oligozän vor. Da sie flach wie eine Scheibe sind, wurden sie mit Münzen verglichen und nach diesen benannt. In der volkstümlichen Vorstellung handelt es sich dabei um den versteinerten Schatz eines Riesen.*

*Trotz ihrer Größe zählen sie zur Gruppe der Foraminiferen. Das sind einzellige Wassertiere mit Kalkschale (Wurzelfüßler). Die Größe der Nummuliten schwankt vom Durchmesser einer Linse bis zu dem eines Geldstücks, ihre Oberfläche besteht aus zahlreichen spiralig eingegrabenen Rillen wie bei einer Schallplatte. Durch die Löcher des Panzers ragten die Füße, mit denen das Tier einst seine Nahrung suchte, nach außen, ganz so wie bei den Wurzelfüßlern, die die heutigen Ozeane bevölkern. Sie lebten auf kalkigem bzw. sandigem Untergrund in warmen und flachen Meeren.*

*In der Gegend von Siwa gibt es besonders viele Nummuliten. Weiterhin kann man sie bei den weißen Kalkhügelchen der Oase al-Arag in Nachbarschaft zu Seelilien und Riesenseeigeln beobachten. Wenn man sich Sitra nähert, ist der Boden mit Milliarden von Nummuliten gespickt, die das Licht reflektieren und wie ein Salzsee spiegeln. Die Bewohner dieser Region nennen diese Gegend mit Fug und Recht »Linsenwüste«.*

Kapitel II

# Oase der Schwarzen Wüste Bahariya, die Glanzvolle

**Kreuzweg der Karawanen**

Auf dem zur linken Seite des Nil gelegenen Westlichen Plateau gibt es einige Senken, in deren nördlichster Bahariya liegt. Die Oase ist tief zwischen felsige Abhänge eingebettet, und das Gestein der dortigen Wüste, das ein tiefes glänzendes Schwarz aufweist, kontrastiert scharf mit dem goldenen Sand. Das 120 Meter unter dem Meeresspiegel gelegene Tal erstreckt sich in nord-südlicher Richtung über 90 Kilometer und ist bis zu 40 Kilometer breit. Dieses Gebiet besitzt zahlreiche Quellen, in deren Nähe eine Vielzahl kleiner Oasen entstand mit ebenso vielen grünen Gärten, in denen alle möglichen Kulturen üppig gedeihen.

Aufgrund der großen Abmessungen des Tals und seiner bevorzugten Lage im Verhältnis zu der feindlichen Umgebung entwickelte sich die Oase zu einem obligatorischen Karawanenstopp, zu einem Ort, wo Reisende Sicherheit, Zuflucht und Lebensmittel fanden. In Bahariya kreuzen sich zahlreiche Wege: Es ist eine Etappe auf der Pilgerroute von Siwa und der Kyrenaika nach Mekka und, 400 Kilometer von Siwa sowie 180 Kilometer vom Nil entfernt, ein Ort des Austauschs und Handels zwischen dem Sudan und dem Mittelmeer. Farafra, die am nächsten gelegene Nachbaroase, ist 190 Kilometer entfernt. Von dort bis zur Küste sind es dann noch einmal 380 Kilometer. Schließlich ist Bahariya eine wichtige Station auf dem 400 Kilometer langen Weg nach Kairo.

In den zahlreichen Oasen, aus denen Bahariya eigentlich besteht, haben vier Dörfer eine besondere Bedeutung, darunter al-Qasr, die einstige Hauptstadt, und Bawiti, das Verwaltungs- und Handelszentrum.

Die Landsenke von Bahariya bildete sich über einen langen Zeitraum heraus: Schwarze Felsen unterschiedlichen Ursprungs bedecken zu einem guten Teil die Sedimentablagerungen, die allen Senken der Westlichen Wüste gemeinsam sind, und belegen den Reichtum an Eisen und den oft vulkanischen Ursprung. In den anderen Oasen glitzert der Quarz in Form von transparenten Kristallen in der Sonne, in Bahariya hingegen kommt er in großen Mengen als schwarzer Quarzit vor, der die Landschaft wie mit einem dunklen Schleier überzieht und Bahariya ihre dunkle Erscheinung verleiht. Durch vulkanische Aktivitäten jüngeren Datums und unbestimmten Alters wurden die Kreideschichten (des Mesozoikums) aufgebrochen und die Basaltrinnen geschaffen, die Bawiti kennzeichnen. Zu den diversen Bodenschätzen vor Ort gehört unter anderem eine Eisenerzmine ca. 10 Kilometer nördlich von Bawiti, das durch eine Eisenbahnlinie mit Kairo verbunden ist.

Die gesamte Region verdankt ihre dunkle Farbe dem Vulkanismus; mancherorts ziehen sich Basaltströme über die Oberfläche. Die hier anzutreffenden eisenhaltigen Quellen spenden warmes Wasser, was ebenfalls mit den unterirdischen Eisenerzvorkommen und den jüngeren Eruptionen zusammenhängt. Das warme, eisen- und schwefelhaltige Wasser lädt besonders nach der Durchquerung der glühend heißen und trockenen Umgebung zu einem wohltuenden Bad ein.

Das Klima ist sehr gesund, es regnet nur selten und wenig – beste Voraussetzungen für den Anbau qualitativ hochwertiger Gemüse und Früchte, die seit der Antike sehr geschätzt werden. Auch Wein wurde in großen Mengen angebaut, der über das Niltal hinaus berühmt war und per Karawane auch in abgelegene Gegenden transportiert wurde.

**Eine bunt gemischte Bevölkerung**

Eine Minderheit der Bevölkerung Bahariyas besteht aus straffällig gewordenen Umsiedlern aus Siwa, die hierher ins Exil geschickt wurden. Außerdem gibt es eine kleine, sehr alte christliche Gemeinde, die sich erfolgreich der Islamisierung widersetzte. Die Mehrheit der Bevölkerung unterscheidet sich nicht von der anderer Oasen und setzt sich aus sesshaft gewordenen Beduinen, gebürtigen Oasenbewohnern und Kairenern zusammen, die es auf der Suche nach Arbeit in der Eisenerzmine hierher verschlug. So trägt das große Projekt zur Entwicklung der Oasen auch zur Ansiedlung von Menschen unterschiedlicher Herkunft bei, allerdings immer in einem ländlichen Kontext.

Einige der Bräuche haben sich bis heute erhalten, besonders in Zusammenhang mit wichtigen gesellschaftlichen Ereignissen, etwa der Geburt eines Kindes. Den Berichten Ahmed Fakhrys zufolge schenkt

OASE DER SCHWARZEN WÜSTE – BAHARIYA, DIE GLANZVOLLE

*Gesamtansicht der Oase Bahariya und ihrer Gärten, die von schwarzen Bergen überragt werden. Der Anblick zahlreicher grüner Palmenhaine und der von Eisen und Basalt dunkel gefärbten Felsen ist sehr unvermittelt. Kieselerde kommt hier auch in Form schwarzen Quarzits vor.*

*In prähistorischer Zeit wohnten die Menschen auf den Anhöhen, wovon einige Siedlungsreste zeugen. Als es trockener wurde, zogen sie in die Ebene hinab in die Nähe der zahlreichen, manchmal eisen- und schwefelhaltigen Quellen.*

**Oben:** *Der Wein von Bahariya war in der Antike am Nil sehr geschätzt und allgemein bekannt, wovon die Grabmäler Thebens Zeugnis ablegen, wie hier im Grabmal des Sennefer, das sich in der Nekropole von Qurna befindet.*

**Unten:** *Im Grab des Bannentiu, eines reichen Grundbesitzers libyscher Herkunft, stellen Malereien aus der Zeit der 26. Dynastie verschiedene Götter dar: Hier nimmt der Gott Horus in Menschengestalt an einer Begräbnisprozession teil.*

die Familie einem Jungen bei seiner Geburt eine oder mehrere Palmen. Am Abend der sechsten Nacht wird eine mit Wasser gefüllte Kanne neben dem Kopf des Neugeborenen aufgestellt. Am nächsten Morgen werden die übereigneten Palmen mit diesem Wasser begossen, bevor man noch am selben Tag ein Dokument über die Schenkung unterzeichnet: »Früh am Morgen nimmt der Vater die Wasserkanne in die Hand, begibt sich in die Gärten und gießt eine kleine Menge Wasser an den Stamm einer jeden Palme, die dem Kind geschenkt wurde; später am gleichen Tag fertigen die männlichen Verwandten ein Dokument aus, das von jedem Schenkenden unterzeichnet wird.«[28]

Bei Beerdigungen werden speziell dafür vorgesehene Behältnisse dicht neben dem Kopfende des Grabes aufgestellt. Man füllt sie wöchentlich mit Wasser, damit die Seele des Verstorbenen in Gestalt eines Vogels hierher kommen kann, um sich zu erfrischen. Diese Sitte geht auf den altägyptischen Glauben zurück, wonach man sich die Seele des Verblichenen als menschenähnlichen Vogel – *Ba* – vorstellte.

### Der Einfluss von Handel und Austausch auf Namen und Geschichte der Oase

Bahariya wurde als »Oase des Nordens« bzw. »die kleine Oase« bezeichnet, um sie von den anderen zu unterscheiden. Ging es um Wein, sagte man, er käme von »Djesdjes«. Dieser Name ist am Tempel von Edfu verzeichnet. Zu Zeiten der Griechen wurde laut Guy Wagner[29] Bahariya »Psôbthis« genannt: Hauptstadt der kleinen Oase.

Das unabhängige, blühende Bahariya, als bedeutende Station für Karawanen auch ein Handelszentrum, wurde erst ab der 18. Dynastie ägyptisch: Pharao Thutmosis III. übernahm die Kontrolle über die Oasen und ernannte einen gewissen Amenhotep zum Gouverneur von Bahariya. Während der darauf folgenden Dynastien machten sich die Ägypter und Libyer die Kontrolle über die Oasen streitig, und erst ein Kompromiss ermöglichte einen dauerhaften Frieden: die Einsetzung des libyschen Pharaos Scheschonk I., des Begründers der 22. Dynastie. Aus der 26. Dynastie, der nächsten Blütezeit der Oase unter den Pharaonen Apries und Amasis, die bereits Siwa beherrschten, stammen die wichtigsten Bauwerke, von denen einige Überreste vorhanden sind.

### Grabstätten von außerordentlichem Reichtum

Außer ihren Grabstätten haben die einst hier lebenden Menschen keine nennenswerten Spuren hinterlassen. Doch einige romantische Illustrationen von Frédéric Cailliaud erinnern noch an sie.[30]

Einige Mauern von Bauwerken aus der 17. Dynastie (1584–1314 v. Chr.) gibt es allerdings noch heute: Bei Ausgrabungen wurde das Grab des Gouverneurs Amenhotep hoch über den Palmenhainen der Oase auf der »schöner Hügel« genannten Anhöhe Qarat Halwa entdeckt.

1938 fand man zudem vier Gräber aus der 26. Dynastie in Qarat as-Subi mitten im Dorf Bawiti, die Ahmed Fakhry beschrieb. Zwei davon – jene von Djed-Amun-ef-ankh und seines Sohnes Bannentiu, vermutlich

**Oben:** *Einige Gräber enthalten noch Mumien, die durch die natürliche Trockenheit des Klimas relativ gut erhalten sind. Diese Oase ist besonders wegen der Zahl ihrer Gräber und Mumien aus verschiedenen Epochen archäologisch von Bedeutung.*

**Rechts:** *Totengerichtsszene. Nach dem Wiegen des Herzens des Verstorbenen wartet die Große Verschlingerin auf den Richtspruch des Gottes Anubis.*

---

**28.** Ahmed Fakhry: *The Oases of Egypt.* Band II: *Bahriyah and Farafra.* The American University of Cairo Press, Kairo 1973, S. 47.
**29.** Wagner (wie Anm. 5), S. 197.
**30.** Cailliaud (wie Anm. 27).
**31.** Françoise Dunand und Roger Lichtenberg: *Les momies et la mort en Égypte.* Ed. Errance, Paris 1998, S. 97–124.
**32.** Ebd. S. 19.

reiche Grundbesitzer oder Kaufleute libyscher Herkunft – sind mit Malereien ausgeschmückt. Das Grab des Bannentiu, obwohl unvollendet und zu römischer Zeit wieder verwendet, ist das am besten erhaltene und außergewöhnlichste: Die Götter Thoth und Horus stehen fast lebensgroß am Eingang und gießen reinigendes Wasser aus. Sie laden zur Teilnahme an der Beerdigungsprozession ein, die an den Wänden und auf den Pfeilern dargestellt ist, zum Teil auf leuchtend gelbem Grund, auf dem die Farben jeder Gottheit gut zur Geltung kommen.

Neuere Ausgrabungen bestätigten die Existenz einer bedeutenden Nekropole in Bawiti, dem Hauptort der Oase, aus dem Jahr 332 v. Chr.: Hier wurden 200 Mumien, nach griechisch-römischem Brauch[31] bandagiert, in mit Himmelsszenen bemalten Sarkophagen bestattet. Mit ausdrucksvollen vergoldeten Masken und weit geöffneten, gen Himmel gerichteten Augen warten sie darauf, von Osiris empfangen zu werden. Der Reichtum der Grabausstattung und der kultischen Objekte zeugt vom kulturellen Niveau in den Oasen kurz nach dem Durchzug Alexanders und zur Zeit des Aufschwungs Alexandrias. Die Entdeckung lässt hoffen, dass die derzeitigen Untersuchungen helfen werden, mehr über die Identität und das Leben dieser Adligen zu erfahren.

### Die Mumifizierung in den Oasen

Die Vorsicht und Sorgfalt, die man bei der Bestattung der Toten walten ließ, erwiesen sich als unschätzbar, da sie heute unzählige Hinweise auf die Entwicklung des religiösen und gesellschaftlichen Lebens geben. Was in grauer Vorzeit der Grund für diese Riten war, ist nicht genau feststellbar; Françoise Dunand und Roger Lichtenberg gehen davon aus, dass es eine Mischung aus Altruismus und Selbstverteidigung war: »Der Wunsch, die Körper der Verstorbenen vor Plünderungen zu bewahren und vielleicht auch ihr Wiedererscheinen zu verhindern, hat zur schrittweisen Verfeinerung der Bestattungsmethoden sowie der Techniken zum Schutz der Verstorbenen geführt.«[32]

Seit der Jungsteinzeit enthielten einfache, in die Erde grabene Gruben einen oder mehrere Körper, die in Häute eingewickelt und mit Muscheln geschmückt waren. Mit der Zeit entwickelten sich sowohl die Größe als auch die Architektur dieser Gruben weiter und mit ihnen die Menge und Qualität der Grabbeigaben, an denen soziale Unterschiede ablesbar wurden: So fand man Schmuckstücke aus Gold oder Silber, edle, manchmal gar importierte Steine wie Lapislazuli usw.

*Im Rahmen einer Grabung durch die Altertümerverwaltung von Kairo und Giza unter der Leitung ihres Direktors Zahi Hawas wurden vor kurzem in den Gräbern von Bahariya mit Gold bedeckte Mumien entdeckt, darunter auch dieser Kinderkopf.*

Die ersten bescheidenen Gräber, die in den Oasen gefunden wurden, stammen von 4000–3200 v. Chr. Darin wurden Landwirte und Viehzüchter aus der Wüste bestattet, die sich in der Oase niedergelassen hatten. Sarkophage aus Holz bzw. gebranntem Ton gab es gegen Ende der vordynastischen Zeit, der Bau von Ziegelmastabas[33] fällt sogar erst in die Zeit der ersten Mumifizierungen: in den Oasen in die 6. Dynastie.

Zunächst versuchte man, die Körper durch Bestreichen mit einem Harz zu erhalten, was jedoch misslang. Allerdings entwickelte sich die Mumifizierungstechnik im Laufe der folgenden 2000 Jahre weiter und erreichte im Neuen Reich Perfektion. Die für eine erfolgreiche Mumifizierung notwendigen fünf Schritte wurden von Herodot detailliert beschrieben: Herausnehmen der Eingeweide, Natronbad (natürliche Mischung aus Chlor, kohlensaurem Salz und Natriumsulfat), Entfernung der Organe, Verwendung von Salben und Harzen, Wickeln.

So gelang es, den Körper zu konservieren, was als wichtige Voraussetzung galt, um das ewige Leben zu erlangen. Die Mumifizierung, die zunächst nur sehr hochrangigen Persönlichkeiten vorbehalten war, verbreitete sich nach und nach in niedrigeren gesellschaftlichen Schichten. Herodot beschrieb drei unterschiedlich teure Möglichkeiten der Mumifizierung: »Dazu sind besondere Leute bestellt, die sich auf das Geschäft verstehen. Wird diesen eine Leiche gebracht, so zeigen sie denen, die sie bringen, Proben von hölzernen, ganz wie wirkliche Leichen bemalten Totenbildern und sagen – den Namen eines solchen Machwerks scheue ich mich zu nennen –, dies da sei die erste und kostbarste Klasse; dann zeigen sie ihnen die zweite, die geringer und billiger sei, und zuletzt auch die dritte und billigste und fragen, zu welchem Preise sie die Leiche behandelt haben wollten. Haben sie sich geeinigt, so gehen die Angehörigen wieder nach Hause, sie aber … machen sich unverzüglich an die Arbeit.«[34]

Seit dem Alten Reich stellte man neben dem Sarkophag eine Kopfplastik oder eine Statue des Toten auf: Diese sollte dem frei umherfliegenden Ba-Vogel helfen, den Toten zu erkennen und ihm das Leben wiederzugeben. Mit der Zeit ersetzte man Bemalung und die Bandagen durch Begräbnismasken aus Stuck, die »oft vergoldet oder gelb bemalt wurden, um das goldene ›Fleisch der Könige‹ zu imitieren«, wenn, wie bei den Pharaonen, keine Maske aus Edelmetall verwendet wurde.[35]

Das Uzat-Auge erinnert an das verlorene und danach vom Gott Re wiederhergestellte Augenlicht. Es ist geschminkt und wird mit den typischen schwarzen Fleck des Falken betont, der von der Wange bis hinter den Schädel reicht. Darstellungen dieser Augen, ob auf Tempelwänden oder als Amulett, finden sich auch auf sorgfältig dekorierten Sarkophagen als Symbol für die wiedergewonnene physische Integrität.

Ab dem Neuen Reich – in den Oasen wie im Niltal – wurden *Hypogäum* genannte Grabstätten verwendet, Grüfte, die in die natürlichen Abhänge bzw. in den Boden gegraben wurden. Von der Spätzeit an verwendete man zur Konservierung der Körper Erdpech. Das arabische Wort für Pech – *mumya* – wurde dann zur Bezeichnung der Mumie selbst.

Auch in der griechisch-römischen Epoche wurde weiter mumifiziert. Die Mumifizierung wurde zum Allgemeingut, verschlechterte sich allerdings qualitativ aufgrund steigender Nachfrage. Es gab zu wenig Grüfte, sodass die vorhandenen vielfach wieder verwendet werden mussten. Einige Mumien bedeutender Persönlichkeiten in Dush und Charga verschönte man mittels einer neuen Technik, die das äußere Erscheinungsbild in den Vordergrund stellte. Durch eine direkt auf den Körper aufgebrachte Vergoldung wurde der Verstorbene vergöttlicht: »Du wirst als Wesen von Gold erscheinen und wie Elektrum glänzen.«[36]

Stuckmasken brachten die Persönlichkeit des Verstorbenen zum Ausdruck. Sie wurde zusätzlich durch Augen aus Glasmasse und eine realistische Farbgebung unterstrichen, etwa bei den Fayyum-Portraits. Man bandagierte die Toten traditionell sehr sorgfältig, was einen ganzen Monat in Anspruch nahm. Die Sarkophage stellte man aus Papyrus-presspappe her, um das in den Oasen besonders knappe Holz zu sparen. Die Grüfte entwickelten sich zu Katakomben, in denen individuelle wie auch kollektive Grabstätten eingerichtet wurden, die zur Aufnahme von Sarkophagen und Urnen der nach griechischem Brauch Verbrannten dienten. Trotz des Aufkommens des Christentums änderte sich die Praxis der Mumifizierung nicht, da sie der Erwartung der körperlichen Auferstehung nicht widersprach. Allerdings verwendete man eine einfachere Technik: Die Mumien begrub man nur noch in ein simples Leichentuch oder, wie in Bagawat, in ein Mönchsgewand gehüllt. Noch später schmückte man sie mit ihren schönsten Gewändern und Juwelen. Erst um 600 n. Chr., mit dem Islam, der ein schnelles Begräbnis des Verstorbenen forderte, wurde die Mumifizierung eingestellt.

Man kennt auch Mumien zahlreicher Tierarten, die wohl als heilige Tiere galten: Ab der 1. Dynastie wurden Widder mit horizontal gedrehten und später solche mit eingerollten Hörnern als Wappentiere Ammons und Chnums mumifiziert. In Qarat al-Farargi bei Bawiti fand man eine Nekropole aus derselben Zeit mit zahlreichen mumifizierten Ibissen und Raubvögeln. Bei den Falkenmumien fand man sogar mumifizierte Spitzmäuse, die ihnen im Jenseits als Nahrung dienen sollten. Falsche Mumien – wohl Votivgaben in den Heiligtümern – zeigen, dass die Produktion bisweilen hinter dem Bedarf herhinkte.

**Von links nach rechts und von oben nach unten:**

*Innenansicht eines Grabmals: Mumiengruppe*

*Kleine Gottheit*

*Detail des Plastrons der unteren rechten Mumie, deren unteres Register Folgendes darstellt: in der Mitte den Gott Thoth, den »Herrn der Freiheit«, als Ibis, der von zwei Personen – Osiris links und Anubis oder einem Anubispriester rechts – angebetet wird.*

*Büste einer Frau*

*Büste eines Mannes*

*Büste einer bedeutenden Persönlichkeit, wahrscheinlich eines reichen Grundeigentümers der Oase. Die Darstellungen auf dem Plastron zeigen die üblichen Begräbnisriten. Unter dem mit Blattgold bedeckten Antlitz steht Osiris inmitten der vier Horussöhne.*

**Folgende Seiten:**

*Mit Blattgold überzogene Kopfplastiken eines Mannes und einer Frau*

---

33. *Mastaba* ist ein Wort arabischen Ursprungs, das »Bank« bedeutet und ein meist rechteckiges Grabmal des Alten Reiches bezeichnet, das durch geneigte Mauern aus Ziegeln oder Stein gekennzeichnet ist. Das Bauwerk setzt sich aus einer unterirdischen Gruft und einer oberirdischen Kapelle zusammen: »Die Gruft, die am Grunde eines sehr häufig vertikalen Schachts eingerichtet wurde, enthält einen Steinsarkophag, der als besondere Gunst des Souveräns geschnitten wurde, und die für den Toten im Jenseits notwendigen Grabbeigaben. Diese Gruft wurde nach der Bestattung zugemauert und der Zugangsschacht mit Schutt und Erde aufgefüllt ... Die Kapelle wurde mit Flachreliefs oder Malereien ausgeschmückt, die Szenen irdischen Lebens darstellen.« *Dictionaire de la civilisation égyptienne* (wie Anm. 13), S. 163
34. Herodot, II. Buch, Kapitel 86.
35. Dunand und Lichtenberg (wie Anm. 31), S. 102.
36. Jean-Claude Goyon: *Rituels funéraires de l'Ancien Empire*. Paris 1972, S. 102.

## Die Tempel – wunderbare Ruinenstätten

Zwei Tempelruinen aus der 26. Dynastie – die eine von König Apries in al-Qasr, die andere von Amasis in Bawiti – haben die Zeiten überdauert, ohne dass allerdings noch viel zu sehen wäre.

Alexander der Große wählte auf seinem Rückweg von Siwa ins Niltal die östliche Route. Dabei machte er in Bahariya Station und ließ zum Gedenken an seine Durchreise den riesigen Tempel von Qasr al-Masgaba in Bawiti erbauen.

Die zahlreichen zu Füßen der dunklen Hügel liegenden Gärten der Oase bieten dem Blick eine Palette an erholsamen und beruhigenden grünen Farbtönen. Unterirdisch sprudelnde Thermalquellen schenken den Bewohnern einen ganz besonderen Reichtum. Diese Qualitäten erregten die Aufmerksamkeit eines Khediven, dessen empfindliche Gesundheit sorgfältiger Pflege bedurfte. Er ließ sich auf der Anhöhe eines der Vorgebirge, die die Oase überragen, einen Palast aus schwarzem Quarzit errichten, konnte ihn jedoch nicht mehr beziehen, da ihn die Krankheit vor Vollendung des Bauwerks dahinraffte.

Die kleine, von vielen ergiebigen Quellen umgebene Oase al-Haiz liegt 50 Kilometer südwestlich von Bawiti auf dem Weg zur Nachbaroase Farafra. Der Ort spielte in der Geschichte Bahariyas eine große Rolle, da hier zur Verteidigung des südlichen Zugangs gegen kriegerische Übergriffe ein großes römisches Fort errichtet wurde, dessen imposante Mauern noch heute stehen. Sie überragen den Gouverneurspalast und seine Nebengebäude in der Nähe einer bedeutenden Stadt, eines Weinbauzentrums, einer Kapelle und einer großen Nekropole. Hier finden zurzeit Ausgrabungen statt.

Unweit von diesem Fort erhebt sich in der Nähe eines großen Brunnens eine imposante Kirche, die wahrscheinlich dem heiligen Georg geweiht war. Sie wurde Ende des 4. / Anfang des 5. Jahrhunderts im frühchristlichen Stil erbaut. Sie zählte vermutlich zu den bedeutendsten Kirchen Ägyptens und war über mehrere Jahrhunderte ein wichtiger Ort für das Christentum. Die Illustrationen von Frédéric Cailliaud[37] vermitteln einen Eindruck von der Größe des Bauwerks, das heute aus den auch ursprünglich verwendeten rohen Ziegeln nach den Originalplänen wieder aufgebaut wird.

Das Vorhandensein der Bauwerke beweist, dass die Oase al-Haiz in der Region eine hervorragende Rolle gespielt haben muss. Ahmed Fakhry wies darauf hin, dass die Oase an vierter Stelle von insgesamt sieben auf der Liste der Oasen im Tempel von Edfu genannt wird – ein

*Der Hüter des Schlosses des Khediven wacht noch immer über die Ruinen des Palastes.*

*Portrait eines jungen Oasenbewohners*

**Rechts:** *Palmenhaine und Gärten, die aus Quellen und Brunnen, hier aus römischer Zeit, bewässert werden. Diese werden traditionell von den Oasenbewohnern mit Geschick und Sorgfalt gepflegt und bilden ihren ganzen Stolz. Für den Reisenden sind sie ein Hort des Friedens und der Erfrischung.*

**Vorhergehende Seite:** *Das Schloss des Khediven, in den schwarzen Fels gegraben und durch die Erosion dem natürlichen Verfall preisgegeben, ragt hoch über der Senke von Bahariya auf.*

---

37. Cailliaud (wie Anm. 27).

**Oben und vorhergehende Seiten:** *Mauerreste der großen römischen, die Siedlung umschließenden Festung in der Oase al-Haiz. In der Festung gab es wahrscheinlich eine kleine Kapelle und zahlreiche Häuser, darunter auch das des Gouverneurs, eine Weinkelterei und -keller, wo man noch heute vom Tanin gefärbte Krüge findet.*

sicheres Zeichen ihrer Bedeutung. Damals trug sie den Namen »die Oase am Ort von Nun« (13 000 Bäume).[38] *Nun* bezeichnete den Urozean, aus dem die Schöpfung wie der schaffende Gott emporstiegen und ist damit ein Versprechen des Lebens in einem ursprünglichen, flüssigen Element.

Trotz ihres bescheidenen Erscheinungsbildes hatte auch die Oase Bahariya ihre ruhmreiche Zeit. Die zwei Pole der Senke – die 50 Kilometer voneinander entfernt liegenden Orte al-Haiz und Bawiti – sind wichtige Ausgrabungszentren, wo sicher weitere Beweise vergangener Größe ans Tageslicht gelangen werden. Die »kleine Oase« trug einen recht bescheidenen Namen, der nicht mit der Bedeutung ihrer Geschichte in Einklang steht. Diese war gekennzeichnet durch Pomp und eine gewisse Vergöttlichung, worüber die Größe der kürzlich entdeckten römischen Nekropole Zeugnis ablegt.

Die Vergangenheit der Oase teilt sich auch über die Zeugnisse des Christentums und weitere Bauwerke mit, die man im Süden in al-Haiz findet. Der am Rand der Senke gelegene Ort hatte die Aufgabe, die Kultur Bahariyas zu schützen und diente als eine Art Leuchtturm der Christenheit gegenüber den südlicheren Oasen.

*Kirche von al-Haiz im frühchristlichen Stil. Ende des 4. Jahrhunderts erbaut, ist sie eine der ältesten Kirchen in Ägypten. Einst war sie einst mit Malereien und Kapitellen geschmückt, die heute verschwunden sind. F. Cailliaud hat die Anlage in einem beeindruckenden Stich festgehalten (Blatt 34), der erstaunliche Ähnlichkeit mit den Überresten vor den derzeitigen Sanierungsarbeiten aufweist.*

**38.** Fakhry (wie Anm. 28), S. 110.

Kapitel III

# Farafra, Oase der Weißen Wüste Zentrum der Bewässerung und des intensiven Landbaus

**Eine wohltuende Etappe**

Der Reisende verlässt al-Haiz in südlicher Richtung und überwindet das Kristallgebirge, eine aus Tausenden kristallinen Facetten bestehende Felsbarriere, die das Sonnenlicht schillernd reflektiert. Bunte Berge in den Farben Blau und Rot überraschen das Auge, Quarz und Kalzit leuchten aus dem Gestein wie steinerne Blumen. Der Wind treibt Sandkörner vor sich her, lässt sie gegen die Kanten der Edelsteine der Wüste prasseln – kleine Zitrine, die die Strahlen der Sonne auffangen und goldene Blitze schleudern, oder Karneolperlen, laut der Legende von Isis vergessen und »Isisblut« genannt.

Danach führt der Weg hinab in eine neue Senke von blendendem Weiß – die Weiße Wüste am Rande Farafras. Die Oase liegt auf halbem Weg zwischen ihrer 190 Kilometer entfernten nördlichen Schwester Bahariya und Dachla, das über den Karawanenweg über das östliche Plateau 200 Kilometer weiter im Süden liegt. Man kann aber auch auf der 300 Kilometer langen Route durch die Ebene ziehen: länger und monotoner, dafür aber sehr viel bequemer. Nach Westen führt eine Piste zur kleinen Oase Ain-Dalla, einem verlorenen strategischen Punkt am Rande der Großen Sandwüste. Von hier aus gelangt man weiter zu den libyschen Oasen der Qatara-Senke, die zu allen Zeiten ein isolierter, aber gut geschützter militärischer Beobachtungsposten war.

Das am Fuße des imposanten Qus-Abu-Said-Massivs gelegene Dörfchen Farafra wird von einer mittelalterlichen Festung überragt und ist von Gärten umgeben, die das Wasser eines Brunnens aus römischer Zeit bewässert. Farafra galt immer als eine kleine Oase, deren landwirtschaftliche Kapazitäten beschränkt waren, da sie in einer engen Senke liegt. Als jedoch vor erst relativ kurzer Zeit die wahren Ausmaße des Tals und seine immensen unterirdischen Wasserressourcen entdeckt wurden, konnte man ein System des Intensivanbaus entwickeln und damit der Oase eine neue Zukunft geben. Seither ändert sich das Landschaftsbild unablässig. Von Jahr zu Jahr werden mehr Bewässerungskanäle und grün leuchtende Felder angelegt, die sogar die Zugangswege zu überwuchern drohen. Es hat den Anschein, als ob sich Farafra zum bedeutendsten Landbauzentrum der gesamten Oasenkette entwickeln würde.

Sehr alte Handelsverbindungen nach Libyen und dem Niltal haben Farafra ein Schicksal beschert, das parallele Züge zu dem der nächstgelegenen Nachbaroase Bahariya aufweist: Beide Oasen wurden von den gleichen ägyptisierten libyschen Prinzen regiert. Allerdings sind in Farafra keinerlei Überreste aus dieser Epoche erhalten.

Die Oase trug zu Ehren der Göttin Hathor, einer anthropomorphen Gottheit mit Kuhkopf, die für die Liebe und die Fruchtbarkeit zuständig war, den Namen *To-ihe*, was »das Land der Kuh« bedeutet. Außerdem erweist er den Beduinen Referenz, die in die Ebene von Farafra kamen, um hier ihre Herden zu weiden. Auch in der Oasenliste des Tempels von Edfu ist der Name verzeichnet.

Hier leben die Beduinen im Rhythmus der Sterne, auf deren kleinste Veränmderungen sie reagieren, da diese ihre täglichen Verrichtungen lenken. Die Oasenbewohner, besonders die Bevölkerung Farafras, waren seit jeher astronomiebegeistert. Und tatsächlich ermöglicht ihnen die Kenntnis der Sterne, den Ablauf der Stunden genau zu messen und so ihr Wasserverteilungsprogramm Tag und Nacht einzuhalten.

Alle kennen Venus, den Stern des Hirten, der in der Dämmerung sichtbar ist. Allerdings ist der Himmel über den Oasen so klar, dass einige Beduinen vom Grund eines tiefen Brunnens aus diesen Planeten auch am hellichten Tag ausmachen können. So wird aus der Venus, dem »Stern des Beduinen«, eine Wüstenuhr.

**Oben:** *Die Weiße Wüste konstrastiert mit der schwarzen Welt um Bahariya und besteht aus Bergen und Bergmassiven, die im Licht blendend weiß strahlen. Auf dem Weg zu ihren verborgenen Schätzen sind zahlreiche Hindernisse zu überwinden.*

**Rechts:** *Unter den Bögen des Kristallgebirges schimmert es ockerfarben und blau. Die steinernen Blumen dort bestehen aus Kalzit und kristallinem Gips.*

*Die dicken mittelalterlichen Mauern der Stadtbefestigung von Farafra winden sich um die Stadt und sind von nur wenigen Öffnungen unterbrochen.*

*In den Gärten sprudeln zahlreiche Quellen. Einige führen warmes, mineralhaltiges Wasser, andere bewässern die Äcker, die den Reichtum von Farafra ausmachen.*

## Gespenstische Orte

### Eine ehemalige Festung

Heute ist nur noch eine mittelalterliche Festung zu besichtigen. Auf einem Gebirgsvorsprung erbaut, überschaut sie die ganze Region. Mächtige Mauern umgaben rund 100 Räume, in denen unter der Aufsicht einer einzigen Frau die Vorräte an Oliven, Datteln und Korn aller Familien der Oase aufbewahrt wurden. Innen trennten schöne Türen aus Akazienholz die Räume, hinein gelangte man jedoch nur durch eine Tür.

Leider haben starke Regenfälle das Innere der Zitadelle aufgeweicht, sodass sie 1958 einstürzte. Um sie herum gibt es aber auch heute noch noble Herbergen, deren Wände Szenen aus dem täglichen Leben oder von Pilgerfahrten nach Mekka zieren. Die aus der Festung stammenden Türen aus Akazienholz und die fein geschnitzten Türstürze erinnern an die Pracht vergangener Tage. Antike, immer noch funktionstüchtige Holzschlösser zeugen von der Geschicklichkeit und dem Erfindungsreichtum der Handwerker am Ort, die es verstanden, Holzschlüssel zu fertigen, die dem Zahn der Zeit bis heute widerstanden.

## Die Legende des Königs Hennis

Die alte Piste nach Farafra führte am Fuß zweier mächtiger Sedimentfelsen vorbei, aus denen die Erosion zwei gigantische Türme geformt hat. Sie kennzeichnen den Eingang ins Reich des Königs Hennis. Die Wege schlängeln sich an den Felsen entlang und führen durch roten, leicht in Bewegung zu versetzenden, heimtückischen Sand zu den Resten seines Wohnsitzes. Die Strecke ist holperig und mit Steinen übersät, die sich von den umgebenden Bergen gelöst haben. Auf dem Gipfel eines der Berge erheben sich versteckt die Reste des königlichen Schlosses: Kleine Steinböschungen markieren seine Umrisse, und ein seltsamer, gelbfarbener Zement verbindet die Blöcke miteinander. Der Blick von dort oben geht nach Westen. Am Horizont ist eine einsame Akazie zu sehen, die daran erinnert, dass sich nicht weit von dort einer der Schätze der Gegend – das Wasser von Ain al-Wadi – befindet. Die Legende berichtet, dass der König riesige Herden und Reichtum besaß, da sich hier unter anderem bedeutende Goldminen befanden. Diese Geschichte soll im Codex von Siwa niedergeschrieben sein.

*In der Weißen Wüste wollen manche Reisenden Kapellen und Kerzen gesehen haben, die des Nachts leuchteten. Anderen erscheinen die Formen und Figuren als Kamele bzw. als Eingang in ein geheimnisvolles Königreich.*

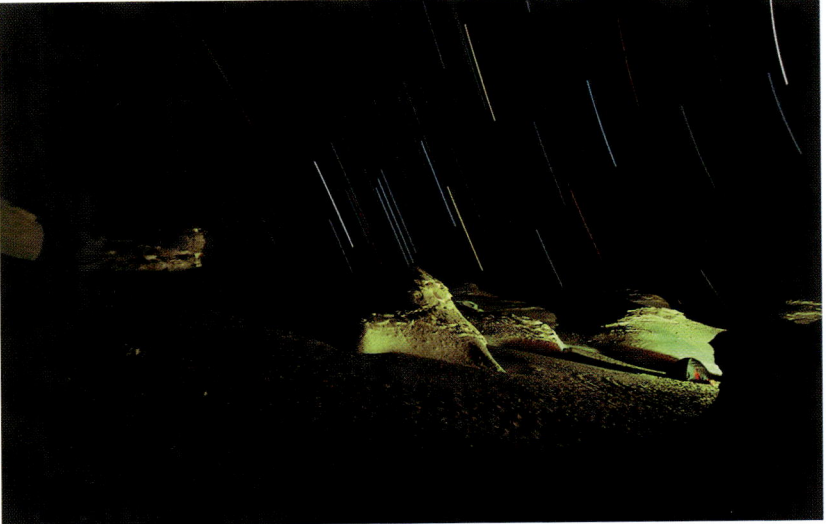

*Kleine Metallblumen, Pseudo-Hämatite, werfen ihre schwarzen Schatten auf den Sand und künden die Nacht an, in der Orion den Reigen der Sterne einleitet.*

**Folgeseiten:** *Spuren in der Weißen Wüste. Folgen wir den Tritten dieses Riesen in das Land des König Hennis. Als Vorposten seines Kreidereichs zeichnet sich bereits ein Turm seines Schlosses ab.*

### Die Weiße Wüste

Nun führt die Piste von den Türmen des Schlosses weg und durchquert die Weiten einer Kreidewüste, der Weißen Wüste. Farafra liegt als einzige der Oasen innerhalb der zerklüfteten Reste eines kreidezeitlichen Kalkmassivs, das für das blendende Weiß verantwortlich ist. Das sich zurückziehende Meer hatte ein Sand-Kreide-Gemisch zurückgelassen, in dem diverse Meeresfossilien eingebettet sind.

Der Ort scheint von einem Riesen heimgesucht worden zu sein, einem Bildhauer, der gewaltige Menschen, Tiere und Gebäude schuf. Dieser Bilderwald lädt zu einem ungewöhnlichen Spaziergang ein. Der Weg führt an »Unserer lieben Frau zum Weißen Wald« mit benachbarter Kapelle vorbei, um dann »Nofretete« einen Besuch abzustatten und danach zu einer liegenden Prinzessin, die von einem »Mann mit Pfeife« und einer Teufelsgrimasse bewacht wird. Etwas weiter sucht ein Gendarm nach seinem Pferd, nebenan jagt ein Kamel eine Maus. Dann ist man von gigantischen Baisers umgeben, die einem das Wasser im Mund zusammenlaufen lassen … und schließlich sucht der von so vielen Phantasie- bzw. Trugbildern getäuschte Blick Erholung am Horizont. Aber woher kommen all die weißen Zelte im Sand? Handelt es sich hier um prähistorische Campingplätze oder um Unterkünfte der Flüchtlinge vor Kambyses oder gar um Wohnstätten der Dschinnen?

Auf dem weißen Kreideteppich schillern seltsame, kleine, schwarze Steine, die unter den Füßen metallen scheppern. Sie sind sehr verschiedenartig geformt: rund wie eine Kirsche, länglich und vernarbt wie ein Zweig oder in erstaunlichen geometrischen Formen. Sie ähneln Eisenblumen, bestehen aber aus Sulfiden und Eisenoxiden: Es handelt sich um Pseudomorphosen aus Hämatit bzw. Limonit, die die Form von Kalzitkristallen bzw. Markassit»blumen« angenommen haben und von Eisenzusammensetzungen ersetzt wurden.

Schafft der Wind diese Skulpturen und verändert sie immer weiter? Jedenfalls scheint er nie zufrieden mit seinem Werk zu sein, zerstört es gar manches Mal und macht dafür den »abscheulichen Kreidemenschen« verantwortlich, der sich in seinen Palast hinter dicke weiße Mauern zurückzieht. Auf diese stürzt sich der Wind heulend, schüttet sie gelegentlich wie ein Blizzard aus Staub zu. Die Zeit vergeht, und der Abend wirft seine perlmuttglänzenden Schatten auf das märchenhafte Weiß. Fast unwirklich rosa geht schließlich die Sonne unter.

Farafra, die Weiße, trotzt der Weißen Wüste, von der sie fast ausgewischt worden war. Das »Land der Kuh« bietet dem Reisenden, der es entdecken will, eine Milch, deren nährendes Weiß ihn besser zu Kräften kommen lässt als die Gefühllosigkeit der nahen Wüste, die ihn belauert und einkesselt. Versteckt unter einer Staubwolke, die von der intensiven Urbarmachung des Landes und der fleißigen Anlage von Bewässerungsgräben in der näheren Umgebung herrühren, dehnt sich Farafra aus und labt sich an seinen Feldern und ihrem Grün.

# Kapitel IV

# Dachla, Tor zur Wüste
# Die innere Oase

**Eine ehemalige Hauptstadt**

Verlässt man Farafra in südwestlicher Richtung, kommt man zu der kleinen Oase Bir Abu Minqar, der letzten Gelegenheit zum Auffüllen der Wasservorräte. Westlich davon erheben sich die riesigen Dünengürtel der Großen Sandwüste, die hier nur schwer zu überwinden sind. Auf der anderen Seite, in südöstlicher Richtung, verläuft am Rand des Kalkplateaus die Straße zur Oase Dachla, die über ihre ganze Länge von dem steilen Felsabhang überragt wird. Auf dieser Straße ziehen die von Farafra kommenden Karawanen entlang.

Im Gegensatz zu den nördlichen Oasen erstreckt sich Dachla in ostwestlicher Richtung und misst 80 x 25 Kilometer. Sie setzt sich aus drei deutlich unterschiedlichen Regionen zusammen: einer steinigen, wo die Befestigungsanlagen und Tempel errichtet wurden, einer vom Grün der großzügig angelegten Felder bestimmten und einer sandigen, die als Pharaonenstadt und Nekropole diente.

**Eine dem Sand entrissene Geschichte**

Die Region ist seit prähistorischer Zeit besiedelt, zunächst durch Nomaden, die in Pfahlbausiedlungen sesshaft wurden. Sie kultivierten wilde Getreidesorten (Gerste und Weizen) und züchteten Haustiere (Hunde, Rinder und Schafe). Handwerker schufen aus Holz und Stein gefertigte Werkzeuge, die feiner und funktionaler als jene der anderen Völker der Zeit waren. Ausgrabungen unter der Leitung der Altertümerverwaltung Ägyptens sowie des Königlichen Museums von Ontario, Kanada, brachten 13 Fundstätten in der Umgebung von Dachla zutage; eine große Ansammlung von zersplitterten Tierknochen und -zähnen an einer bestimmten Stelle legt die Vermutung nahe, dass die Tiere – belegt sind Elefanten, Auerochsen, Gazellen, Hirsche, ein Strauß und ein Pferd[39] – hier zerlegt und weiterverarbeitet wurden. All diese Tiere kamen in gras- und wasserreichen Savannen vor.

Klimatische Veränderungen, die Abnahme der jahreszeitlichen Regenfälle und eine fortschreitende Austrocknung der Wasserstellen veranlassten die Bewohner, sich aus den Halbwüsten in die Oasen zurückzuziehen. Schon lange bevor die Oasen des Nordens von im Niltal erzogenen libyschen Prinzen regiert wurden, war Dachla eine bedeutende ägyptische Kolonie, die seit der 6. Dynastie unter Pepi I. (2289–2255 v. Chr.) von ortsansässigen Gouverneuren nach den pharaonischen Gesetzen regiert wurde. Der Regierungssitz befand sich in der Nähe des heutigen Dorfs Balat an einem Ort, der heute Ain Asil heißt und der damals die wichtigste Stadt des östlichen Teils der Oase war.

Den Quellen zufolge scheinen sich hier bis zur 18. Dynastie (1580–1314 v. Chr.), als Dachla wie die anderen Oasen direkt der Verwaltung durch die Nomarchen[40] des Niltals unter dem Pharao Thutmosis III. unterstand, keine großen Begebenheiten ereignet zu haben.

**Eine handwerklich versierte Bevölkerung**

*Die Töpferei*

Die Töpferei hat in Ägypten eine sehr alte Tradition, die aufgrund des Schöpfungsmythos' – der göttliche Schöpfer aller Lebewesen war ein Töpfer – einen besonderen Stellenwert einnimmt. Chnum, der widderköpfige Töpfergott, spielte eine zentrale Rolle: »Man glaubte, dass er alle Menschen auf seiner Scheibe modellierte und durch den Atem aus seinem Mund belebte, ohne dass man den Werkstoff kannte.«[41]

Er trug Hörner wie der Gott Amun, und seine schöpferische Kraft befähigte ihn dazu, Tiere, Menschen und selbst Götter in die Welt zu setzen. Dimitri Meeks und Christine Favard-Meeks zufolge war er sogar Initiator der Schöpfung, da er die Sonne mit Hilfe einer symbolischen Form gebar: »Er hatte auch das Ur-Ei modelliert, aus dem am Anfang der Welt die Sonne hervorging.«[42]

Erstaunt trifft man auf identisch geformte große Tonwaren – Krüge bzw. *saga* – in der Dunkelheit der Töpferwerkstatt wie auch, zer-

*Bir Dschabal, der Brunnen in den Bergen. Eine kleine Oase zu Füßen der steilen Abhänge des westlichen Gebirges.*

39. Anthony Mills: *Research in Dakhla Oasis, Origin and Early Development in North Eastern Africa*. Polish Academy of Sciences, Poznan Branch, Poznan Archaelogical Museum, Poznan 1984, S. 205–210.
40. Ein Nomarch ist der Gouverneur einer Verwaltungs-, Wirtschafts- und Steuerprovinz, die der Aufteilung des Territoriums und seinem Bewässerungssystem entspricht. Die Griechen bezeichneten diese Distrikte als *nomos*, die Alten Ägypter als *sepat*. *Dictionaire de la civilisation égyptienne* (wie Anm. 13), S. 190.
41. Meeks und Favard-Meeks (wie Anm. 12), S. 139.
42. Ebd. S. 308.

**Oben:** *In al-Qasr, der für ihre Töpfereiwaren berühmten Stadt, reckt sich ein alter, von Tauben in Beschlag genommener Turm wie ein Leuchtturm in die Höhe.*

**Links:** *Chnum, der widderköpfige Töpfergott, auf dem linken Pfeiler im Eingangsbereich des Tempels von Dar al-Haggar.*

brochen, auf den Ruinenfeldern von Abu Ballas in der gleißenden Wüstensonne. Die Macht, der Materie Leben zu verleihen, wird auch heute noch mit der Töpferkunst in Verbindung gebracht. Nessim Henry Henein lebte einige Monate in Dachla, um sich mit Töpfermeistern zu unterhalten und das Wesen ihrer Kunst zu begreifen: »Für den Töpfer von al-Qasr ist seine Scheibe ein Leben gebender Gegenstand. Das Drehen wird mit der Schwangerschaft und der Geburt gleichgesetzt.«[43]

Die Töpfer leben und arbeiten in dem Bewusstsein, Erben des Wissens des Scheichs Abd ar-Rahim al-Qenawi, ihres fernen Vorfahren, zu sein, der aus Qena im Niltal kam. In der Nähe ihrer Werkstätten erhebt sich eine kleine weiße Gedenkkuppel, die sie schützen soll. Dort bitten sie vor jeder schwierigen Verrichtung um seinen Beistand:

»Du, der du das Geheimnis des Berufs hast,
O Scheich Abd ar-Rahim,
sei mit uns.«[44]

Im Augenblick der Vollendung, das heißt der Ablösung des Objekts von der Scheibe und seines In-die-Welt-Setzens, verleiht der Handwerker dem Stolz über seine Schöpfung Ausdruck: »Eines Tages beobachtete ich einen der Töpfermeister. Er ging völlig in seiner Arbeit auf. Als er seinen Krug hochhob, sagte er zu mir: ›Wenn ich ihm eine Seele geben könnte, würde mein Krug zu sprechen anfangen.‹«[45]

Traditionelle Töpfereierzeugnisse erinnern mit ihren Füßen, Bäuchen, Schultern, Hälsen, Lippen usw. sogar an menschliche Formen.

Im Badura-Viertel wird das Wissen der Väter von sieben Familien, die in der Töpfergasse leben, bewahrt und weitergegeben. Nessim Henry Henein hat ihr Leben sowie ihre Produktion und Fabrikation beschrieben. In diesen sieben Familien, insgesamt 175 Personen, gibt es 36 Töpfer. In der Werkstatt jeder Familie wird intensiv gearbeitet. Manchmal greift jemand auf die Kompetenzen und Talente des Experten der Gruppe zurück, der den Rang eines Meisters hat, etwa wenn der Rundbogen für den Ofen gebaut oder dieser mit frisch getöpferten Gegenständen beschickt werden soll. Die Arbeitszeit ist lang, die Arbeit schwer; sie umfasst das Sammeln von Brennstoffen, das Heranschaffen und die Vorbereitung des Werkstoffs, das Formen der Objekte, die Vorbereitung des Ofens, das Brennen, Abkühlen und Trocknen.

Die Werkstoffe werden je nach Bedarf sowie möglichst energiesparend ausgewählt. Darüber hinaus gilt es, sich zwischen zwei verschiedenen Tonarten – rot oder weiß – zu entscheiden.

Der rote Ton bietet zahlreiche Vorteile: Er kommt in unmittelbarer Nähe vor, kostet nichts und ist an der Oberfläche reichlich vorhanden, also leicht abzubauen. Vermischt mit Pflanzenasche dient er zur Modellierung der meisten Gegenstände. Deren Dichte und Stoßfestigkeit und damit Transporteignung wird durch die Beimischungen verstärkt. In diesen Töpferwaren werden Lebensmittel aufbewahrt, zum Beispiel Öle, Gemüse oder Dattelpaste, oder sie dienen als Mehrzweckschalen bzw. -becken, so etwa als Backtröge zur Teigvorbereitung, die auch als Wiege herhalten können. Nicht zu vergessen sind die großen Krüge zum Transport von Wasser, *saga* genannt, deren Name »zu Trinken geben« bzw. »bewässern« bedeutet. Ihre Eiform ist in Ägypten allgemein üblich und wird in den Oasen sehr häufig verwendet. Sie geht auf vorrömische Zeit zurück. Ihre Abmessungen (mehr als 40 cm lang bei 20 cm Höhe) sind perfekt an die Breite der in der Nähe der Brunnen angelegten Bewässerungskanäle angepasst. Sie sind mühelos zu füllen, da sich das fließende Wasser in die oben befindliche Öffnung ergießt. Die Butterfässer werden aufgrund ihrer identischen Form mit Zickzackmotiven versehen, um Verwechslungen zu vermeiden.

Der weiße Ton hingegen kommt einige Kilometer vom Dorf im Hügel Qarat Chanda vor. Der Abbau am Ende eines nicht abgestützten Schachts wird von Mal zu Mal mühevoller. Der Ton dort ist mit Kalk und Eisen angereichert, mit Kieselerde durchsetzt und daher bröselig. Allerdings kühlt das warme Wasser der Quellen in den großporigen Gefäßen rasch ab und wird gefiltert und kühl gehalten.

Bereits Vivant Denon, einer der Wissenschaftler, die die Napoleonischen Feldzüge begleiteten, lobte dessen Vorzüge: »Wir kamen, um die Nacht in Balasse zu verbringen, dessen Namen die irdenen Krüge tragen, die von den Manufakturen nicht nur innerhalb Ägyptens verkauft, sondern auch nach Syrien und auf alle Inseln des Archipels geliefert werden. Sie haben die Eigenschaft, das Wasser durchschwitzen zu lassen, und es dadurch zu klären und zu kühlen … Die Natur liefert den entsprechenden Werkstoff fertig vorbereitet in der benachbarten Wüste. Es handelt sich um einen fettigen, feinen, seifigen und kompakten Mergel, der nur angefeuchtet und geknetet werden muss, um formbar und elastisch zu werden. Die daraus auf der Töpferscheibe gefertigten Behältnisse werden in der Sonne getrocknet und durch ein einfaches Strohfeuer gebrannt. Sie sind in einigen Stunden fertig.«[46]

Dieser Tontyp wird für nur wenige Gegenstände verwendet, die im Wesentlichen dem Trinkwasser vorbehalten sind: für Wasserkessel und den traditionellen Tonkrug. Letzterer wird, laut Nessim Henry Henein, aus Zeitmangel und Rentabilitätsgründen als einziges Objekt dekoriert. »Es hat vielleicht mit der Reinheit und dem heiligen Charakter des Wassers zu tun, das in den Oasen schwierig zu gewinnen ist, weswegen man seinem Behältnis besonderen Respekt erweist.«[47] Ein geschickter Töpfer vermag dem Ton jede Form zu geben, die für Haushalt und Handel benötigt wird. Eine alte Tradition weist jedem Gegenstand eine bestimmte Verwendung zu, sodass jeder den Inhalt auch ohne Bemalung oder Dekor erkennt.

Der religiösen Tradition und Gastfreundschaft der Oasen entsprechend stehen große, mit frischem Wasser gefüllte Tonkrüge, *sabil* bzw. *garra*, für Passanten bereit. Sie sind höher als breit, haben manchmal zu Transportzwecken Henkel und werden im Schatten eines Schleppdaches aufgestellt. Die Sitte will, dass zur Zeit der Ernte einige *sabil*

*Die Kuppel des Scheich Abd ar-Rahim wacht über die Handwerker.*

*Tonkrüge trocknen in der Sonne.*

**Nächste Doppelseite:**
*Verschiedene Töpferwaren
(von links nach rechts und
von oben nach unten):*
– *Kaninchenbau (*adus al-aranab*)*
– *Becken (*tast*) und Sieb (*masfa*)*
– *Topf (*dast*)*
– *Näpfe (*adus saghir*)*
– *Tonkrüge (*ulla*)*
– *Wasserkanne (*abri*)*
– *Krug des siebenten Tages (*ullat as-subu'*)*
– *Krüge zum Wassertransport (*saga*)*
– *Näpfe, Wasserkrüge (*zir*).*

**43.** Nessim Henry Henein: *Poterie et potiers d'Al-Qasr: Oasis de Dakhla*. IFAO, Kairo 1997, S. 40.
**44.** Ebd. S. 217.
**45.** Ebd. S. 40.
**46.** Dominique-Vivant Denon: *Voyages dans la Haute et la Basse Égypte …* Band I. London 1807, S. 320–321.
**47.** Henein (wie Anm. 43), S. 111.

*Die Kunst der Anfertigung von Körben, Tellern, Truhen und Flechtwaren ist eine ererbte Tradition, wie der Stich von Minutolis beweist. Rechts oben die Darstellung eines Mattenflechters (Blatt 24).*

**Nächste Seite:** *Der Tempel von Dar al-Haggar, das Steinerne Kloster, aus dem 1. Jahrhundert n. Chr., vor seiner Rekonstruktion*

an den Bäumen am Feldrand aufgehängt werden und dass man den Bauern bei Lieferung einen dieser Krüge schenkt. Diese revanchieren sich mit einer Korngarbe, die »des Tonkrugs Abendessen« genannt wird. So hilft sich die Gemeinschaft gegenseitig und lebt vornehmlich vom Tauschhandel, wobei Getreide oder Dienstleistungen gegen Krüge getauscht werden. Manche Töpfereien haben sich auch auf die Produktion für Familienfeiern oder religiöse Zeremonien spezialisiert.

Denise Ammoun hat verschiedene Gewerke und lokale Sitten und Bräuche, insbesondere aus Anlass von Geburten, beschrieben.

Der »Tonkrug des siebenten Tages« bzw. *ullat as-subu'* ist ein besonders geformtes Tongefäß. Es ähnelt einem mehrstöckigen, sich nach oben verjüngenden Springbrunnen und hat sieben Öffnungen, in die jeweils eine Kerze zur feierlichen Würdigung des abgelaufenen Tages als Garant für eine sichere Zukunft des Neugeborenen gesteckt wird. Die Eltern kaufen den Krug erst eine Woche nach der Geburt, zünden dann die sieben Kerzen an (wobei die Zahl Sieben als magisch und Glück bringend gilt) und feiern fröhlich das Ereignis.

Das Geschlecht des Kindes entscheidet darüber, ob die Wahl auf einen Krug oder einen Kessel fällt. Tonkrüge sind den Zeremonien für Mädchen vorbehalten (ihre Rundungen werden als feminines Symbol aufgefasst), wogegen Kessel bzw. Kannen, die einen Ausguss haben, mit dem männlichen Geschlecht assoziiert werden. Das mit blauen Perlen gegen den bösen Blick verzierte Gefäß thront in der Mitte eines großen Tabletts. Darum herum liegen »sieben« Körner und einige Geldstücke. Die älteste Frau bannt singend und salzwerfend den bösen Blick, während der Rest der Familie sie umkreist. Keimen die Körner schnell, gilt das als gutes Omen für das Wachstum des Kindes.[48] Dieser Brauch erinnert an das antike Ritual des »Pflanzen-Osiris«, bei dem die rasche Keimung von in kleinen Statuetten des Gottes Osiris gesäten Körnern als gutes Vorzeichen nicht nur für die nächste Ernte, sondern auch für viele andere Ereignisse galt.

Allerdings sind all diese Töpfereierzeugnisse vom Fortschritt bedroht, der in einer Invasion metallener Wasserkessel und grässlicher, »nicht totzukriegender« Kunststoffschüsseln in schreienden, unpassenden Farben auftritt. Die Rache der am Grund der irdenen Krüge verborgenen Geister wird fürchterlich sein!

### Die Korbmacherei

Die Kunst der Korbmacherei wird in allen Oasen gepflegt. Man schneidet Palmwedel in feine Streifen und flicht sie dann zu Matten, Körben mit und ohne Henkel, großen Tellern und passenden Deckeln und sogar Truhen. Die Tradition reicht in pharaonische Zeit zurück und macht sich eine Technik ähnlich der Töpferei ohne Töpferscheibe zunutze: Zweige in verschiedenen Farben werden spiralförmig gedreht und bilden so die Bodenplatte. Später werden sie je nach gewünschtem Volumen und angestrebter Form vernäht.

Die Oasenbewohner, Männer wie Frauen, tragen Strohhüte, die mit einem zur Galabiya passenden blauen Band geschmückt sind. In Dachla hat folgender Hochzeitsbrauch überlebt: Jungvermählte Paare verbringen die erste Nacht auf zwei speziell angefertigten Matten: »oval, in lebhaften Farben für die Braut und dunkleren für den Ehemann«[49].

Welch schönes Symbol für die Einheit eines Paares! Die Form der Matte erinnert an das einer »Ammon-Spirale« entspringende Ei, das Flechten symbolisiert die Kunst, zwei Teile eines Ganzen harmonisch und geduldig zusammenzufügen.

## Wunderbare Orte

Wenn man nach Dachla kommt, scheint – nachdem man den Steilabhang überwunden hat – ein Wächter den Zugang zu kontrollieren. Hierbei handelt es sich um einen Amun-Tempel, mit dessen Bau im 1. Jahrhundert n. Chr. unter Nero und später Vespasian begonnen und der unter Titus und Domitian beendet wurde. Dar al-Haggar bzw. »das Kloster der Steine«, dessen altägyptischer Name Set-Ouha bzw. Oase des Seth lautete, wurde später von christlichen Mönchen bewohnt. Das Bauwerk aus mächtigen, exakt behauenen Blöcken trägt seinen Namen zurecht. Tempel und Nebengebäude waren von einer Ziegelmauer umgeben. Noch vor einigen Jahren war der Ort schwer zugänglich, da er durch die Absenkung des Geländes verfiel und man einiges Klettertalent benötigte, um zu den Kartuschen und Wandinschriften zu gelangen. Diese Art der Besichtigung hatte allerdings auch ihren Charme! Heute ist das Ensemble restauriert; man kann den Tempel bequem besichtigen und die Flachreliefs aus angestammter Perspektive bewundern.

Über der Eingangstür in die Vorhalle befindet sich ein Türsturz mit dem Abbild des schützenden Horus', der sich auf zwei dekorierte Säulen stützt. Kaiser Vespasian erweist zwei bedeutenden Göttern Ehre: Amun-Min[50] und Chnum. Es ist kein Zufall, dass der Töpfergott hier auftaucht und die Verehrung erfährt, die ihm gebührt. An den Wänden wechseln sich Opferszenen mit den Kartuschen der vier römischen Kaiser ab, die diesem Gebäude ihren Stempel aufgedrückt haben.

Nicht weit vom Tempel Dar al-Haggar rahmen zwei Hügel den Zugang zur Oase. Einer davon wurde wahrscheinlich in der Antike als Friedhof genutzt, wie einige Knochenfunde beweisen. Der andere, Qarat al-Mussawaga (»Hügel der Malereien«) ist eine echte Nekropole. Hier

---

48. Denise Ammoun: *Égypte, des mains magiques*. IFAO, Kairo 1993, S. 92–93.
49. Ebd. S. 78.
50. Min ist ein sehr alter Fruchtbarkeitsgott, dessen Kult mit der Ernte verbunden ist. Er wird als bandagierter Leichnam dargestellt. In einer Hand hält er seinen erigierten Phallus, mit der anderen schwingt er ein Flabellum über seiner Schulter. Er trägt eine mit zwei großen Amunfedern geschmückte Krone. Seit dem Neuen Reich häufig dem Hauptgott zugeordnet, nimmt er dessen Gestalt an und trägt den Namen Amun-Min.

*Tempel Dar al-Haggar: Eingangstor mit Türsturz, geschmückt mit der Sonnenscheibe und einem Schutz verheißenden Uräus, einer geflügelten Schlange*

**Nächste Seite:**

*Nekropole von Mussawaga:*

*Grabmal des Petosiris: Szene aus dem Totengericht (Psychostasie). Rechts thront Osiris vor der Großen Verschlingerin, hinter der Thoth steht. Auf der linken Seite die Darstellung des Wiegens der Seele; im oberen Register wird der Verblichene (mit erhobenen Armen) durch die Göttin Maat eingeführt.*

*Der Ba des Petosiris, Darstellung seiner Seele als Vogel mit Menschenkopf, wie er ein Trankopfer von Isis erhält, gefolgt vom Sonnenskarabäus*

*Grabmal des Petubastis. In Baumwolldrillich gehüllte Genien schützen den Toten: im oberen Register ein schakalköpfiger Genius und links ein Genius mit dem Kopf des Gottes Bes; im unteren Register Chons, der ein Tier harpuniert, und das Horuskind mit zwei Gesichtern. Beide Szenen sind mit Darstellungen des Uzat-Auges geschmückt.*

**51.** Anubis, der »Herr der Totenstadt«, wird mit dem Kopf eines Hundes bzw. Schakals dargestellt. Er steht der Einbalsamierung vor, deren Initiator und Spezialist er ist. Außerdem wacht er über das Totenreich.

befinden sich zwei mit Sternkreiszeichen geschmückte Gräber aus römischer Zeit (1. oder 2. Jahrhundert n. Chr.). Die Gräber besaßen reich dekorierte Wände und Decken und bargen die sterblichen Überreste zweier bedeutender Persönlichkeiten der Stadt: Petubastis und Petosiris.

Im Grab des Petubastis zeigen Wanddarstellungen das Gericht über den Verstorbenen und das Wiegen seines Herzens: die klassische Szene der Psychostasie, die im Buch der Toten beschrieben wird. Osiris leitet das Totengericht und der schakalköpfige Gott Anubis[51] präsentiert ihm den Verstorbenen, der seine Unschuld beteuert. Anubis überprüft mit seiner Waage, ob das Herz des Toten schwerer wiegt als das Bildnis der Wahrheit, Maat, bzw. ihr Symbol, eine Feder. Daneben wartet die Große Verschlingerin, ein monströses Hybridwesen, auf ihre Stunde. Sollte der Tote verdammt werden, darf sie ihn verschlingen. Der ibisköpfige Thoth, Gott der Schreiber, notiert das Ergebnis auf einer Tafel, und wenn sich die guten und schlechten Taten im Gleichgewicht befinden, erhält der Tote Zugang zum Reich der Glückseligen. Die Grabmalereien grenzen an eine mit Sternkreiszeichen verzierte Decke. Insgesamt stellt das Ganze eine sehr fein ausgeführte Arbeit dar.

Auch das Grabmal des Petosiris zeigt eine – allerdings weniger kunstfertig ausgeführte – psychostasische Szene. Illustrationen von Kämpfen und Feldarbeit vermitteln dem Betrachter ein Bild vergangener Zeiten. Der Reichtum der Palmenhaine und der Weinbaukulturen erstreckt sich über die ganze Wand, über die Krümmung der Gewölbe bis in den Sternenhimmel hinein.

Beide Gräber unterstreichen die Bedeutung der Opfergaben bei Begräbnissen, von denen das Seelenheil des Verstorbenen abhing.

Danach gelangt man nach al-Qasr, dem »Fort«, da sich hier im Mittelalter eine Festung zur Verteidigung der Oase befand. Das römische *castrum* an derselben Stelle hatte die gleiche Aufgabe gehabt. Daraus entwickelte sich die mittelalterliche Hauptstadt Dachlas. Enge Straßen schlängeln sich zwischen den hohen Mauern der Häuser, die nur von winzigen Fensterlöchern und mächtigen Türen durchbrochen werden. Die Türpfosten sind oft steinerne Säulen ehemaliger Tempel. Sie sind mit Hieroglyphen dekoriert und dienen als Träger für hölzerne Türstürze mit geschnitzten Inschriften, die auf die Abstammung der Eigentümer verweisen und Koranverse zitieren. Eine alte Moschee

**Links und unten:**
*Gassen mit altertümlichen Türen, deren Stürze mit Symbolen, Botschaften und Koranversen geschmückt sind*

**Vorhergehende Doppelseite:**
*Altstadt von al-Qasr, der alten Hauptstadt Dachlas aus der Zeit der Ayyubiden, 11.–12. Jahrhundert*

**52.** Chevalier Drovetti: »Journal d'un voyage à la vallée de Dakel …« In: Frédéric Cailliaud: *Voyage à l'oasis de Thèbes et dans les déserts situés à l'orient et à l'occident de la Thebaide …* Paris 1821, S. 103.

**Links:** *Al-Qasr. Das Minarett der Moschee ist eine Festung der Tauben. Die Taubenzucht ist eine lokale Tradition. Taubenpärchen als Hochzeitsgeschenk stehen für eine glückliche Zukunft.*

**Oben:** *Gemüsegärten in der Nähe von Mut, dem Verwaltungszentrum der Oase*

**Nächste Seite:** *Blick vom Minarett über die Stadt und die Terrassen der Häuser*

schützt die Stadt. Der Aufstieg auf das rund 20 Meter hohe Minarett erweist sich als mühevoll, da einige Stufen fehlen und die noch vorhandenen von den dort lebenden Tauben erbittert verteidigt werden. Allerdings wird man oben für die Mühen des Aufstiegs belohnt: Von hier bietet sich ein herrlicher Panoramablick über die gesamte grüne Oase zu Füßen der sie überragenden blendend weißen Klippen. Die Taubenzucht geht auf einen alten Brauch des Ortes zurück: Anlässlich von Festen, vor allem bei Hochzeiten, war das traditionelle Geschenk ein Tauben- bzw. Turteltaubenpärchen.

Eine Quelle erlangte Berühmtheit. Sie wurde von Drovetti um 1818 so beschrieben: »Al-Qasr … liegt am Fuße des Gebirges. Eine reichlich sprudelnde Quelle, die inmitten des Dorfes entspringt, bewässert die sie umgebenden Gärten. Diese Thermalquelle ist stark schwefelhaltig. Sie bildet ein Becken, das den Frauen als Bad dient, die nachts zahlreich an diesen Ort kommen. Daneben wurde eine geschlossene Kammer für die Männer eingerichtet … Gleiches gilt für Genâh, die dortige Quelle spendet ebenso Wasser wie die von Qasr. Diese zwei Quellen zeigen die gleichen Erscheinungen wie die berühmte Sonnenfontäne (in Siwa), von der Herodot berichtete.«[52]

Auf den Plätzen der Stadt kann man die lokale Handwerksproduktion begutachten. Eine Vielzahl an Körben, einige Schmuckstücke aus Silber und kleine Figuren von Bauern, Handwerkern, Musikern, Tänzern, Schachspielern usw. aus bemaltem Ton, die Geschichten über das Leben und die traditionellen Berufe erzählen, werden hier feilgeboten.

Nicht weit davon entfernt befindet sich das seit jeher besiedelte Amhayda. Die Ortschaft spielte in griechisch-römischer Zeit eine wichtige Rolle. Von der antiken Stadt namens Trimithis sind nur wenige Überreste erhalten. Ein einziges Bauwerk erinnert wie ein Gedenkstein der vergessenen griechisch-römischen Metropole an den Ort. Amhayda ist bis heute weithin von Resten ehemaliger Töpfereien umgeben. Die Siedlung wurde zugunsten ihrer Nachbarin Mut verlassen, nachdem sie in byzantinischer Zeit ihre Blüte erlebt hatte.

Mut bzw. Môthis liegt im Zentrum der Oase und ist ihr Verwaltungszentrum. Hier leben recht viele Menschen, die hauptsächlich in der Landwirtschaft tätig sind. Ursprünglich hatten sie an den kleinen Teichen gesiedelt, da sie die karger werdende Umgebung hatten verlassen müssen. Hier liegt die Wiege des Weinbaus und der Palmenhaine, wie Malereien im Grab des Petosiris belegen. Es gibt zahlreiche Felder in einem lebhaften Grün, das bei Sonnenaufgang mit den Pastelltönen der nördlichen Felswand kontrastiert. Im Lauf des Tages wechselt der Stein die Farbe von Malve am Morgen, blendendem Weiß gegen Mittag zu flammendem Rot gegen Abend. Auf dem grünen Teppich selbst bewegen sich winzige weiße Punkte: Es handelt sich um die graziösen, langhalsigen Kuhreiher, die in den Feldern und an den Bewässerungskanälen nach Beute suchen. Reglos scheinen sie auf die Ankunft der Karawanen aus dem Süden zu warten: Mut ist der Endpunkt der langen Route von der libyschen Oase Khufra.

*Altstadt von Balat. Schattige Gässchen, geeignet für diskrete Zusammenkünfte*

**Nächste Seite:**
*Rückkehr aus den Gärten im goldenen Licht der untergehenden Sonne*

53. Wagner (wie Anm. 5), S. 195.

An dem heute Mut al-Charab genannten Ort erhob sich eine mächtige antike Stadt, die während der 22. Dynastie (950–730 v. Chr.) zeitgleich mit der Stele von Dachla errichtet wurde, die die Nutzung der Quellen und damit die Bewässerung regelte.

Die ehemalige byzantinische Stadt Kellis, die später Smint al-Charab und noch später Smint hieß, weist zahlreiche zerfallene Kapellen auf, deren steinerne Bögen aufeinander folgen wie auf Sand auslaufende Wellen. Noch heute vermitteln sie einen Eindruck von der Bedeutung dieses Ortes in der näheren Umgebung von Mut.

Der Name der Stadt Balat leitet sich wahrscheinlich vom lateinischen *palatium* ab, wie, nach Guy Wagner, auch bei anderen Städten des Nahen Ostens, insbesondere in der Türkei.[53]

Das alte Zentrum Balats weist Ähnlichkeit mit dem al-Qasrs auf, so die kleinen, engen, gewundenen Straßen im Schatten großer Palmen, die vor dem Sand schützen sollen. Zu Füßen der Altstadt brodelt eine moderne City, wo sich die kommerziellen Aktivitäten konzentrieren.

Bis zur Mitte des 20. Jahrhunderts war unbekannt, dass unterhalb Balats am östlichen Ende der Oase eine monumentale Stadt nebst dazugehöriger Nekropole im Sand verschüttet lag. Ihre Entdeckung ist einem heftigen Sturm zu verdanken, der über die Region fegte und die Oberkanten einiger mächtiger Mauern freilegte, die Ahmed Fakhry 1947 aufspürte. Das war der Beginn der größten Entdeckung in den Oasen: Die Stadt Ain Asil und die Mastabas von Qilat ad-Dabba, lange unter dem Sand verborgen, zeugen heute von Strukturen und Abmessungen einer Siedlung aus dem Alten Reich. Ausgrabungen, die vom Französischen Institut für orientalische Archäologie in Kairo geleitet werden, fördern nach und nach eine Stadt zutage, die den Gouverneuren der Oase Dachla während der 6. Dynastie unter den Pharaonen

Pepi I. und Pepi II. als Residenz diente. Von mehreren Brunnen umgeben, gehörten dazu der Gouverneurspalast, die Grabkapellen, ein administrativer Bereich und bedeutende Töpferwerkstätten.

Die Mastabas der Gouverneure – es gibt davon etwa ein Dutzend von unterschiedlicher Bedeutung – befinden sich in Qilat ad-Dabba. Fünf sind inzwischen erforscht, darunter jene des Khentika, der um 2250 v. Chr. unter Pepi II. Gouverneur der Oase war, sowie die Mastaba von Ima-Pepi vom Ende der Regierungszeit Pepis II. Sie unterscheiden sich vor allem durch ihre Grabkapelle, deren eine ein Gewölbe hat, die andere jedoch nicht.

In der kleinen Siedlung Asbat Bashandi am östlichen Ende Dachlas finden sich weitere Grabmäler aus verschiedenen Epochen, darunter das des Kitinos, eines reichen griechischen Landbesitzers, aus dem 1. Jahrhundert v. Chr. Auf einem Pfeiler des Eingangstores ist ein Flachrelief erhalten, das auf einzigartige Weise vom ausgesuchten Geschmack und Reichtum der hiesigen Bewohner zeugt. In der Nähe liegen weitere Gräber; eines davon wurde für die Bestattung von Scheich Bashandi wieder verwendet. Der Kuppelbau erinnert an eine kleine Moschee und lädt zur Besinnung ein. Kitinos ist kein ägyptischer, sondern ein griechischer Name und bedeutet »Blüte des Granatapfels«. Er taucht auch am Hibis-Tempel in Charga auf; Guy Wagner[54] geht davon aus, dass es sich dabei um die gleiche Person handelt.

In der Nähe des Dorfes Tanida, der letzten Ortschaft der Oase, erheben sich mächtige, geriefte Buntsandsteinfelsen. Die natürliche

**Ganz oben:** *Farbig gestaltete Häuser, die von den Schutzmauern der Altstadt von Balat umgeben sind*

**Oben:** *Die alten Türöffnungen, ob offen oder zugemauert, verdanken ihre Form der Verarbeitung der Ziegel bzw. des Putzes (*muna*). Das Licht gelangt nur durch kleine Maueröffnungen in die Gebäude, die so auch bei großer Hitze kühl bleiben.*

---

54. Wagner (wie Anm. 5), S. 195.

*Drei Oasensöhne auf einem Esel*

Pracht dieses Steins regte Reisende seit der späten Antike zum Verweilen an, um ihn zu bewundern und Mitteilungen und Zeichen in ihn einzugravieren. Das Durcheinander von alten und neuen Graffiti erschwert ihre Entzifferung und Datierung enorm; die Ritzungen an sich sind jedoch faszinierend.

Von Tenida führen zwei Wege nach Charga. Der leichtere und schnellere führt durch das Tal Darb al-Ghubari, hat aber keine Wasserstelle. Der andere führt über die Hochebene. Er ist länger und schwieriger, unterwegs bietet jedoch die Oase Ain Amur Erholung. An dieser Strecke erheben sich die Charga schützenden Festungen.

Die Oasen Dachla und Charga wurden oft als Einheit gesehen und gemeinsam verwaltet, im 5. Jahrhundert v.Chr. bezeichnete man sie einfach als »große Oase«. Beide definieren sich durch ihr Verhältnis zur Wüste und zum Nil:

– Dachla ist weiter vom Niltal entfernt und liegt damit näher an der Großen Sandwüste und auch tiefer in der Wüste. Ihr Name bedeutet im Arabischen »die Innere«.

– Charga liegt weiter im Süden und näher am Nil, also am Rand der Wüste. Ihr Name bedeutet im Arabischen »die Äußere«.

Die Entfernung Dachlas von der Kultur des Niltales hat sich vermutlich günstig auf ihre Entwicklung ausgewirkt. Sie benötigte eine starke, autarke örtliche Administration, wie die jüngsten Entdeckungen von Balat beweisen. Dadurch ist ihre Bezeichnung als »innere«, in der Wüste liegende Oase durchaus gerechtfertigt.

**Links:** *Ausgrabungsstätte Balat, Blick von Ost nach West auf das Grabmal des Khentika: im Vordergrund die Grabwohnungen, dahinter die restaurierte Kapelle. Die Terrassen wurden angelegt, um die Erdschichten bei den Grabungen nach und nach abtragen zu können. Hinten die mit Sandsteinplatten abgedeckte Grabkammer mit Zugangskorridor. Der Komplex ist von einer dicken Umfassungsmauer umgeben, die die Wände der 10 Meter tief in der Erde liegenden Baugrube abstützt.*

*Mastaba des Ima-Pepi: Die steinerne Gruft wurde durch einen Raum mit einem Gewölbe aus rohen Ziegeln ersetzt, in die ein zentraler Korridor führt. Der Zugang erfolgt durch eine Rundbogentür.*

*Antikes Zentrum von Ain Asil, der Residenz der Gouverneure von Dachla während der 6. Dynastie: das Palais der Gouverneure von Nordwest nach Südost gesehen während der Ausgrabungsarbeiten, mit Spuren einer Feuersbrunst.*

*Im Innern des Grabes des Khentika: Die Ganzkörperfigur des Grabinhabers empfängt Opfergaben. Unter dem Fries der Anfang der klassischen Begräbnisformel: »Opfergabe, die der König gibt ...«; oben rechts: Khentika reist auf seiner Barke, ein Motiv, das in einer Oase paradox erscheint; allerdings ist die Barke Teil des konventionellen Begräbnisrepertoires.*

*Ain Asil, Gouverneurspalast, östliche Wohnung*

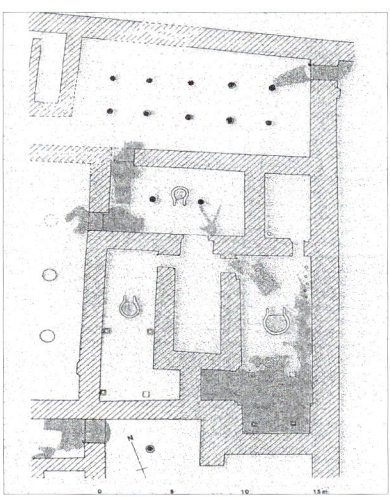

*Plan des Gouverneurspalastes (G. Soukiassian)*

## Die Ausgrabungen von Balat
von Georges Soukiassian, Archäologe des Französischen Instituts für orientalische Archäologie

Die Baureste von Balat, der Residenz der Gouverneure von Dachla in der 6. Dynastie (um 2350–2200 v. Chr.), zeigen eine städtische Siedlung von ca. 30 Hektar Größe und eine von sieben Mastabas dominierte Nekropole. Nach 25-jährigen archäologischen Ausgrabungen unter der Leitung des Französischen Instituts für orientalische Archäologie gilt als wahrscheinlich: Balat war mehr als nur ein Posten an den Handelsstraßen Afrikas, sondern eine Kolonie, die von den landwirtschaftlichen Ressourcen eines recht reichen Gebietes lebte. Dies belegen Fragmente der behördlichen Korrespondenz zwischen der Stadt und den Orten der Oase, die auf Tontäfelchen in Kursivschrift festgehalten wurde, sowie die Tausende von Brotformen oder die durch Gebrauch abgeschliffenen Schiefersensen.

Das älteste bis jetzt bekannte Bauwerk an der Stelle der ehemaligen Stadt ist eine Einfriedung von 171 Metern Länge mit runden Türmen als Verstärkung, die mindestens auf Pepi I. (2335–2285 v. Chr.) zurückgeht. Der erste Titel der Gouverneure lautete: der Kommandant, der Chef des Feldzugs. In der ersten Zeit handelte es sich demzufolge sehr wahrscheinlich um einen kolonialen Vorposten, von dem eine gewisse militärische Macht ausging.

Die befestigte Einfriedung veraltete jedoch unter Pepi I. schnell. Erweiterungsbauten wurden nur noch mit einfachen, wenn auch dicken Umschließungsmauern ohne Verteidigungswert umgeben. Am bemerkenswertesten ist der Gouverneurspalast aus der Zeit Pepis II. (2279–2219 v. Chr.). Die Potentaten, die Titel wie »der Kommandant, Oberster Priester und Gouverneur der Oase« trugen, residierten in einem Palastviertel mit einer Grundfläche von mindestens 10 000 m². Die Ziegelarchitektur hat monumentale Ausmaße: Die Wohnungen folgten einem symmetrischen Plan, es gab hölzerne Kolonnaden auf Kalksteinsockeln, vier Meter hohe Innenräume, ocker, gelb oder rot bemalten Putz. Komplexe Weganlagen außerhalb des Labyrinths lassen auf eine Konzeption schließen, die darauf abzielte, Bereiche mit bestimmten Funktionen – Privaträume, Büros und Wirtschaftsräume – zu isolieren und den Zugang zu ihnen zu überwachen. Ein 600 m² großer Block mit Vorratsgewölben lässt das Ausmaß der Lagermöglichkeiten erahnen. Sanktuarien für das Ka der Gouverneure, kleine Grabtempel, verdeutlichen deren Rang.

Die Nekropole bietet ein ähnliches Bild wie die Stadt in ihrer Blüte: Die höhere Würde der Gouverneure zeigt sich in ihren Grabmälern. Bis in 10 Meter Tiefe reichende Keller und Lagerräume sind aus Stein oder als gemauerte Gewölbe erbaut. Darüber erheben sich gemauerte Aufbauten, deren Fassade mit Auszahnungen dekoriert ist: die eigentliche Mastaba mit der Kapelle für den Totenkult. Am größten ist die des Khentika mit Seitenlängen von 28 x 22 und einer Höhe von 6 Metern. Als Grabbeigaben gab es neben vielen Krügen mit Lebensmitteln vor allem Hartsteinvasen – Geschenke der Könige mit ihrem Namenszug – und metallene Gegenstände wie Spiegel, Rasierer, Klingen und Kupferäxte. Alle Monumente haben angrenzende Kellerräume und bei Ima-Pepis Mastaba I zudem einen geräumigen Innenhof (27,5 x 18 Meter), der die Gräber seiner nächsten Angehörigen birgt.

Mehrere Inschriften weisen darauf hin, dass die Gouverneure unter Pepi I. und Pepi II. gleicher Abstammung sind und so die Macht über ein Jahrhundert in den Händen einer Familie ruhte. Dies scheint in das historische Schema zu passen, das gemeinhin als Erklärung für die Dekadenz der Monarchie gegen Ende des Alten Reichs dient: Vererbbarkeit der Funktion und Unabhängigkeit von der Hauptprovinzverwaltung. Allerdings sollte man sich vor einem vereinfachten Blick auf die Dinge hüten und aus Khentika bzw. Medu-Nefer nicht allzu schnell lokale Souveräne außerhalb der Herrschaft von Memphis machen. Die Palastdokumentation und insbesondere die Siegelaufdrucke weisen trotz der Entfernung auf enge Beziehungen zur Hauptstadt hin. Der klarste Hinweis auf die Beziehungen zwischen den Gouverneuren und der Zentralmacht stammt von der Kopie eines Dekrets auf einer Stele, in dem Pepi II. einem Gouverneur einen Ka-Bezirk zuweist. Dabei handelt es sich um eine Stiftung, die über Einkünfte und Personal verfügt und deren Grabheiligtümer mit ihren Nebengebäuden heute noch erhalten sind. Der Text erinnert daran, dass den Vorfahren des Empfängers bereits über drei aufeinanderfolgende Generationen ein identisches Privileg gewährt wurde und nennt den Namen und den Titel eines höfischen Beamten, der mit der Überbringung des Dekrets beauftragt war. Der König bestätigt zwar die Erblichkeit des Amtes, wahrt aber sein Recht auf Besetzung des Postens.

Gegen Ende der 6. Dynastie neigt sich die große Zeit von Balat ihrem Ende zu. Im Zuge von Ereignissen, die heute unbekannt sind, wird der Palast geplündert und in Brand gesteckt. In der Ersten Zwischenzeit bis gegen 2100 wird die Stadt etwa ein Jahrhundert lang besetzt; in der Nekropole entstehen keine großen Mastabas mehr. Nach Aufgabe des Ortes und einer Pause von mehr als 300 Jahren siedelt sich in der Zweiten Zwischenzeit (um 1750–1560) ein kleines Unternehmen hier an, das offenbar im Neuen Reich (bis gegen 1100) existiert.

Kapitel V

# Charga, das andere Tor
# Die äußere Oase

Von Westen kommend, erreicht man 180 Kilometer von Dachla entfernt die Senke von Charga, die im Norden von einem Steilhang begrenzt wird, den die Wellen des Abu Muharik – ein langer Sandfluss – unterbrechen. Dieser hat seinen Ursprung im Dünenmeer, das sich langsam, aber unaufhaltsam von Nord nach Süd bewegt und alles unter sich begräbt bzw. vor sich her schiebt, was ihm im Weg steht: verwitterte Straßen, zerbrochene Telegrafenmasten, verfallene Häuser … Anders als die übrigen Oasen ist Charga von einer mächtigen Dünenbarriere bedroht, die den Betrachter überrascht und schockiert.

Es führen aber noch weitere Pisten nach Charga: von Farafra aus über das Hochplateau (360 Kilometer) oder von Norden über den Darb al-Arba'in (220 km von Asiut am Nil).

Der Darb al-Arba'in, die »Straße der 40 Tage«, verbindet das Darfur-Gebirge und Sennar im Sudan mit dem Niltal. Diese Strecke zurückzulegen kostete Karawanen und angekettete Sklaven mindestens 40 Tage Anstrengung und Leid – ihre traurige Berühmtheit dokumentieren nicht zuletzt die unzähligen Skelette, die noch heute den Rand der Piste säumen. Eugène Daumas berichtete darüber: »Wir waren eine Gruppe von etwa 2100 Mann und 2600 Kamelen … Da wir unsere Sklaven jederzeit bewachen mussten, blieb uns keine Gelegenheit zur Erholung; obwohl diese wie die Kugeln eines Rosenkranzes miteinander verbunden waren, die Frauen jeweils zu zweit an den Füßen, die Männer zu acht oder zehn in Gruppen, den Hals in ein Eisen gepresst, an dem eine doppelte Kette befestigt war, die sie zwang, ihre Hand in Brusthöhe zu halten … Das Signal zur Weiterreise war gegeben, und die erste Karawane setzte sich in Bewegung. Plötzlich jedoch brach ein wirrer Lärm aus, ein Schreien und Stöhnen begann, das von Sklave zu Sklave auf die Unsrigen übersprang; alle heulten und lamentierten, riefen einander zu und nahmen voneinander Abschied.«[55]

Charga, die größte der vier Oasen, erstreckt sich über rund 100 Kilometer in nord-südlicher Richtung. Durch die Nähe zum Niltal, das nur 180 Kilometer entfernt liegt, wurden der kommerzielle Austausch sowie die Vorherrschaft des ägyptischen Einflusses begünstigt. Außerdem ist Charga die letzte große südägyptische Oase vor dem Sudan.

Ist der Wüstenabschnitt, der Charga vom Strom der Könige trennt, erst einmal überwunden, bietet sich dem Reisenden bei seiner Ankunft hoch über der Senke ein Bild berückender Schönheit: Die smaragdgrün leuchtenden Palmenhaine werden von goldenen Dünen eingerahmt und strahlen geradezu. Der wichtigste Reichtum der Oase war seit jeher der ihres Wassers. Die zahlreichen, gleichmäßig verteilten Quellen ermöglichten, dass sich viele kleine Wirtschaftseinheiten entwickelten. Lange Zeit stand mehr Wasser zur Verfügung, als gebraucht wurde, und so bildeten sich Seen, an deren Ufern die Siedlungen entstanden. Die Oasenbewohner überwachten den Fluss ihrer Quellen aufmerksam und warteten sorgfältig ihre Brunnen. Und sie bekämpften aktiv das Vordringen der Dünen. Frédéric Cailliaud berichtete, dass man versuchte, den Sand abzutransportieren bzw. dass man die Mauern um die Wohnareale erhöhte: »Der Sand blockiert die Straßen … und einen Teil der Häuser. In einigen Gegenden hebt sich der Boden um einen Fußbreit jährlich, was zu häufigen Räumarbeiten zwingt. Einige Einwohner, die den Sand nicht wegschaffen wollen, erhöhen dafür lieber die Mauern ihrer Behausungen.«[56]

Mit der Zeit begannen jedoch die Quellen zu versiegen, da das Klima zunehmend trockener wurde und eine wachsende Zahl von Menschen immer mehr Wasser verbrauchten. Daher stellte man umfangreiche Bohrungen an, die zur Entdeckung beachtlicher Grundwasservorkommen führten. Mit diesen lässt sich der zusätzliche Bedarf decken; zudem erhielt das Neue-Tal-Projekt aus dem Jahr 1959, das Dachla und Farafra näher an Charga anbinden sollte, dadurch seine Berechtigung.

Heute ist Charga jenes »Neue Tal«, wo die ehrgeizigen Entwicklungsprojekte verwirklicht werden sollen, die hauptsächlich darauf abzielen, Menschen aus der mit rasanter Geschwindigkeit wachsenden Bevölkerung des Niltals abzuziehen. Die Kapazitäten der Städte und Dörfer im Niltal sind mehr als erschöpft. Als Anreiz für eine Umsiedlung werden Land und Wohnung angeboten sowie einiges Vieh und Saatgut, ohne die kein landwirtschaftlicher Betrieb auskommen kann. Auch wurden zahlreiche Schulen errichtet, die besonders junge Paare motivieren sollten, sich in der Region niederzulassen.

*Ein Loch in der die Zitadelle von Dush umgebenden Mauer gestattet den Ausblick auf den Darb al-Arba'in, die »Straße der 40 Tage«, den die Sklavenkarawanen auf der Reise von den Provinzen des Sudan ins ägyptische Niltal nahmen.*

**Rechts:** *Der ständige Kampf gegen den Sand der alles unter sich begrabenden Dünen wird mit letztlich untauglichen Mitteln geführt und ist eine echte Sisyphusarbeit.*

---

**55.** Eugène Daumas: »Le Grand Désert, 1848«. In: Alain Laurent (Hrsg.): *Histoire de déserts*. Sortilèges, Paris 1998, S. 247–249.
**56.** Cailliaud (wie Anm. 27), S. 88.

*Abu Muharik, eine große, einzelne Düne auf ihrer Wanderung über das Kalkplateau. Sie gleicht einem Koloss, der Charga auf seinem Weg nach Süden langsam zu verschlingen droht.*

**Linke Seite:** *Die »Passage des Verrückten«. Die steil abfallenden Kalksteinfelsen, die sich rund 400 Meter über der Senke von Charga erheben, bieten nur wenige Gelegenheiten zum Abstieg ins Tal. Um sich auf diesen Schwindel erregenden Abhängen bewegen zu können, sind schon eine gewisse Portion Tollkühnheit und eine gute Kenntnis des Geländes notwendig.*

*Die Straßen sind schon lange verschüttet. Nur die aus dem Sand ragenden Telegrafenmasten markieren noch ihren Verlauf.*

Charga besitzt aber noch andere Ressourcen, die Arbeitsmöglichkeiten bieten: die Phosphatminen auf dem Kalkplateau von Abu Tartur und die Kalksteinbrüche im Dschabal at-Tair (dem Vogelgebirge). Weiterhin gibt es Alaunvorkommen (Alaun wird zur Behandlung von Textilien verwendet), deren Qualität in der ganzen Mittelmeerregion geschätzt wird, sowie mineralischen Ocker, der zum Schmücken der Häuser und Vertreiben böser Geister dient.

Auf der Oasenliste am Tempel von Edfu ist Charga nicht ausdrücklich erwähnt. Allerdings war die Oase früher unter mehreren Bezeichnungen bekannt, etwa als Ouhat Resyt, »Oase des Südens«, oder als Kenmet. Es ist durchaus möglich, dass sie nicht von Dachla unterschieden wurde. Charga ist seit prähistorischer Zeit besiedelt. Die Bevölkerung unterscheidet sich nicht von der der anderen Oasen. Zu den berberischen, beduinischen und arabischen Wurzeln gesellen sich andere Einflüsse aus dem Niltal (aufgrund des lebhaften Handels) und Nubien (durch die Karawanen, die den Darb al-Arba'in nahmen). Seit dem Neuen Reich wurde Charga aufgrund des schwierigen Zugangs und der extremen Unwirtlichkeit der Wüste auch als Verbannungsort genutzt.

## Eine von Fremdherrschaft gekennzeichnete Geschichte

Charga war seit dem Paläolithikum besiedelt und stand im Neuen Reich von 1580 bis 1085 v. Chr. unter ägyptischer Herrschaft, wie Malereien in den Gräbern von Theben belegen. Die damals errichteten Bauwerke sind jedoch verschwunden: In der Gegend waren Steine rar und so kostbar, dass sie immer wieder verwendet wurden. Die Stadt Hibis existierte allerdings wohl schon. Die Verbannungsstele aus der 21. Dynastie (1085–950 v. Chr.) verzeichnet die Gesetze, die eine Verbannung in die Oase aus religiösen und politischen Gründen forderten: »In der Dritten Zwischenzeit erfährt man durch die berühmte ›Verbannungsstele‹ aus der Zeit Mencheperres, dass Charga als Exil für Personen diente, die im eigentlichen ägyptischen Territorium unerwünscht waren.«[57]

Einer Periode libyscher Kontrolle folgte ab der 27. Dynastie (525–404 v. Chr.) die persische Vorherrschaft. Nach dem oben erwähnten Missgeschick, das der Armee Kambyses' II. widerfuhr, begann unter Darius I. (522–485 v. Chr.) eine Zeit des Aufschwungs. Die landwirtschaftlichen Methoden entwickelten sich weiter und dank der Einführung neuer Technologien wie der *saqiya* und *qanat* konnte die ober- und unterirdische Bewässerung verbessert werden.

Die *saqiya* dient zur Hebung des Wasserspiegels, wodurch neue Flächen über ein Kanalsystem bewässert werden können; sie besteht aus einer vertikalen Welle mit einem horizontalen Zahnrad, das von Tieren angetrieben wird. Das System treibt ein vertikales Zahnrad mit einem Becherwerk an, das das Wasser an die Oberfläche befördert.

*Qanat* sind unterirdische Wasserleitungen, die von einem Brunnen aus gegraben wurden, damit kein Sand eindringen konnte. Sie dienten zum Auffüllen der Zisternen und Wasserverteiler, von denen aus die Bewässerungskanäle versorgt wurden. Die Kanäle waren befestigt und lagen unter einer mehr oder minder dicken Erdschicht. So wurde jegliche Verdunstung verhindert, und sie waren stabil genug, dass Menschen darauf gehen konnten. Die Kontrolle erfolgte über in regelmäßigen Abständen angelegte Schächte, die so hoch waren, dass das System nicht versandete. Die *qanat* waren in größeren Netzen angelegt, die ausgedehnte landwirtschaftliche Anbauflächen bewässerten.

Das Transportwesen erfuhr um 500 v. Chr. durch die Einführung des Dromedars, das den Esel auf langen Strecken ersetzte, und die Erfindung von Behältnissen aus gebrannter Erde, die für die Kamelkarawanen besser geeignet waren, eine wesentliche Veränderung. Dromedare sind widerstandsfähiger und schneller – wichtige Vorteile, da vornehmlich Lebensmittel transportiert wurden.

Unter der 28., 29. und 30. Dynastie (404–343 v. Chr.) fand die ägyptische Erneuerung statt. Es wurden weitere Tempel gebaut, besonders der berühmte Hibis-Tempel. Nach einem nochmaligen kurzen, zehnjährigen persischen Zwischenspiel folgte die griechische Periode (332–30 v. Chr.). Die Dynastie der Ptolemäer verhalf zahlreichen Stätten in den Oasen zu neuem Prunk und ermöglichte der Stadt Hibis ihre Blütezeit. Die Umstellung auf den Transport mittels Dromedar zog einen intensiveren Austausch mit dem Niltal nach sich, dessen Einfluss auch an der Architektur der Bauwerke abzulesen ist.

Die römische Herrschaft und das Aufkommen des Christentums (30 v.– 395 n. Chr.) waren durch eine Intensivierung des Handels gekennzeichnet, was zur Errichtung befestigter Zentren führte, die den Karawanen Zuflucht boten, sowie zur Entstehung von Dörfern in deren Umgebung. Ein dichtes Straßennetz wurde angelegt, das die römischen Legionen unterhielten und überwachten. Charga, die Exiloase, wurde von da an Zuflucht für größere Gemeinschaften, und berühmte Bischöfe fanden hier eine Heimat: Athanasios und Nestorius.

Unter der Herrschaft Konstantins I. des Großen (306–337) konvertierte Charga ohne großen Widerstand zum Christentum. Das Mailänder Toleranzedikt von 313 hob die Strafen für die Ausübung des christlichen Kultes auf, der ab 337 Staatsreligion wurde. Die Einheit des Reiches sollte vom griechischen Byzanz als Hauptstadt gewährleistet werden, das 330 als »Neues Rom« ausgerufen wurde. Der Kaiser selbst konvertierte allerdings erst auf dem Totenbett zum Christentum. Dem Glauben der Zeit zufolge wurde die göttliche Absolution nur ein einziges Mal erteilt, sodass man sie sich aus verständlichen Gründen besser für die letzte Stunde aufsparte! Seine Sympathien für das Christentum hinderten Konstantin jedoch nicht daran, sich der orthodoxen Lehre zu widersetzen. So kam es etwa zu einer harten Auseinandersetzung mit dem Kirchenvater Athanasios (295–373), der in Alexandria geboren und an der dortigen Schule ausgebildet worden war, einem der einflussreichsten Zentren der Theologie, das die Auffassung der göttlichen und menschlichen Natur Christi entschieden ablehnte. Athanasios, ein berühmter Prediger, wurde 328 zum Patriarchen von Alexandria gewählt. Gleichzeitig war er einer der ersten christlichen Schriftsteller. Er war mit Antonius, dem ersten großen ägyptischen Eremiten, befreundet, der sich in die Wüste bei Theben zurückgezogen hatte. Antonius erfreute sich eines außerordentlich langen Lebens (250–356) und ist von zahlreichen Bildern – Hieronymus Bosch, Bruegel d. Ä. und Veronese – her bekannt, die die Versuchungen darstellten, denen er in der Wüste ausgesetzt war. Auch einer der Flügel des Isenheimer Altars von Matthias Grünewald ist Antonius gewidmet. Er gilt als Begründer des Mönchtums, als »Vater der Wüste«, und zog Anhänger an, die noch heute nach seinen Regeln leben, so die Mönche auf dem Berg Athos. Athanasios unterstützte Antonius und verfasste kurz nach dessen Tod die »Vita Antonii«, die »Lebensbeschreibung des ersten Eremiten Antonius«. Das Buch wurde vom Griechischen ins Lateinische übersetzt und hatte enormen Erfolg.

*Verbannungsstele (Musée du Louvre), die an eine Amnestie im 11. Jahrhundert v. Chr. unter Smendes (21. Dynastie) erinnert: »Der Gott Amun von Karnak ordnet durch den Richtspruch des Orakels die Heimführung und Amnestie von Personen an, die in die Große Oase (Charga) verbannt worden sind.«*

*»Die Versuchung des heiligen Antonius«. Gemälde aus dem 15. Jahrhundert von Hieronymus Bosch, der für seine phantastischen Visionen schreckenerregender Monster bekannt wurde. Prado, Madrid*

57. Christiane M. Zivie: »En Égypte les temples de l'Oasis méridionale témoins d'une intense vie religieuse«. In *Archéologia*, no 110, Sept. 1977, S. 34.

*Hibis, der größte Tempel der Oasen, war Amun, Hibis und Osiris geweiht und befindet sich im Zentrum von Charga.*

**Nächste Seite:** *Stich des Tempels von Hibis, um 1817 angefertigt von Frédéric Cailliaud (Blatt 19): »Ansicht der Fassade des großen Tempels von al-Charga von Osten her … Oasenbewohner beim Sandräumen mit Hilfe eines Geräts aus aufrecht und quer montierten Hölzern (links).«*

**58.** *L'Égypte restituée* (wie Anm. 25), S. 76–77.
**59.** Die Triade ist eine Götterfamilie aus Vater, Gattin und Sohn, dem Gottkind. Zu den bedeutendsten Triaden gehören die Triade von Theben (Amun, Mut und Chons) und die Osiris-Triade (Osiris, Isis und Horus).

Wegen seiner Unnachgiebigkeit und seiner Weigerung, von der Gottnatur Jesu abzurücken, wurde der als Heiliger verehrte Athanasios, der selbst das Ketzertum bekämpfte, fünfmal exiliert und 325 endgültig vom ersten ökumenischen Konzil von Nicäa verurteilt und von Konstantin I. verbannt. Er fand Aufnahme in Charga, das ihn von den Vorzügen der Wüste und des Eremitentums überzeugt haben mag.

Schließlich rief Kaiser Theodosius I. (379–395) das Christentum zur Staatsreligion aus, verbot heidnische Kulthandlungen und ordnete im Jahre 391 die Zerstörung der Tempel in den Oasen an – außer in Siwa. Damit vernichtete er die Orte der Anbetung der Wüstengötter. Nur zwei in Kirchen umgewandelte Tempel erhielten sich als letzte Zeugen dieser stürmischen Epoche.

Während der byzantinischen Zeit (395–640 n. Chr.), die von Streitereien zwischen Rom und Konstantinopel bestimmt war, fand Nestorius, ehemals Bischof von Konstantinopel, 20 Jahre lang eine Heimat in Charga. Nestorius wurde 431 auf Betreiben von Kyrillos, dem Patriarchen von Alexandria, auf dem Konzil von Ephesos verurteilt und verbannt, da er die Zwei-Naturen-Lehre sowie die jungfräuliche Geburt Mariae nicht anerkennen wollte. Nestorius jedoch fuhr fort, seine Glaubensvorstellungen in Persien und im Orient zu predigen und zu verbreiten. Noch heute gibt es in Indien und in Zentralasien einige Sekten, die Nestorianer, die seiner Lehre folgen.

Die Bedeutung und Bekanntheit der großen Oasen ist an der Größe der Nekropole von Bagawat ablesbar. Hier wurden Christen beigesetzt, deren Schüler für die weitere Verbreitung des Christentums bis zum Aufkommen des Islam sorgten.

Die Stadt Hibis, »Hebet« auf Ägyptisch, lag am Ufer eines Sees, an dem auch der Tempel stand; Jean-Claude Golvin plante eine Zeitlang,

»Gesamtansicht des großen Tempels und seiner Umgebung ... aus nordöstlicher Richtung des Tempels« (Blatt 18)

diesen wiederaufzubauen, ein letztlich jedoch unrealisierbares Projekt.[58] Die Stadt war seit der Antike berühmt und befestigt, um sich gegen die Angriffe von Nomadenstämmen verteidigen zu können.

## Die Tempel

### Der Tempel von Hibis

In Charga erhob sich der größte Tempel der Oasen, der dem Amun von Hibis (Amenebis) sowie Osiris geweiht war. Auf den verschiedenen Flachreliefs wird die Annäherung der beiden Triaden[59], der thebanischen (Amun, Mut und Chons) und der Osiris-Dreiheit, zu der Osiris selbst, Isis und Horus gehören, deutlich.

*Chons werden Opfergaben dargebracht (Tempel von Qasr az-Zayan).*

*Der König opfert Maat dem widderköpfigen Amun (Tempel von Qasr az-Zayan).*

*Teile der Osiris-Triade: Osiris gefolgt von Isis (Tempel von Dar al-Haggar)*

---

**60.** Die Atef-Krone setzt sich aus einer weißen Mitra mit der Sonnenscheibe darüber und zwei langen Straußenfedern an ihren Seiten zusammen, die auf den horizontalen Widderhörnern angebracht sind.

## Die thebanische Triade: Amun, Mut und Chons

Amun, »der Verborgene«, war ursprünglich ein Gott des Windes, den die Erstickenden um Hilfe anriefen. Er ist eng mit der Dynastie von Theben verbunden und erfährt seinen Aufschwung mit den Prinzen, die die Hyksos vertreiben und das ägyptische Reich in der Mitte des 2. Jahrtausends v. Chr. erneut einigen. In der Folge wird Amun mit Re zu Amun-Re vereinigt und tritt mit der Himmels- und Muttergöttin Mut an die Spitze des Pantheons. Diese wird als Frau mit dem Gefieder eines Geiers auf dem Kopf dargestellt; manchmal hat sie auch einen Geierkopf. Sie ist die Mutter des gemeinsamen Sohnes Chons. Dieser wiederum kann vielerlei Gestalt annehmen, bleibt aber im Wesentlichen ein Mondgott, ein Gottessohn und Heiler.

Die thebanische Triade wird zunächst nur in Theben verehrt, in den Tempeln von Karnak und Luxor, wo in der Folge praktisch alle Herrscher bauen, verschönern und restaurieren. Aber auch in den meisten Provinzhauptstädten, deren Einrichtungen nach dem Vorbild Thebens organisiert sind, gehört sie zum Neben- bzw. Hauptkult.

## Die Osiris-Triade: Osiris, Isis und Horus

Osiris ist der Gott der Erde und der Vegetation, der die Menschen den Ackerbau lehrt. Sein Bruder Seth tötet ihn, Osiris aber ersteht mit Hilfe seiner Gattin Isis und deren Schwester Nephthys, die die erste Mumifizierung vornehmen, wieder auf. In ein Leichentuch gewickelt und mit der Atef-Krone[60] auf dem Kopf, hält er in den gekreuzten Händen Krummstab und Geißel. Er leitet das Totengericht und gewährt dem König ein Schicksal, das dem seinen ähnelt: die Wiederauferstehung. Von der 5. Dynastie an wird der tote König zu Osiris, ab dem Mittleren Reich teilen alle Toten die Hoffnung auf die Wiederauferstehung. Osiris erschien auch als Sternbild (heute Orion) am Himmel.

Isis, die Göttin des Deltas, trägt einen Königsthron auf ihrem Haupt, der an die Bedeutung ihres Namens erinnert: »Sitz« bzw. »Thron«. Als Urbild der Frau und Mutter ist sie die am meisten verehrte Göttin: Sie ist die untröstliche Gattin des Osiris sowie die Mutter des Horus. Ihre Menschlichkeit und Mutterschaft, ihr Leiden und ihre Talente als Heilerin, ja Magierin, haben sie sehr populär werden lassen, sodass sich ihr Kult im gesamten Mittelmeerraum verbreitete. Sie trägt das Gefieder eines Milans, ihres Wappentiers, auf dem Kopf oder wird eingedenk einer Episode des Kampfes zwischen Seth und Horus mit dem Kopf einer Kuh dargestellt: Als sie Horus bei dem Versuch, ihm zu helfen, versehentlich verletzt, schneidet dieser ihr ergrimmt den Kopf ab. Sie wird von Thoth gerettet, der ihr einen Kuhkopf leiht. Dieser verweist auf ihre Nähe zur Göttin Hathor. Isis wird mit dem Sirius in Zusammenhang gebracht.

Horus kann mehrere Identitäten annehmen: Er erscheint als Falke oder falkenköpfiger Himmelsgott oder auch als Götterkind, der posthum gezeugte Sohn von Osiris und Isis, der mit einem Finger im Mund dargestellt wird. Jeder Pharao wird mit der Thronbesteigung zum Horus, zum göttlichen König, zum Sohn des Gottes Re.

Seth, der rotblonde Gott der Wüste, der eine donnergleiche Stimme hat, repräsentiert die zwei Seiten der mehr oder weniger gezügelten Aggressivität: Mit der Weißen Krone Oberägyptens ist er ein tapferer Krieger, in den Bug der Sonnenbarke gekrümmt, täglich Sieger über die Schlange Apophis, die die aufgehende Sonne bedroht. Sein Temperament verführt ihn aber auch zu Exzessen: Er trinkt, treibt sich herum, ist eifersüchtig und so gewalttätig, dass er seinen Bruder Osiris tötet. Damit wird er zur Inkarnation des Bösen und kämpft ständig mit seinem Neffen Horus, der Verkörperung des Guten, König Unterägyptens und Inhaber der Roten Krone, um die Macht über Ägypten. Er ist für das kosmische Chaos verantwortlich und wird deswegen von den Göttern verbannt. So hetzt er als eigenartiges Tier — er hat einen Windhundkörper, einen gegabelten Schwanz, ein breites, gebogenes Maul, durchdringende Augen und hoch aufgestellte, spitze Ohren — durch die Dunkelheit und die Wüste.

*Tempel von Hibis. Der Gott Thoth, Schutzherr der Schreiber und Magier, trägt die Atef-Krone.*

*Tempel von Hibis (Säulenhalle am südlichen Eingangsportal). Der Pharao Nektanebo II. opfert Re-Harachte, Schu und Tefnut.*

*Tempel von Hibis. Darius I. opfert Maat, der Göttin der Wahrheit.*

**Rechts:** *Blick vom Tempel von Nadura, der Mut, der Gattin Amuns, geweiht ist, auf den Tempel von Hibis. Das weiter unten liegende Heiligtum des Chons ist nicht zu sehen.*

Zahlreiche Pharaonen haben am Tempel von Hibis mitgebaut. Psammetich II. (594–588 v. Chr.) begann in der 26. Dynastie mit der Errichtung. Der persische König Darius I. (522–485 v. Chr.) führte den Bau weiter und begann mit der künstlerischen Ausgestaltung. Achoris (392–380 v. Chr.) aus der 29. Dynastie nahm einige Ergänzungen vor, wie auch Nektanebo I. (378–360 v. Chr.) und Nektanebo II. (360–341 v. Chr.) während der 30. Dynastie. Die endgültige Dekoration und die Inschriften gehen auf die griechische Epoche unter Ptolemäus II. Philadelphos (285–246 v. Chr.) zurück. Der Tempel, obwohl in verschiedenen Epochen errichtet, steht deutlich in ägyptischer Tradition: Über den See legte die heilige Barke am Kai an, dann zog die Prozession die Sphinx-Allee entlang und durchquerte die aufeinander folgenden Tore, die den Zugang in die Säulenhalle und letztlich in den Naos, den Hauptraum, schützten. An diesem Ort waren alle ägyptischen Götter vereint, manche miteinander verbunden wie die Triaden oder der in Horus aufgehende Seth. Er erscheint mit einem Falkenkopf und macht so den komplementären Charakter der beiden das Königtum schützenden Götter deutlich.

Der Beginn des Tempelbaus unter Psammetich II. fiel mit einer aufstrebenden Epoche Ägyptens zusammen, die als Erneuerung nach den Bürgerkriegen, der so genannten Dritten Zwischenzeit, betrachtet wird.

Durch Restaurationsarbeiten des Metropolitan Museum of Art zu Beginn des 20. Jahrhunderts gelang es, den Tempel zu retten, der vom Grundwasser wie auch vom Sand der Dünen bedroht war und durch seinen feinen Stein sehr anfällig gegen die Erosion ist. Der weiche, manchmal im Sonnenlicht bunt schillernde Stein verleiht den auf den Tempelwänden dargestellten Personen erst Leben; allerdings reagiert das Material besonders empfindlich auf Wind. Die aus der Tiefe der Wüste kommenden kräftigen Brisen pfeifen nicht nur zwischen den Pfeilern des Tempels hindurch, sondern tragen oft auch Sand und Staub mit sich und bedrohen so weiterhin das Überleben der Götter.

### Der Tempel von Nadura und der Chons-Tempel

Unweit des Tempels von Hibis wurden unter dem römischen Kaiser Antoninus Pius (138–161 n. Chr.) zwei Tempel errichtet: der eine, tiefer liegende, war Chons geweiht und diente zum Empfang der Pilger, während der Tempel von Nadura auf dem Gipfel einer Anhöhe, den eine heute eingefallene Ziegelmauer umgab, eine Art Hüter der Gegend und der Stadt Hibis war. Er war wohl der Göttin Mut geweiht. So dienten die drei Stätten zur Verehrung der Triade von Theben.

### Der Tempel von Qasr al-Ghuita

Der Tempel erhebt sich einige Kilometer weiter im Süden auf einer kleinen Anhöhe, die die Gegend weithin sichtbar überragt. Aus Sandstein errichtet und von einer dicken Ziegelmauer umgeben, umfasste er ein Heiligtum und dessen Nebengebäude. Die Bauarbeiten begannen unter Darius I. und wurden in griechischer Zeit von Ptolemäus III. Euergetes (246–221 v. Chr.) und Ptolemäus X. Philopator (107–88 v. Chr.) fortgesetzt. Auch dieser Tempel war wie jene in Hibis der Triade von Theben geweiht. Der Name der arabischen Festung leitet sich von der Quelle ab, über der sie erbaut wurde: *ghuita*, »die tiefe Quelle«.

**Links**: *Tempel von Qasr al-Ghuita, der »tiefen Quelle«, der Triade von Theben geweiht. Er wurde unter der Herrschaft von Darius I. erbaut und unter Ptolemäus X. Philopator (1. Jahrhundert v. Chr.) vollendet.*

**Oben**: *Tempel von Qasr az-Zayan. Die Steine des Eingangsportikus kontrastieren mit den Mauern aus ungebrannten Ziegeln, die das Heiligtum und seine zahlreichen Lagerräume umgeben.*

### *Der Tempel von Qasr az-Zayan*

Der *Tschonemyris*, »großer Brunnen«, genannte Tempel wurde in ptolemäischer Zeit erbaut, war Amenebis geweiht und wurde von Antoninus Pius restauriert. Eine Inschrift wurde 1825 von Drovetti und Jomard so übertragen: »Für Amenebis, den großen Gott von Tschonemyris, und die Götter, die im selben Tempel verehrt werden …«[60a]

Beide Festungen gewährleisteten den Schutz der Siedlungen und Felder, wovon zahlreiche Lager und Öfen zeugen, die in der Umgebung gefunden wurden. Auch der am Ort produzierte Wein erfreute sich großer Beliebtheit.

### Die Umgebung von Dush

Das am südlichsten Punkt der Oase 100 Meter hoch und 100 Kilometer von Charga entfernt gelegene Dush stellt ein außergewöhnliches Ensemble dar. Der Ort war bereits in prähistorischer Zeit besiedelt, wie zahlreiche Werkzeugfunde belegen. Zu Dush gehören eine Umfriedung, eine Stadt um zwei Tempel und Nekropolen aus Stein, die im griechisch-römischen Stil errichtet wurden, sowie über ein weit verzweigtes *qanat*-Netz versorgte Dörfer und Felder. Dieser Ort ist, da sich hier die Ebene verjüngt, eine Art neuralgischer Punkt, ein enger Durchgang, der im Osten vom Steilabhang der Senke gesäumt und im Westen von den Dünen bedroht wird. Die Befestigungsanlagen schützten die aus dem Niltal bzw. dem Sudan kommenden Wege und Warenströme. In osmanischer Zeit wurden sie durch einige kleine Forts verstärkt, besonders das Maks al-Qibli (türkisch für »Zoll« oder »südliches Zollamt«). Die Ägypter nannten den bedeutenden Ort »Kush«, wohl aufgrund der Handelsbeziehungen mit dem Land Kusch im Sudan, die Griechen »Kysis«. Heute ist er unter der Bezeichnung »Dush« bekannt.

Die unter brütender Hitze über die »Straße der 40 Tage« ziehenden Sklavenkarawanen kamen am Fuß der Mauern von Dush vorbei und setzten ihre Reise nach Norden fort, ohne zu ahnen, dass sich hinter den gewaltigen Mauern ein Tempel verbarg. Reisende aus nördlicher Richtung mussten zunächst die steilen Abhänge der Berge erklimmen, bevor sie die Tore des Isis und Osiris geweihten Tempels durchschreiten konnten. Zum Heiligtum selbst gelangte man durch zwei Tore und über zwei Innenhöfe. Der Tempel wurde von Domitian (81–96 n. Chr.) errichtet und unter Trajan und Hadrian (98–138 n. Chr.) vollendet, wie ihre auf den Pfeilern eingravierten Kartuschen darlegen. Die Umfas-

**Rechts**: *Südliche Außenmauer des Tempels, Detail der Kartuschen des Domitian*

**Nächste Seite**: *Tempel von Dush im Licht der untergehenden Sonne, an dem die »Straße der 40 Tage« vorbeiführt*

*Zitadelle von Dush al-Qal'a, Stich von Frédéric Cailliaud (Blatt 13). Dargestellt sind die beeindruckenden äußeren Umfassungsmauern, die den versandeten Tempel umgaben. Lediglich der oberste Teil der linken Seite der Säulenhalle ist zu sehen.*

*Aufeinander folgende Pylone, die ins Allerheiligste des Tempels führen*

**60a.** Drovetti (wie Anm. 52), S. 88.

sungsmauern um den Sakralkomplex scheinen aus römischer Zeit zu stammen und sollten ihn vermutlich vor Versandung schützen.

Die Gottheiten, denen der Tempel geweiht war, erscheinen in den Opferszenen an der Außenmauer, die der Legende nach mit Gold bedeckt gewesen sein soll. Diese Geschichte erhielt vor kurzem durch die Entdeckung eines Goldschatzes neue Nahrung. 1989 wurden in einem Tonkrug in einer Nische hinter einem Gewölbe Schmuckstücke und Votivgaben aus massivem Gold entdeckt: eine Krone, die die Priester bei Ausübung des Kultes trugen, eine schwere Kette und zwei Armbänder. Heute befinden sie sich im Ägyptischen Museum in Kairo.

Die Nekropole von Dush trägt typisch ptolemäische und römische Züge. Die Architektur ist recht einfach und die Grüfte wurden systematisch wieder verwendet. Das hat zum einen mit der Zunahme der Bevölkerung und der damit zusammenhängenden »Massenmumifizierung« zu tun, zum anderen mit dem Fehlen geeigneten Terrains, auf dem sich die riesigen Totenstädte hätten ausdehnen können, die zwischen wertvollen Anbauflächen und der Wüste eingezwängt lagen, wie Françoise Dunand und Roger Lichtenberg herausfanden.[61]

Es lohnt sich, Mumien an ihrem Fundort zu untersuchen, wo ihre Herkunft gesichert ist. Dank der systematischen Röntgenuntersuchung von 120 Mumien durch Dunand und Lichtenberg im Rahmen der Ausgrabungen des Französischen Instituts für orientalische Archäologie 1978–1992 gelang es, ein genaueres Bild vom Leben und Gesundheitszustand der Bewohner vom 1. Jahrhundert v. Chr. bis zum 5. Jahrhundert n. Chr. zu gewinnen. Ein Vergleich mit 60 anderen Mumien aus der Nekropole von Ain Labacha zeigte deutliche Unterschiede: In Ain Labacha waren Lebensstandard und Gesundheitsniveau wesentlich höher als in Dush, wo die Lebensbedingungen härter waren und die Menschen früher, durchschnittlich mit 38 Jahren, starben.

## Die Festungen

Der Norden der Oase, wo mehr Zugangswege endeten, wurde von einer Reihe von Festungen geschützt, die zumeist von den Römern errichtet wurden. Im Unterschied zu Dush, wo eine Umfriedung den Tempel schützte, waren es hier Militärposten, die um die Quellen und das davon ausgehende System an Bewässerungskanälen aus persischer Zeit – die *qanat* – stationiert waren. Die Ruinen der Festungen sind noch heute sehr beeindruckend und lassen die ursprünglichen beachtlichen

**Links:** *Die Festung Umm Dabadib, die »Quelle der Skorpione«, eines der wenigen Forts mit rechteckigen Türmen*

**Vorhergehende Seite:** *Prozession der Gottheiten an der südlichen Außenwand des Tempels, die einst mit Gold überzogen gewesen sein soll. Das Gesims trug nach Texten aus Trajans Zeit einmal die Kartuschen der Gottheiten. Im mittleren Teil links opfert Domitian dem Harsiese Weihrauch, davor die das Sistrum spielende Isis. Rechts steht Domitian vor Amun-Re (Osiris?), dahinter Isis.*

*Festung von Ain Labacha*

Proportionen erahnen. Drei davon scheinen bedeutender gewesen zu sein: Ain Umm Dabadib, die »Quelle der Skorpione«, an der Ausfallstraße nach Farafra, Ain Labacha und ad-Dar, das »Kloster«, auf der Strecke nach Abydos im Niltal.

### Ain Umm Dabadib

Nach einem Felsvorsprung sieht man in der Ebene, am Fuße eines Abhangs, eine Mauer, die ein 15 Meter breites und über 100 Meter langes Rechteck beschreibt. Anders als sonst sind die Ecktürme von Ain Umm Dabadib nicht zylindrisch, sondern rechteckig und fügen sich so harmonisch in die Farben und Dimensionen des Berglands ein, dass man glauben könnte, sie gehörten zu diesem und hätten sich hier erhoben, um die Ebene abzuriegeln. Diese größte befestigte Anlage überwachte den Zugang zur Oase und bot Karawanen Zuflucht.

### Ain Labacha

Eine Piste verbindet Ain Umm Dabadib mit Ain Labacha, wo zwischen einigen verkümmerten Palmen noch die Ruinen eines verlassenen Dorfs um einen ausgetrockneten Brunnen liegen. Die sie überragende Festung ist zwar kleiner als Ain Umm Dabadib, erinnert aber daran, wie wichtig die Kontrolle durch die Garnisonen war. An den Wänden und dem runden Eingangsgewölbe eines kleinen, gut erhaltenen Tempels aus Lehmziegeln (3. Jahrhundert n. Chr.) überdauerten Gemälde in lebhaften Farben unter einer schützenden Sandschicht die Zeit. Die langsam vom Abhang gleitenden Ruinen einer Ziegelmauer ähneln einem versteinerten, ockerfarbenen Dromedar, das für alle Ewigkeit kniend den Eingang zum Tempel bewacht.

*Fort ad-Dar, das »Kloster«, mit seinen zwölf zylindrischen Türmen*

### Das Fort ad-Dar

Das Tal des Darb al-Arba'in führt auf halbem Wege zwischen der Festung Ain Labacha und dem imposanten Fort ad-Dar vorbei, das von Diokletian (284–305 n. Chr.) auf einer kleinen Anhöhe errichtet wurde und noch mächtiger war als Umm Dabadib. Seine zwölf zylindrischen Türme, von denen aus man einen weiten Blick über die Ebene hat, waren durch hohe, über drei Meter dicke Ziegelmauern verbunden. Unweit davon liegen die Überreste eines Ziegelbaus, wohl ein kleines Fort mit Wachturm, das einen Brunnen schützte.

---

61. Dunand und Lichtenberg (wie Anm. 31), S. 119.

## Monumente christlichen Ursprungs

### Die Nekropole von Bagawat

Nördlich des Tempels von Hibis am Fuße des Dschabal at-Tair liegt die Nekropole von Bagawat, die zu den bekanntesten, größten, am besten erhaltenen und bewegendsten Stätten des Christentums in Ägypten zählt. Über die Anhöhen verstreut liegen 263 Grabkapellen, die vom 4. bis 8. Jahrhundert im römisch-byzantinischen bzw. im protokoptischen Stil – so Massimo Capuanis Definition – erbaut wurden: »Die Grabkapellen wurden aus rohen Ziegeln errichtet und stellen ein außerordentliches Beispiel protokoptischer Kunst dar. Ihre Architektur, zu der eine Überkuppelung gehört, ist sehr vielgestaltig; das gilt für den Grundriss (quadratisch, rechteckig, rund, Kompositstil), den Aufriss und das architektonische Dekor gleichermaßen. Die Fassaden und Außenmauern sind mit eingelassenen Säulen, Kapitellen, Nischen, Arkaden und Pilastern aufgelockert, die sämtlich aus luftgetrockneten Ziegeln gefertigt wurden.«[62]

*Nekropole von Bagawat, errichtet im 4. bis 8. Jahrhundert, einer der ältesten der bekannten christlichen Friedhöfe mit 263 Kapellen, von denen einige koptische Inschriften tragen. Manche Kuppeln sind innen ausgemalt.*

**Links:** *Schrein der hl. Thekla, von dem man sagt, dass er bis zur Französischen Revolution Reliquien dieser ersten Märtyrerin enthalten haben soll. Der Schrein, der bis ins 18. Jahrhundert in einer Wallfahrtskapelle auf dem Puy de Dôme stand, befindet sich heute in der Kirche Notre-Dame in Chamalières.*

**Rechts:** *Kuppel der Friedenskapelle. Ein umlaufender Fries zeigt einen Text, in dem die Personen des Neuen und Alten Testaments aufgeführt sind. Darunter ist auch die heilige Thekla mit langem blondem Haar, die von Paulus bekehrt wird.*

**Rechts:** *Detail der Decke der Exoduskapelle. Die Armee des Pharao verfolgt die Hebräer. Die von der Decke ausgehenden Ranken des Weinstocks ordnen und gruppieren die Personen.*

---

**62.** Massimo Capuani: *L'Égypte copte.* Citadelles & Mazenod, Paris 1999, S. 29.
**63.** Ahmed Fakhry: *The Necropolis of el-Bagawat in Kharga Oasis.* Kairo 1951, S. 67–78.
**64.** Pierre du Bourguet, S.J.: *Art paléochrétien.* Meulenhoff International et Club Formes et Couleurs, Lausanne 1970, S. 176–177.
**65.** Wagner (wie Anm. 5), S. 65.
**66.** Ebd. S. 67.

---

Die meisten Kapellen haben nur einen überkuppelten Innenraum. Drei besitzen mit religiösen Szenen bemalte Decken, deren Motive aus der Bibel entlehnt sind oder lokale und aus den Anfängen des Christentums bekannte Personen darstellen. Ahmed Fakhry hat die Kapellen erforscht und dabei die Friedenskapelle aus dem 5. Jahrhundert näher untersucht, die besonders feine und detailreiche Arbeiten auf farbigem Grund aufweist. Die Darstellung von Personen wechselt mit von ägyptischer Kultur geprägten Allegorien. So symbolisiert eine Frau in Frontalansicht mit langem, blondem Haar, die in einen pharaonischen, mit geometrischen Motiven geschmückten Wickelrock gehüllt ist, den Frieden. In ihrer rechten Hand hält sie die Lebensschleife, das traditionelle Anch-Zeichen, in der linken ein Zepter. Etwas weiter flüstert eine gehörnte Schlange etwas in das Ohr Evas, die ihre Blöße schamhaft bedeckt und ihre Tränen trocknet, während der heilige Paulus eine ägyptische Jungfrau – Thekla, die erste christliche Märtyrerin – bekehrt.[63]

Die Exoduskapelle enthält ältere Zeichnungen, vermutlich aus dem 4. Jahrhundert. Die vielen verschiedenartigen, sich überlagernden Szenen, die mit transparenten Farben auf weißem Untergrund dargestellt sind, sind allerdings schwer zu entschlüsseln.

Allerdings folgt auch hier das Gesamtbild der Ornamentik »einem Plan, der nicht ohne Strenge ist … In der Tat entwickeln sich die Themen, ausgehend vom höchsten Punkt, in konzentrischen Kreisen. Zwischen den Ranken der Weinrebe erscheinen nacheinander: der Weg der vom Pharao verfolgten Hebräer …, denen sich die heilige Thekla und die sieben Jungfrauen angeschlossen haben, sowie Heilsszenen: das Opfer Isaaks, Noah und die Arche, Daniel in der Löwengrube, die drei Jünglinge im Feuerofen …«[64]

Die Bedeutung des Christentums in der Region und besonders an diesem Ort wird durch zahlreiche griechische, koptische und arabische Inschriften bezeugt, von denen einige recht bemerkenswert sind, so etwa eine Stelle aus dem Brief des heiligen Paulus an die Römer:

»Wenn Gott für uns ist, wer wird gegen uns sein?«[65]

Weiterhin soll seine Übersetzung eines Textfragmentes auf dem Grabmal des Petechôn Erwähnung finden:

»Meine weltliche Verlobte, ich habe sie verlassen und habe am Geiste teil.«[66]

Die Strahlen der untergehenden Sonne tauchen den ockerfarbenen Stein der vielen Kapellen in flammendes Licht und zeichnen den Schatten ihrer Gewölbe auf den Boden. Deren Kurven runden sich mehr und mehr, bevor sie nach und nach von der Nacht verschluckt werden. Eine majestätische Basilika wacht auf dem Gipfel der Anhöhe über die Totenstadt und hütet ihre Vergangenheit.

## Die heilige Thekla
### Die erste christliche Märtyrerin

»Gruß dir, Thekla, die Apostolische, die Gott stark machte; die Löwen konnten ihr nichts anhaben, und die Glut verbrannte sie nicht. Als sie den Glauben an die Lehre der Gerechtigkeit erlangt hatte, verließ sie, wie Paulus befahl, die Eltern und entsagte dem Reichtum.«[67]

Das Leben der ersten Märtyrerin scheint einem mythologischen Bericht zu entstammen und ähnelt der Reinkarnation Daphnes: So viele unglaubliche Ereignisse folgten aufeinander, dass Zweifel angebracht schienen. Die Jüngerin des heiligen Paulus war als heilige Thekla von Ikonion[68] bekannt und erlitt während der Christenverfolgungen des Kaisers Septimius Severus das Martyrium.

Paulus predigte in Ikonion, und Thekla, ein hübsches junges Mädchen von 18 Jahren, hörte ihn dort. Sie war so beeindruckt, dass sie drei Tage und Nächte unter dem Fenster seines Hauses ausharrte. Verärgert denunzierte ihr verlassener Verlobter Paulus, der ins Gefängnis geworfen wurde. Thekla aber kam zu ihm, um ihm weiter zuzuhören. Man verurteilte sie zum Scheiterhaufen, doch sie wurde auf wunderbare Weise gerettet: »In diesem Moment sandte Gott einen großen Regen, Hagel und Blitze, und das Feuer verwandelte sich in kühlen Tau.«[69]

Dem Tod entgangen, folgte sie Paulus nach Antiochia, wo ein einflussreicher Bürger um ihre Hand anhielt, der sie, als sie ihn abwies, ebenfalls denunzierte. Thekla wurde erneut verurteilt, sollte diesmal aber wilden Tieren zum Fraß vorgeworfen werden. Diese allerdings leckten ihr die Füße. Nach zwei Tagen und Nächten – in dieser Zeit missglückten weitere Mordversuche – wurde Thekla begnadigt. Erneut eilte sie zu Paulus, der sie zunächst in Ikonion und dann in Seleukia in Syrien weiter unterwies, wo sie bis zu ihrem Tode als Einsiedlerin in einer Höhle in den Bergen lebte und eine Reihe von Wundern vollbrachte. Der Bericht über ihren Tod gibt dem Mysterium der Märtyrerin zusätzliche Nahrung. Von Gottlosen in böser Absicht umzingelt, entkam sie, indem sie Gott anrief und auf wunderbare Weise entschwand: »Sie sah den Felsen halb geöffnet, lief auf ihn zu und in ihn hinein, und der Felsen schloss sich hinter ihr, ohne eine Spur zu hinterlassen … Nur ein Stück von dem Stoff, mit dem sie ihr Haupt bedeckte …, blieb vor dem Fels liegen, als Beweis für jene, die die Ereignisse mitansahen.«[70]

In anderen Versionen wird von einem Arm berichtet, der außerhalb des Felsens liegen blieb; ein Stück davon liegt als Reliquie in Katalonien in der Thekla-Kirche[71]. Ein reich geschmückter Schrein, der über der Grotte errichtet wurde, wo sie lebte und dann verschwand, zog im 5. Jahrhundert viele Pilger an, da dort zahlreiche Wunder geschahen und zur Mehrung ihres Ruhms beitrugen.

Dem äthiopischen Synaxarion zufolge wurde Thekla in Sengar (Babylon) im heutigen Kairo beerdigt. Ihr Namenstag fällt nach koptischem Kalender auf den 23. September, nach dem armenischen auf den 24. Später wurde sie oft zusammen mit dem heiligen Menas verehrt: wegen der geografischen Nähe und beider Wunder, die mit Wasser zu tun hatten. Der heilige Menas erlitt im 3. oder 4. Jahrhundert unter Diokletian das Martyrium. Er wurde besonders in Abu Mina verehrt, wo man Pilgern Ampullen mit wundertätigem Wasser verkaufte, auf denen er mit der heiligen Thekla dargestellt ist. Zwei größere Ampullen (15 Zentimeter) befinden sich heute im Musée du Louvre, eine weitere, kleinere in England.[72]

Weitere Reliquien, über deren Herkunft eine Bleiplatte[73] Auskunft gibt, liegen in Chamalières in Frankreich, wo die Heilige am 23. September gefeiert wird. Die Heilige, die auch in der Libyschen Wüste verehrt wurde, erscheint in zwei Kapellen in Bagawat: in der Friedenskapelle bei der Bekehrung durch den heiligen Paulus und in der Exoduskapelle, wo sie, von Flammen umgeben, ihren Anhängern vorangeht. Eine Darstellung in England zeigt sie nackt, wie sie von zwei unbestimmbaren Tieren angegriffen wird und die Arme zum Gebet erhebt. Die Haltung erinnert an die Hieroglyphe »Ka«, die in der christlichen Kunst das Gebet symbolisiert.[74]

**Nächste Seite:** *Shams ad-Din aus dem 4. Jahrhundert. Reste der Kirche, die in Erinnerung an Isis den Namen Munesis getragen haben soll, und des Klosters*

*Licht und Schatten in New Baris: Im Rahmen der Entwicklung des Neuen Tals wurde diese Stadt nach Plänen von Hassan Fathy errichtet.*

---

**67.** Ignazio Guidi: »Le Synaxaire éthiopien«. In: *Patrologia Orientalis*. Band VII. Firmin-Didot et Cie, Paris 1911, S. 407–408.
**68.** »Vie des Saints et des Bienheureux, selon l'ordre du calendrier, avec l'historique des fêtes«. In: *Bénédictins de Paris*, Band XVIII, September. Ed. Letouzey et Ané, Paris 1950, S. 477–482.
**69.** Guidi (wie Anm. 67), S. 407.
**70.** Ter Israël: »Le Synaxaire arménien«. In: *Patrologia Orientalis*. Band VI. Firmin-Didot et Cie, Paris 1911, S. 285.
**71.** *Vie des Saints et des Bienheureux …* (wie Anm. 68), S. 480.
**72.** *Christian Subjects in Coptic Art*, S. 540.
**73.** *Vie des Saints et des Bienheureux …* (wie Anm. 68), S. 482.
**74.** Aziz S. Atya: *Encyclopédie coptique*. Band 2. MacMillan Publishing Company, New York 1991, S. 536.
**75.** Wagner (wie Anm. 5), S. 29.

### Die Kirche von Shams ad-Din

Über dem Darb al-Arba'in, nicht weit von der Piste, die nach Dush führt, erheben sich die Reste des römisch-byzantinischen Dorfs Shams ad-Din. Inmitten dieser Ruinen haben einige Säulen von einer Kirche aus dem 4. Jahrhundert die Zeit überdauert. Guy Wagner[75] geht davon aus, dass es sich dabei um das in zahlreichen griechischen Inschriften genannte »Munesis« handelte, was so viel wie »das Wasser der Isis« bedeuten könnte. Auch hier, im Süden der Oase, wurde ein christliches Bauwerk an einem dem Isis-Kult geweihten Ort errichtet.

Im Laufe ihrer Geschichte unterlag die Oase Charga oftmals äußeren Einflüssen, die im Wesentlichen vom Niltal ausgingen. Später wurden die vor unserem Zeitalter errichteten Gebäude unabhängig von ihrem Ursprung und ihrer eigentlichen Bestimmung von Christen übernommen und nach deren Bedürfnissen teils stark verändert. Man nutzte Tempel als Kultstätten, erbaute Kirchen entweder in den Dörfern oder aber im Inneren der Festungen. Von Charga aus breitete sich das Christentum in den anderen Oasen aus – mit Ausnahme von Siwa, das berberisch blieb.

### Das unvollendete Projekt: New Baris

Das Projekt von New Baris geht auf eine Idee des Architekten Hassan Fathy zurück und sollte im Rahmen der Entwicklung des Neuen-Tal-Projekts verwirklicht werden. In der Nähe der ehemaligen Stadt Baris, von der nur wenig erhalten ist, wurde in den 1960er-Jahren mit dem Bau eines modernen Dorfs für Handwerker und ihre Familien begonnen. Das Vorhaben wurde allerdings weder abgeschlossen, noch haben sich Menschen hier niedergelassen. Angesichts der alten Gemäuer jedoch eröffnen die Gewölbe und Kuppeln neue Perspektiven, die Schatten spielen mit dem Licht und bewahren eine angenehme Kühle. Die sich kreuzenden Gewölbe, die aufragenden Stützpfeiler und dunklen Gassen warten geduldig auf den Magier, der dem kleinen, vergessenen Ort Leben einhauchen könnte.

\* \*

Charga ist der Anfang zweier Wege: Der eine führt zur bekannten Kultur des Niltals, der andere zu Abenteuern in der geheimnisvollen Unendlichkeit des Wüstensandes, der bis an die Oasen heranreicht.

Der zu trauriger Berühmtheit gelangte Darb al-Arba'in, die »Straße der 40 Tage«, lädt nicht dazu ein, ihm noch weiter zu folgen. Besser lenke man seine Schritte nach Westen, in Richtung der untergehenden Sonne, wo es die Reichtümer der Libyschen Wüste zu entdecken und ihre Rätsel zu entschlüsseln gilt. Hier liegen Orte, die schon in frühester Vorzeit besiedelt waren, und längst vergessene Oasen.

Exkurs

# Die Symbolik der Farben: Grün als König der Oasen, Rot als Souverän der Wüste

*»Da sich die Dinge zwangsläufig ähneln, sollten wir uns davor hüten anzunehmen, dass eine Sache immer die Bedeutung hat, die sie per Analogieschluss an einem anderen Ort hätte.«* **Augustinus**, *Die christliche Lehre*

Die Farbe Schwarz steht im Alten Ägypten nicht für Tod und Trauer, sondern für Fruchtbarkeit: Nur in der Dunkelheit kann die Göttin Nut die Sonne neu erschaffen, bevor sie diese in der Morgendämmerung neu gebiert. Und es ist die nach dem Nilhochstand zurückbleibende schwarze Erde, die die Saat aufnimmt, zum Keimen bringt und neue Ernte hervorbringt. Die schwarze Tracht der Bräute in den Oasen erinnert an diese uralte Vorstellung und symbolisiert Fruchtbarkeit.

Weiß erinnert an das Licht des schimmernden Gestirns, des Siegers über die Kräfte der Dunkelheit, der der Natur hilft, neu aufzuleben. Weiß ist die Farbe des Festes der Wiedergeburt.

In seiner Dissertation über die Farben im Alten Ägypten führt Patrick André Gautier in die Bedeutung der beiden Hauptfarben ein: »Rot und Grün sind nicht nur dominant, sondern stellen außerdem ... das Organisationsprinzip der ägyptischen Farbenwelt dar.«[76]

Grün, die Farbe des Lebens und der Oasen, ist grundsätzlich positiv, belebend und frisch wie die Vegetation; zudem ist es der Gegenpol zu Rot, das Wärme, Dynamik, Vitalität, aber auch Gefahr wie das Feuer oder die sengende Sonne in der Wüste symbolisiert. Grün bezieht sich zumeist auf die Natur, ihr Wachstum und ihre Erneuerung: Der von den Schreibern »als materialisierte Gestalt der Symbolik des Grün gewählte Papyrus«[77] illustriert auf überzeugende Weise diese Vitalität anhand der zahlreichen Zwecke, denen er dient, sowie durch die Schnelligkeit seines Wachstums und Austriebs. Das Grün der Oasen steht für das Leben, die Quellen und die blühenden Felder, symbolisiert ein glückliches Leben. Vegetation ist grundsätzlich segensreich, denn sie verspricht Lebenskraft und Frische und steht für Wohlstand, Glück und Wiedergeburt. So stehen die Wälder von Papyrussäulen, die die Tempel stützen, ebenfalls für die Hoffnung auf das Leben – auf Erden wie auch im Jenseits.

Osiris, Gott der Vegetation, hat oft ein grünes Gesicht und grüne Hände, die Auferstehung und Wiedergeburt nach dem Tode symbolisieren; die Figuren des Vegetations-Osiris, kleine, mit Korn gefüllte Bildnisse des Gottes, die der Priester täglich gießt, sagen eine gute Ernte voraus, wenn die Keimung machtvoll und schnell erfolgt: »Ich bin es, der die Pflanzen wachsen, die Ufer Oberägyptens neu ergrünen lässt, der Herr der Wüstenregionen, der die Oasen begrünt.« (Sarkophagtext)

Min, Gott der Fruchtbarkeit, erhielt als Opfergabe grünen Römersalat, der einen weißlichen Saft absonderte und dem daher aphrodisische Wirkung zugeschrieben wurde. Das lebhafte Grün des Malachits symbolisiert die himmlischen Weiden, kurz die Fruchtbarkeit, während das blasse Grün des Türkis an das stille Wasser erinnert.

Rot ist die Farbe von Leben und Tod, die Farbe der Wüste, mit einer sehr widersprüchlichen, komplizierten Symbolik mit extremen Bezügen: Rot steht für das Blut, Symbol des Lebens und der Energie, das allerdings im Verborgenen bleiben muss, da anderenfalls eine tödliche, sich über alles ausbreitende Bedrohung davon ausgeht; das gezähmte Feuer als Symbol für Leben, Wärme und Reinigung wird zerstörerisch, sobald es sich der Kontrolle entzieht. Rot bedeutet deshalb auch Unheil und verbindet sich mit den feindlichen Weiten der Wüste, die von der Sonne verbrannt sind und durch welche die glutäugige Göttin Tefnut und der rothaarige Gott Seth irren, dessen Atem heiß ist und dem Wüstenwind ähnelt.[78] Um die Ordnung wiederherzustellen und Schutz zu gewährleisten, wurden symbolisch rote Töpfe zerbrochen, die man mitsamt ihrem Inhalt, dem Unheil, vernichtete.

*Grün, die Farbe der Oasen, Symbol des Lebens und der Wiedergeburt, widergespiegelt in der Vegetation*

Die rote Krone Unterägyptens steht für die Autorität der königlichen Macht, die als positiv gilt, da sie sich ausschließlich gegen Feinde von außen richtet. Außerdem findet sie ihr Pendant in der weißen Krone Oberägyptens, die ihr die Erleuchtung des Sonnensterns bringt und ihr so beim Regieren der beiden Länder behilflich ist.

Die Schreiber verwendeten rote Tinte, die aufgrund des reichen Ockervorkommens leicht herzustellen war, um bestimmte Elemente der in Schwarz geschriebenen Texte hervorzuheben. Rot diente auch der Verstärkung der Wirksamkeit magischer Formeln, positiver wie negativer, ob man nun jemanden damit heilte oder verwünschte. Die dem Rot innewohnende Aggressivität wurde so neutralisiert und gegen den Feind gerichtet. Der rosa Flamingo mit seinem langen, gebogenen Schnabel ist ebenfalls ein Symbol für Rot: Er lebt friedlich im See inmitten des Papyrus und erinnert an die notwendige Ergänzung der Symbole, das Spiel der Gegensätze, von der Geburt zum Tod und zur Auferstehung.

*Rot, die Farbe der Wüste, Symbol des Lebens und des Todes, des Blutes und des Feuers, der Zerstörung und der Reinigung …*

---

**76.** Patrick André Gautier: *Le Rouge et le Vert: sémiologie de la couleur en Égypte ancien.* Dissertation an der Universität Paris IV-Sorbonne, UFR: Archäologie, Kunstgeschichte, Okt. 1995, Band I, II.
**77.** Ebd. S. 93.
**78.** Ebd. S. 383.

Zweiter Teil

# Die Wüste

»Nichts als Sand, schreckliche
Trockenheit, absolute Leere.«

Herodot

# Mysterien der Großen Ägyptischen Wüste

Das Wort Wüste, die Quintus Curtius einst als *profundum aequor* bezeichnete, »Wasserfläche« bzw. »tiefes Meer«, ist eng mit dem lateinischen *vastus* verwandt, das »leer, öde, wüst« bedeutet. Die gedankliche Verbindung zur Unwirtlichkeit erstreckt sich auf alles, was mit der Wüste in Bezug steht, die sowohl Überfluss (Temperatur, Wind, Erosion, Entfernungen) als auch Mangel (kein Wasser und kaum Leben) umfasst. Diese Maßlosigkeit äußert sich in einem Universum von Mineralien, in denen die Zeit erstarrt zu sein scheint.

Für die Ägypter der Antike war *desheret*, also die Wüste, der Ort an der Grenze zum Chaos hinter der Bergkette, die das Tal schützt. Die Berge bzw. *Dschibal* (*Dschabal*), die den Eingang und die Begrenzung der Wüste markierten, ihr Relief und ihre Farbe, eigneten sich, so Jean Yoyotte, deshalb besonders, die Wüste bildlich darzustellen: »Eine häufig an den Bauten anzutreffende Hieroglyphe besteht aus drei runden Bergkuppen, die von Pässen durchschnitten sind; dieses Zeichen, in Rosa gemalt und mit fahlroten Strichlinien versehen, stellt exakt das ›Gebirge‹ dar, so wie es von weitem in der vollen Sonne erscheint.«[79] Zum Gebirge gehören ebenfalls die Welt der Toten, die in die Abhänge der Berge gegrabenen Totenstädte sowie die eventuell dort vorhandenen, in Minen verborgenen Reichtümer.

Heute kennt die arabische Sprache weitaus mehr Begriffe, um die Wüste zu bezeichnen. Sie unterscheidet zwischen *rag*, der Steinwüste, *erg*, der Sand- bzw. Dünenwüste, und dem steinigen Wüstenhochplateau, *hamada*.

Das bevorzugte Wort ist jedoch nach wie vor *sahra*, aus dem »Sahara« abgeleitet wurde. Seltsamerweise ist der Begriff tief mit einem sensorischen Kriterium – der Farbe – verbunden und entsprach ursprünglich keiner geografischen Zuordnung. Die Sahara wird als ein großer, öder Raum verstanden, der nicht begrenzt ist und zu dessen wesentlichen Kennzeichen die fahlrote Farbe gehört, die für das Wilde, Brennende, ausschließlich von mysteriösen und unnahbaren, ja sogar feindlichen Wesen Belebte steht. Heute hat diese Wüste jedoch einen anderen Status angenommen und wird als geografische Einheit innerhalb bestimmter Grenzen betrachtet.

Wüste steht also für einen kahlen Raum, jungfräuliche, unverfälschte Erde, die jeder Landschaft Wert verleiht, indem sie die Erhebungen, die Farben und die Lichtverhältnisse unterstreicht und so den Betrachter ihre unendliche Verschiedenartigkeit genießen lässt. Ihre Weitläufigkeit bietet aber auch Stille, innere Einkehr und eine Nacktheit, die zum Wesentlichen hinführen, und vermittelt ein Gefühl der Einheit sowie des Glücks der eigenen Existenz.

*Satellitenaufnahme des nördlichen Teils der Großen Sandwüste am Rande der Oase Siwa. Die Produkte der Abtragung der am Rande des Mittelmeers liegenden großen Felsmassive werden vom Wind fortgeweht und tragen so zur Ausbildung der riesigen Sandfläche bei.*

**79.** *Dictionaire de la civilisation égyptienne* (wie Anm. 13), S. 84, Stichwort »Wüste«.

*Auf dem Ammonitenberg im Herzen der Tethys zeugen Fossilien davon, dass sich hier einst ein Meer erstreckte: Man findet Muscheln, Ammonhörner und Ockerknollen, deren Pigmente Künstler seit frühester Vorzeit verwendeten.*

## Die Libysche Wüste – Geschichte eines Namens

Der Nil entspringt in zwei weit vom Mittelmeer entfernten Ländern und vereinigt tatsächlich zwei Flüsse: den Weißen Nil, dessen Quellen im Herzen des »Mondgebirges« im Ruwenzori-Massiv in Uganda liegen, und den Blauen Nil, der aus Äthiopien kommt, dem Land, das als die Wiege der Menschheit gilt. In Khartum im Sudan fließen die beiden Arme zusammen. Nach einer mühevollen Durchquerung der Nubischen Wüste gelangt der König der Ströme schließlich nach Ägypten. Hier schuf er sich sein Tal, indem er sich durch zwei Wüsten hindurcharbeitete: die Arabische im Osten und die Libysche im Westen.

Die weniger bekannte Libysche Wüste trägt mehrere Namen, was hin und wieder Verwirrung stiftet. Sie erstreckt sich über drei Länder, wozu Libyen, der nördliche Teil des Sudan und vor allem Ägypten gehören. Aus diesem Grund wird sie gelegentlich als »Ägyptische Wüste« bezeichnet, was den Teil ignoriert, der in Libyen liegt. Die Ägypter nennen sie vorzugsweise »Wüste des Westens« oder »Westliche Wüste«. Für Sahara-Experten ist sie jedoch die »Östliche Wüste«, da sie den östlichsten Teil der weltgrößten Wüste bildet.

Die Libysche Wüste beginnt hinter dem Kalkplateau des Westlichen Gebirges, das sich entlang den Oasen erstreckt und parallel zum Niltal verläuft. Sie besteht aus den sandigen Weiten der Großen Sandwüste, die im Norden bis zur Berber-Oase Siwa reicht. Im Süden setzt sie sich über die abschüssigen Felsplateaus des Gilf Kabir und das Granitmassiv des Uweinat oder »Land der Quellen« hinweg fort. Die Libysche Wüste ist auch heute noch nahezu unbekannt, gilt als undurchdringlich und geheimnisumwoben.

## Die Sahara – geologische Geschichte einer großen Reisenden

Die Sahara als Teil der afrikanischen Platte begann sich vor 420 Millionen Jahren, also im Paläozoikum, gegen Ende des Ordoviziums und zu Beginn des Silurs, in Richtung Norden zu bewegen. Vor 140 bis 130 Millionen Jahren, also im Mesozoikum, gegen Ende des Jura und zu Beginn der Kreidezeit, überquerte sie den Äquator und erreichte vor 65 Millionen Jahren, am Anfang des Tertiärs – zu der Zeit, als die Dinosaurier ausstarben, ihre heutige Position.

Nach Rushdi Saïd[80] beginnt die Saharageschichte auf dem kristallinen Sockel, der nur im äußersten Süden der Libyschen Wüste zu Tage tritt. Die Granitformationen dieses Erdzeitalters sind ca. 600 Millionen Jahre alt und stammen vom Ende des Präkambriums bzw. Beginn des Paläozoikums. Es folgte eine kontinentale Episode, die vor ca. 600–530 Millionen Jahren begann und bis vor etwa 430 Millionen Jahren, von Kambrium bis Ordovizium, dauerte. In dieser Zeit erodierten die Berge, die Ägypten umschließen, und enorme Sandmassen füllten die Senken. Stellen, an denen die Schichten aus dieser Periode angeschnitten werden und die bis ins Silur vor 410 Millionen Jahren zurückreichen, befinden sich am Fuße der südlichen Abhänge des Abu-Ras-Plateaus, im Wadi Abd al-Malik und auf dem Pass von Aqaba.

Vor etwa 400 Millionen Jahren bildeten sich in der Tethys, einem warmen, flachen tropischen Meer, dicke, schichtförmige Ablagerungen, die man heute im Gilf Kabir findet. Im Inneren der Sahara entsprechen sie den mit Graptolithen versetzten Tonschichten, dem Muttergestein, in dem Erdöl und Meeresfossilien lagern. Später zog sich das Meer zurück, und in den folgenden 70 Millionen Jahren bildete sich der Nubische Sandstein. Dieser Stein besteht abwechselnd aus Meeres- und kontinentalen Ablagerungen, also aus Sanden, die von Wind oder Wasser transportiert wurden. Dieser Prozess dauerte bis zur Mitte der Kreidezeit an.

Vor 100 Millionen Jahren, gegen Ende der Kreidezeit, überflutete das Meer die Sahara von Westen aus ein letztes Mal. Diese hatte inzwischen den Äquator überquert und reichte bis zum 15. Grad nördlicher Breite, eine Lage, die ihr ein warmes und feuchtes Klima bescherte.

---

80. Rushdi Saïd: *The Geology of Egypt*. A. A. Balkema, Rotterdam, Brookfield 1990, S. 253.

# Einleitung

Im Tertiär, gegen Ende des Eozäns vor 40 Millionen Jahren, zog sich das Meer endgültig zurück und legte ein riesiges Kalkplateau frei. Während dieser Zeit war die heutige Wüste tiefgreifenden Veränderungen durch Flüsse, Eismassen und Winde unterworfen, die ihr zu ihrem heutigen Aussehen verhalfen. Der Sand wurde zum Charakteristikum dieser Wüste, die im Osten von einigen Senken gesäumt wird, wo sich eine Oasenkette herausbildete.

## Uralte Meeresfossilien

»Wie kann man in zwei- bzw. dreitausend Stadien Entfernung vom Meer, mitten auf dem Festland, an vielen Orten auf zahlreiche Muscheln, Schalentiere, Cheramyden und Seen mit brackigem Wasser treffen …, als ob man auf ein riesiges Schalentierlager gestoßen wäre?«[81] Das Meer hat der Region im Laufe seines Kommens und Gehens über Jahrmillionen seinen Stempel aufgedrückt, Sedimente abgelagert und Meeresfossilien zurückgelassen. Es ist bewegend, die Kalkhülle eines Seeigels glänzen zu sehen, auf der Anhöhe eines Hügels eine gestrandete Auster oder auf dem Kamm einer Düne der Großen Sandwüste eine winzige Jakobsmuschel zu finden. Das Meer Tethys ließ, als es sich aus dieser Region zurückzog, zahlreiche Schalentiere und Ammoniten zurück, die sich in seinen warmen, schlammigen Wassern im Jura und während der Kreidezeit, also im Mesozoikum, entwickelt hatten.

Warum werden diese Fossilien Ammoniten genannt? Der Erste, der sich für diese versteinerten Muscheln interessierte, war Plinius der Ältere. In seiner »Naturalis historia« bezeichnete er sie als *Ammonis cornu* wegen ihrer spiraligen Form, die den Hörnern des in Siwa verehrten widderköpfigen Gottes Amun ähnelt. Glaubt man dem Wörterbuch der Académie française von 1752, so standen die Ammonhörner bei den Äthiopiern in dem Ruf, Träume zu erzeugen, die einen Blick in die Zukunft gestatteten. Verkauften die Priester des Orakels von Siwa magische Amulette, die sie in der Nähe fanden? Allerdings erhielten diese Fossilien erst recht spät die Bezeichnung »Ammoniten«, wofür der erst im 19. Jh. verzeichnete Eintrag des Begriffs im Wörterbuch der Académie française als Beleg dienen mag. Das Team des Deutschen Gerhard Rohlfs, der als erster Europäer die Große Sandwüste erforschte, entdeckte in den Jahren 1873/74 eine bedeutende Lagerstätte der Fossilien, den »Ammonitenberg«: »Vor allem war aber die Gegend reich an Austern und Ammoniten, und der letztgenannten Fossilien wegen, auf die wir hier zum erstenmal stießen, nannte Zittel diese Felsufer ›Ammonitenberge‹.«[82]

*Verschiedene Ammoniten, die hier seit dem Mesozoikum unter dem schützenden Sand ruhen.*

Der Geologe Karl von Zittel veröffentlichte 1884 nach Beendigung seiner Reise ein Werk über die »Ammonoïden«. Die Ammoniten waren ursprünglich Zephalopoden, also Kopffüßler, die eine gerollte, glatte oder auch gemusterte und sogar gerillte Schale hatten. Die Gestalt der Spirale ist je nach Art verschieden, wobei das zunehmende Einrollen entweder das Alter des Einzeltiers oder der ganzen Art anzeigt, in letzterem Fall eine degenerative Störung. Ihr zahlreiches Vorkommen im Erdmittelalter vor 200 bis 65 Millionen Jahren fand ein abruptes Ende, dessen Gründe ungeklärt sind. Es gibt mehrere Hypothesen darüber, die aber alle nicht bewiesen sind:

– das Auftreten räuberischer Tierarten im Meer
– ihre Vernichtung aufgrund geologischer Ereignisse im Untergrund
– die Auswirkungen bedeutender atmosphärischer Schwankungen
– eine Katastrophe, in deren Folge auch die Dinosaurier verschwanden
– der Rückzug des Meeres.

Noch heute findet man Ammoniten in dieser einsamen, abgelegenen Region, und ihr guter Erhaltungszustand lässt annehmen, dass sich das Meer nach und nach zurückgezogen haben muss. Thetys ließ sie in schlammigem Schlick zurück, der ihre Schalen schützte. Einige von ihnen kommen nun an die Oberfläche, um an ihre rätselhafte Existenz zu erinnern.

---

81. Strabon: Geogr. 1, 3, 4
82. Gerhard Rohlfs: *Drei Monate in der lybischen Wüste.* Cassel 1875, S. 169.

**Rechts:** *Das Luftbild zeigt den Verlauf der ehemaligen Flüsse der Sahara, der Wadis der Feuchtzeiten, die damals diese Region bewässerten. Die Spur der ausgetrockneten Täler oder Wadis ist noch heute am Fuß der Berge zu erkennen.*

## Die alten Flüsse der Sahara
### Von Rushdi Saïd

Die westliche Ägyptische Wüste (von den Sahara-Geologen »Ostsahara« genannt) tauchte vor ca. 40 Millionen Jahren aus dem Meer auf und bildete ein großflächiges Plateau, das aus Kalkbänken bestand. Dieses Plateau war seit damals tief greifenden Veränderungen unterworfen, die ihm sein heutiges Aussehen verliehen.

Einige dieser Veränderungen gehen auf die großen geologischen und klimatologischen Ereignisse zurück, denen die Wüste zu dieser Zeit ausgesetzt war. Kurz nachdem der Meeresboden zur Erdoberfläche wurde, weil sich das Wasser zurückzog, gab es ein bedeutendes tektonisches Ereignis, das sich über den ganzen Kontinent erstreckte und zur Formung der Gebirgskette am Roten Meer führte sowie die Anlage und Verbreitung der Rotes-Meer-Spalte einleitete. Diese Vorgänge hatten eine Klimaveränderung zur Folge, da danach heftige Regenfälle über ganz Ägypten niedergingen, deren Wasser zur Bildung eines riesigen Drainagesystems führte. Belege dafür sind das große Oligozändelta von Fayum sowie einige Kiesbänke auf den Hochflächen in den mittleren Höhenlagen der westlichen Wüste, von denen man annimmt, dass sie durch fließendes Wasser entstanden sind.

Das wichtigste Ereignis, dem das heutige Ägypten seine landschaftliche Prägung verdankt, liegt jedoch nur ca. sechs Millionen Jahre zurück, als das Mittelmeer, das sich von den anderen Weltmeeren abgespalten hatte, austrocknete und zur Salzwüste wurde.

Das Absinken des Bodenniveaus nach dem Verschwinden des Mittelmeers führte zu bedeutenden Erosionserscheinungen: Das heutige Niltal bildete sich heraus, das danach als riesiges Auffangbecken für das Wasser der zahlreichen Flüsse aus dem Roten Meer diente. Nach und nach wurden die Kalksteinebene der Nubischen Wüste glatt geschliffen und die Senken von Charga und Dachla geformt. Sieht man einmal vom Nil ab, so sind die einzigen Indizien, die einen Hinweis auf dieses System liefern, die steinigen Regionen im Süden und die steil abfallenden, tiefen Rinnen im Norden.

Vor ca. drei Millionen Jahren bildete sich das letzte der großen Drainagesysteme in der westlichen Wüste. Die Rinnen dieses Systems füllte später der Wind mit Sand. Sie sind zwar im Gelände nur schwer auszumachen, aber auf Radaraufnahmen aus dem Weltraum, die 1991 und 1994 vom Space Shuttle angefertigt wurden (SIR: Shuttle Imaging Radar), in ihrer ganzen Ausdehnung zu erkennen. Beim Flug des Space Shuttle über Ägypten wurde durch besondere Aufnahmetechniken die Existenz eines unter der Sanddecke verborgenen weitmaschigen Netzes nachgewiesen. Allerdings herrscht über die Fließrichtung des Wassers Uneinigkeit. Manche Forscher meinen, dass es sich um einen Teil eines transatlantischen Drainagesystems handelt, das sich über Afrika in Richtung des Atlantischen Ozeans erstreckte. Andere glauben, dass die Kanäle zu einem Drainagesystem gehören, das zu den großen Senken von Selima und des Tschad führte. Der Autor dieser Zeilen teilt letztgenannte Ansicht, meint aber, dass diese mit einer Drainageachse in Richtung des nubischen Paläo-Nils nicht unvereinbar ist.

Nach dieser letzten Regenperiode blieb die Wüste fast das ganze Pleistozän über, in dem die nördliche Hemisphäre starken klimatischen Schwankungen ausgesetzt war, außerordentlich trocken. Allerdings gab es noch kurze Zwischen-Regenperioden, die jedoch meist mit den Vereisungen der nördlichen Halbkugel zusammenfielen. Die ägyptische Wüste war während der letzten Eiszeit, die vor etwa 10 000 Jahren endete, extrem trocken und gänzlich unbewohnt. Durch intensive Windtätigkeit wurden in den riesigen Weiten der Wüste große Sanddünen angehäuft, die man noch heute bewundern kann. Der Wind schuf auch die zahlreichen *playas* (Sammelbecken) der westlichen Wüste. An die letzte Eiszeit schloss sich eine rund 5000 Jahre dauernde Periode an, in der schwache Sommerregen niedergingen, deren Wasser die bereits vorhandenen *playas* vorübergehend füllten, wodurch die Ansiedlung und Entwicklung viehzüchtender Gemeinschaften in der Steinzeit möglich wurde.

Fossile turm- und schneckenförmige Muscheln aus der Familie der Brachiopoden und verschiedene Mollusken

# Kapitel I

# Spuren *im Sand*

### Dauerhafte Spuren – die ersten Forschungsreisenden

Das Zusammenwirken von Wind und Sand gilt häufig als Ursache spektakulären Verschwindens wie dem der Armee des Kambyses vor 2500 Jahren. Immer wieder kam es zu Katastrophen, so etwa zum Verlust einer 2000 Mann starken Karawane, die laut v. Minutoli 1805 auf der Piste von Darfour verloren ging: »Das Heer des Cambyses und die Karawane von 2000 Menschen, welche im Jahre 1805 verschüttet seyn soll, erlagen vielleicht dem Chamsin oder dem Durst, und erst die Leichname wurden mit Sand bedeckt, wie dies in unserm sandigen Norden in viel kürzerer Zeit geschehen dürfte.«[83]

Die Große Sandwüste birgt das Geheimnis weiterer tragischer Abenteuer, von denen einige Spuren und Überreste wie durch ein Wunder erhalten geblieben sind. So findet man noch heute die im Sand zurückgelassenen Überbleibsel von Lagern der Wüstenpioniere Almasy, Bagnold, Clayton oder auch Kamal ad-Din: Vom Wind abgeschliffene Benzinkanister und Konservendosen glänzen in der Sonne, schiefe Holzkisten liegen herum und sogar Überlebensrationen mit den für das Militär typischen Aufschriften:

»Emergency Ration. Contents to be consumed only when no other rations of any kind are procurable. To open, strip band. NOTICE: not to be opened except by order of an officer.«

Und es kommt noch besser: Die Reifenabdrücke der Fahrzeuge, die diese Wüste von 1920 bis 1940 durchfahren haben, sind erstaunlich gut erhalten – auch die Spuren der Zwillingsräder des Rolls-Royce bzw. Renaults, die von Kamal ad-Din und Beadnell benutzt wurden, der vermutlich der Einzige war, der je die Ägyptische Wüste mit diesen Fahrzeugen erkundete. Allerdings konnten diese Abdrücke nur auf einem besonderen Bodentyp Sand und Wind trotzen: auf einer Oberfläche aus kleinen, dunkel gefärbten Steinen, die auf einem sandigen, lockeren Bett ruhen. Das Gewicht der Fahrzeuge verdichtete den Boden und hinterließ eine flache, aber gut sichtbare Spur. Die leichten Vertiefungen wurden vom Wind mit Sand gefüllt, wodurch sich zwei helle Streifen bildeten, die sich deutlich von der Oberfläche der Umgebung abheben. Besonders zwischen zwei Dünenketten ist dies oft zu beobachten; die Dünen scheinen solche Spuren zu schützen, sodass sie nicht verwischen: »Sie haben Abdrücke hinterlassen, die ein Jahrhundert überdauern können.«[84]

### Forscher aus Leidenschaft

Die Expeditionen, die die Engländer, der Ungar Almasy und der ägyptische Prinz Kamal ad-Din unternahmen, hatten nicht nur die Erforschung dieses lebensfeindlichen Landes und dessen Kartografierung zum Ziel, sondern auch die Kontrolle über die Sanusi. Parallel dazu waren die Franzosen, von der Sahara bis nach Madagaskar und von Marokko bis in den Sudan, auf der Suche nach Routen, auf denen ihre Truppen in afrikanische Länder vordringen und diese »befrieden« konnten. Dazu dienten etwa die Expeditionen von Renault von 1923–1924 und Citroën auf der »Schwarzen Kreuzfahrt« 1924–1925.

### *Colonel Patrick A. Clayton und Colonel R. A. Bagnold: Zwei Gelehrte des Sandes*

Das von Colonel P. A. Clayton erstellte Kartenwerk ist das Ergebnis zahlreicher Reisen in dieses lebensfeindliche und schwer zugängliche Land. Zu einer Zeit, als die rudimentären und empfindlichen Instrumente umfangreiche Fachenntnisse erforderten, wurden alle verfügbaren Mittel eingesetzt, um diese gefährliche Aufgabe zu bewältigen: Die Positionsbestimmung mit Hilfe des Sextanten zwang zu häufigen Stopps und aufwändigen Berechnungen, was den Colonel allerdings nicht daran hinderte, nebenbei zahlreiche Karten zu zeichnen: »Bis 1938 trugen mehr als 74 Originalkarten seinen Namen.«[85]

Die heutigen Mittel, z. B. das GPS (Global Positioning System), ein digitales Satellitennavigationssystem, versorgen Reisende sofort mit Informationen über den Standort und die zurückgelegte bzw. noch vorausliegende Strecke, die auf die vorhandene Karte übertragen werden können. Das Kartenwerk, das Colonel P. A. Clayton und sein

Auch die in eine Staubwolke gehüllten Forschungsreisenden des Jahres 2000 hinterlassen Spuren ihrer Anwesenheit, auf die sie in einigen Jahren vielleicht wieder treffen werden.

**Rechts:** Überlebensration der britischen Armee

**Ganz rechts:** Überreste des Lagers des ungarischen Entdeckers Graf von Almasy

83. Minutoli (wie Anm. 3), S. 201–202.
84. W. J. Harding King: *Mysteries of the Lybian Desert*. London 1925, S. 83.
85. P. H. Clayton: *Desert Explorer, A Biography of Colonel P. A. Clayton*. Zerzura Press, Cornwall 1998.

## Das GPS (Global Positioning System)

*GPS ist ein Hilfsmittel bei der Navigation, das mindestens drei relativ weit auseinander stehende Satelliten erfordert, um eine sichere Positionsbestimmung zu gewährleisten. Jeder Punkt wird durch drei Koordinaten – geografische Breite, Länge und die Höhe – definiert. Bei Anpeilung durch acht Satelliten und mehr erhält man eine genaue Positionsbeschreibung. Die Daten des GPS werden aufgezeichnet und ermöglichen die Rekonstruktion der zurückgelegten Strecke. Hat man vor der Abfahrt das Ziel festgelegt, erhält man ständig Auskunft über Abweichungen von der idealen Strecke sowie über die restliche Distanz. Zwar erlaubt das System, bewältigte Strecke und aktuelle geografische Position zu messen und Höhenunterschiede des durchquerten Reliefs anzuzeigen, es kann dies aber nicht für die noch bevorstehende Wegstrecke leisten, die es selbst vorgibt. Das Instrument selbst lässt sich in der Hand halten, auf eine Armbanduhr montieren oder in ein Fahrzeug einbauen. Es verhindert jedoch nicht, dass man sich, obwohl man seine Position »theoretisch« kennt, verläuft …*

**Vorhergehende Seite:** *Beispiel für die Dauerhaftigkeit von Reifenspuren: Hier fuhr wohl ein Rolls-Royce.*

**Rechts:** *(von oben nach unten und von links nach rechts)*

*Rolls-Royce Command Car (mit den dazugehörigen Reifenspuren), 1916*

*Der Ford TT von P. A. Clayton, 1926*

*Rolls-Royce in der Libyschen Wüste, 1916*

*Ford A mit Ballonreifen von Sir Robert Clayton, 1936*

*Fahrzeuge der britischen Pioniere: Ford T, 1916–1918*

---

**86.** Pierre Dumont: *Les Ford d'Henry Ford.* Edifree »La vie de l'Auto«, Fontainebleau 1984, S. 35.
**87.** Ebd. S. 107.

## Motorisierte Fahrzeuge in der Wüste

Die ersten Fahrzeuge, die in der Ägyptischen Wüste eingesetzt wurden, waren amerikanische Fords: »Das hochrädrige Modell T mit kleinem Wendekreis als echtes Allzweckauto, das Hindernisse überwand, vor denen auch leistungsstärkere Fahrzeuge kapitulierten.«[86]

1926 entschied sich Colonel P. A. Clayton für einen Ford TT, einen Ford T mit verlängerter Achse, der in England entwickelt und dann in den Vereinigten Staaten gebaut wurde. Auf der Grundlage dieses Modells wurden auch LKWs produziert, die größere Lasten transportieren konnten.

Prinz Kamal ad-Din bevorzugte den kettenbetriebenen Citroën, der bereits auf der »Schwarzen Kreuzfahrt« verwendet worden war und sich auf dem schwierigen sandigen Untergrund der Sahara bewährt hatte.

Die Engländer schließlich griffen gern auf den Ford A zurück, der moderner war, einen stärkeren Motor hatte und so beschrieben wurde: »… mit einem starken Drehmoment, exzellent beschleunigend und ein guter Kletterer.«[87] Der automobiltechnische Fortschritt konkretisierte sich durch den Einbau von Getrieben und die Verwendung immer breiterer Reifen bis hin zu den berühmten Ballonreifen, die erstmalig von Almasy eingesetzt wurden. Insgesamt machten es die Errungenschaften der Technik den Wüstenfreaks leichter, die Große Sandwüste zu erforschen.

Team noch unter ganz anderen Bedingungen erstellten, ist allerdings noch heute ein unverzichtbares Hilfsmittel für jeden, der in diese Wüste aufbricht, wo alle Bezugspunkte fehlen. Die erstaunliche Übereinstimmung mit den per Satellitentechnik erstellten Karten bestätigt die Qualität der damals geleisteten Arbeit. (Seine Geschichte aus der Feder seines Sohnes, Colonel P. H. Clayton, ist auf S. 235ff. zu lesen.)

Die Mission des Colonel R. A. Bagnold, der später zum General befördert wurde, hing eng mit der Expedition P. A. Claytons zusammen. Bagnold hatte die Aufgabe, die Forschungsreise vorzubereiten, das Material zusammenzustellen und für ihre Sicherheit zu sorgen. Er sollte die Sanusi überwachen, Wüstenbewohner in der Kyrenaika, die versuchten, von ihrer Basis aus die Oasen zu annektieren. Bagnolds Leidenschaft für die Wüste und die Dünen hat ihn aber auch jenseits seiner militärischen Aufträge in die unendlichen Weiten geführt, wo er ihre Formationen, ihr Wachstum und ihre Bewegungen studierte. Seine Theorien veröffentlichte er in zahlreichen Artikeln, die die Wechselwirkung zwischen Sand und Flüssigkeiten sowie die Wanderung der Sandkörner in Abhängigkeit von Dichte und Wind behandelten. Seine Ergebnisse fasste er in mathematische Formeln, die die Faktoren Wind und Dichte der Sandkörner in Beziehung setzten. Im Labor in seinem Garten in England untermauerte er seine Theorien durch Versuche und veröffentlichte sie 1939 in »The Physics of Blown Sands and Desert Dunes«. Später wurden sie von der NASA zur Erklärung der Dünenformationen auf dem Mars herangezogen: »Zu meinem Erstaunen wurde es schnell zum Standardwerk. Als die NASA ihre Raumschiffe so weit entwickelt hatte, dass eine Beobachtung der Marslandschaft aus kurzer Distanz möglich wurde, wählte man dieses Buch, um die Theorien über den Mechanismus der Sandbewegungen an die völlig andere und sehr viel dünnere Atmosphäre des Mars anzupassen.«[88]

### *Prinz Kamal ad-Din Hussain – eine außergewöhnliche Persönlichkeit*

Prinz Kamal ad-Din, Sohn des Khediven Ismail, fühlte sich bereits in jungen Jahren von der Wüste angezogen, deren Norden er jahrelang auf Dromedaren durchstreifte, wobei er sich großes Wissen aneignete. Als begeisterter Wissenschaftler und Entdecker brach er in praktisch unbekannte Regionen auf, wie auch der Franzose Bruneau de Laborie, der die Sahara von Süden nach Norden bis nach Alexandria durchquerte. Er begann mit der systematischen Erforschung der Wüste und organisierte 1923 gemeinsam mit J. Ball, dem Direktor des Desert Survey Departments D. S. D., die erste Expedition mit kettengetriebenen Citroën-Fahrzeugen. In seinem Tagebuch verzeichnete er seine Abenteuer bei der Entdeckung von Orten, deren Namen – die oft genug er ihnen verliehen hatte – bis heute gebräuchlich sind:

»Am 10. Januar sahen wir den Gebel Wanat, in dessen Richtung wir weiterzogen. Wir ließen den Rand des Plateaus im Norden hinter uns, an dem wir seit zwei Tagen entlang fuhren und wo imposante Felswände von über 1000 Meter Höhe aufragten, die ich bereits 1925, von Süden her von Wanat nach Tarfawi reisend, gesehen hatte. Ball bestimmte dann die ungefähre Lage des höchsten Punkts dieser Felsengruppe. Ich gab ihr den Namen ›Gilf Kabir‹, was so viel wie ›die steile Böschung‹ bedeutet.«[89]

Leider rafften ihn Krankheit und ein vorzeitiger Tod hinweg und setzten seinen hoch interessanten Forschungen ein Ende. Am südlichen Ende des Gilf Kabir dominiert ein mit einem *alam* (steinernes Hinweiszeichen von Menschenhand) gekrönter Felssporn eine kleine steinerne Pyramide. Zu ihren Füßen betont eine Erinnerungstafel von 1933 die außergewöhnlichen Qualitäten des Prinzen. Colonel P. H. Clayton übersetzte die arabische Inschrift folgendermaßen:

Zur ewigen Erinnerung an
seine Exzellenz, seine königliche Hoheit, den Prinzen Kamal ad-Din,
den großen Erforscher der Libyschen Wüste.
Ewiges Angedenken seiner gewaltigen Kompetenz
und seines hohen öffentlichen Ansehens.

### *Graf Ladislas E. von Almasy – ein ungewöhnlicher Mann der Wüste*

Zur gleichen Zeit, als Bagnold und Clayton auf ihre Wüstenfahrten gingen und Kamal ad-Din per Motorfahrzeug seine Entdeckungen weiter verfolgte, traf eine ebenso geheimnisvolle wie widersprüchliche Persönlichkeit in Kairo ein: Graf Ladislas E. von Almasy. Der Ungar sollte eine wichtige Rolle bei der Erforschung der unbekannten Gebiete spielen und einen wesentlichen Beitrag zur Entdeckung von Stätten, Malereien und Felsgravuren leisten. Zunächst schloss er sich 1932 Kamal ad-Din an, organisierte eine Expedition unter Mitwirkung von Clayton (Kartografie), Penderel (Pilot der Royal Air Force) und Sir Robert Clayton (Flugzeugbesitzer) und setzte das Flugzeug erstmalig als Hilfsmittel für seine Erkundungen ein. Er durchquerte die Große Sandwüste und den Gilf Kabir und hatte trotz aller modernen Mittel mit enormen Schwierigkeiten zu kämpfen: »Diese Region, die sich auf den letzten hundert Kilometern südlich von Siwa befindet, gehört in der Tat zu den schlimmsten Wüstenabschnitten, in denen ich je gewesen bin. Für mich ist dieser nördliche Teil der Großen Sandwüste für Autos, Kamele und Fußgänger gleichermaßen unüberwindlich. Sollte es die persische Armee bis hierhin geschafft haben, wundere ich mich nicht über ihre Niederlage gegen dieses Hindernis.«[90]

Almasy gibt an, ebenfalls unter den extremen klimatischen Bedingungen gelitten zu haben: »Ich musste die Prüfung einer anderen Erfahrung durchmachen, die mich lebhaft an den ›todbringenden Südwind‹ erinnerte, von dem Herodot zu berichten wusste.«[91]

Später dann, kurz vor Kriegsausbruch, schlug er sich auf die Seite der Deutschen und stellte ihnen seine Wüstenerfahrung zur Verfügung. Damit nahm eine neue Geschichte ihren Anfang. Bagnold, der die »Long Range Desert Group« leitete, hatte unter anderem die Aufgabe, seinen alten Wüstengefährten gefangen zu nehmen. Es entspann sich ein Katz-und-Maus-Spiel, worüber in dem heute verschollenen Werk »The Cat and the Mice« berichtet wird.

Da sich beide perfekt in der Wüste auskannten und so ihre Reaktionen jeweils vorhersehbar waren, kam es zu wilden Verfolgungen durch Sand und Dünen, es gab aber weder Sieg noch Gefangennahme. Almasy stellte sich in den Dienst der deutschen Gegenspionage und unterstützte Erwin Rommel. Er hatte die Aufgabe, die Gegenof-

*Mahnmal für Prinz Kamal ad-Din Hussain, das 1933 im Süden des Gilf Kabir-Massivs zu Ehren dieses früh verstorbenen, außergewöhnlichen ägyptischen Entdeckers errichtet wurde*

**88.** R. A. Bagnold: *Libyan Sands, Travel in a Dead World*. Immel Publishing, London 1993, S. 285.
**89.** Prinz Kamal ad-Din Hussain: »L'Exploration du desert de Libye, expédition de 1925–1926«. *Revue de géographie* 50 (1928), S. 324–325.
**90.** L. E. von Almasy, *Récentes Explorations dans le désert Libyque, 1932–1936*. Publications de la Société royale de géographie d'Égypte, Kairo 1936, S. 96.
**91.** Ebd.

**Links:** *Der schwer auffindbare, versteckt in Bodennähe liegende Eingang zur Grotte. Das bescheidene Äußere lässt die im Untergrund verborgene Pracht nicht erahnen.*

**Rechts:** *Das Wasser hat seine Spuren hinterlassen, in denen man lesen kann wie in einem Buch.*

**Nächste Seite:** *Im Kalk eingeschlossene glitzernde Kristalle*

*Grotte von Dschara: Diese prähistorische Stätte, an der die Karawanen vorbeizogen, wurde an Heiligabend 1873 vom deutschen Forscher Gerhard Rohlfs entdeckt. Ansicht der Stalaktiten der Grotte, die den Pfeilern einer Säulenhalle ähneln*

fensive von 1942 vorzubereiten und Spione nach Kairo einzuschleusen. Ein Satz, den der deutsche Admiral Canaris 1941 gesagt haben soll, beschreibt seinen Wert für die deutsche Armee: »Jede Information über den Feind ist mehr wert als 20 Panzer.«[92]

Beide Missionen scheiterten, und das eben zitierte Werk über die »Libysche Wüste« berichtet über sämtliche Details. Almasy wurde in Österreich beerdigt. Auf seiner Grabplatte wurde sein Name bei den Arabern eingraviert: »Abu Ramla«, »Vater des Sandes«.

### Gerhard Rohlfs – der Pionier

Die Große Sandwüste und das Plateau des Gilf Kabir wären ohne die Forschungsreisen begeisterter Entdecker unbekannt geblieben, deren Verdienste oben beschrieben wurden. Die Karawanen mussten das riesige Gebiet umgehen, bis der deutsche Forschungsreisende Gerhard Rohlfs sich dafür einsetzte, eine Verbindung zwischen dem Niltal und Libyen herzustellen. Es gelang ihm, die deutsche Botschaft von der Wichtigkeit einer solchen Expedition zu überzeugen, da sie das Ansehen Deutschlands in Nordafrika stärken würde, wo sich bereits die Franzosen und Engländer etabliert hatten. Schließlich erhielt er die Erlaubnis der Behörden für eine Ost-West-Durchquerung der unbekannten Region, die von da an als Große Sandwüste bezeichnet wurde. Er hoffte, dort ein versandetes Bett des Nil zu finden, und wurde so zum ersten Erforscher der Libyschen Wüste. Seine Expedition setzte sich aus einem Botaniker, einem Landvermesser, einem Zeichner, einem Fotografen und dem Geologen Karl von Zittel zusammen. Die Gruppe machte sich am 18. Dezember 1873 auf den Weg in Richtung Dachla und wählte dafür die Route auf dem Nil bis Asiut. Von da an ging es durch die Wüste, wo es zu zwei herausragenden Ereignissen kam: der Entdeckung einer vergessenen Grotte und sintflutartigen Regenfällen inmitten der Wüste.

Als die Karawane auf dem Weg nach Farafra die Wüste durchquerte, passierte sie die riesige Düne Abu Muharik und entdeckte die Grotte Dschara: »Eine Tropfsteinhöhle, deren Schönheit und Ausdehnung unsere Erwartungen bei weitem übertraf, tat sich vor uns auf: drei bis vier Fuß lange Stalaktiten hingen von der Decke und bildeten wunderbare Vorhänge, reiner und transparenter als irgendwo sonst.«[93]

Unglaublich, dass sich in einer trockenen, von Dünen beherrschten Wüste eine so große vom Wasser ausgewaschene Höhle befinden sollte. Die Überraschung war gewaltig, und man fragte sich, wie es an

---

92. Zitiert nach: Jean-François Sers, sous la direction de Théodore Monod: *Désert Libyque.* Arthaud, Paris 1994, S. 177.
93. Rohlfs (wie Anm. 82), S. 59.
94. Ebd. S. 96.
95. Ebd. S. 161.
96. Rudolph Kuper: »Between the Oases and the Nile-Djara: Rohlfs' cave in the Western Desert«. In: Lech Krzyzaniak u.a. (Hrsg.): *Interregional Contacts in the Later Prehistory of Northeastern Africa*, Poznan Archaeological Museum, Poznan 1996, S. 82.

diesem Ort so viel kalkhaltiges Wasser geben konnte, dass es über Jahrtausende eine märchenhafte Landschaft schuf: »Wie rätselhaft waren diese durch Sickerwasser geschaffenen Stalaktiten inmitten einer jetzt wasserlosen Wüste!«[94] Die Grotte geriet in den folgenden 120 Jahren in Vergessenheit und wurde erst vor kurzem von einem deutschen BOS-Team (BOS = Besiedlungsgeschichte der Ostsahara) wieder entdeckt. Man begann mit Ausgrabungen, die Licht in die prähistorische Vergangenheit der Grotte bringen sollen.

Nachdem Rohlfs von Farafra aus nach Dachla gekommen war, reiste er weiter nach Westen, um die Große Sandwüste in Richtung Khufra zu durchqueren. Er stieß auf Dünengürtel, die immer enger wurden, bis die Landschaft einem »Ozean aus Sand« ähnelte. Rohlfs erkannte, dass die ost-westlich verlaufenden Dünen für Kamele unüberwindlich waren: »Wir mussten alle zwei bis drei Kilometer eine neue Düne überwinden, von denen jede über hundert Meter hoch war.«[95]

Rohlfs, der so zwar nicht weiterreisen konnte, aber auch nicht aufgeben wollte, war gezwungen, seine Pläne zu ändern. Er beschloss, sich am 3. Februar 1874 nach Norden zu wenden, in der Hoffnung, das Sandmeer umgehen und dann wieder nach Westen schwenken und Siwa erreichen zu können. Während er lagerte, erlebte er etwas Außerordentliches: Am 1. Februar fielen einige Tropfen, die sich bald zu heftigen Regenfällen auswuchsen, die die Expedition bis zum Mittag des 4. Februar festhielten und sie daran hinderten, planmäßig weiterzureisen. Angesichts dieses Ereignisses taufte Rohlfs die Gegend »Regenfeld« und baute eine zwei Meter hohe Steinpyramide, in der er eine Flasche für die Nachwelt zurückließ mit der Frage, ob wohl jemals wieder eines Menschen Fuß diesen Boden berühren würde. Am 20. Februar erreichte Rohlfs Siwa, nachdem er am 8. Februar die Ammonitenberge entdeckt hatte.

Vor Rohlfs war kein Europäer in das gefürchtete Große Sandmeer eingedrungen. Dass er darauf verzichten musste, bis nach Khufra zu reisen, wurde durch die Bedeutung der von der Expedition geleisteten wissenschaftlichen Arbeiten – eine erste botanische Bestandsaufnahme, Zeichnung der ersten geologischen Karte – mehr als wettgemacht. Diese Karte sollte sich noch mehrere Jahrzehnte später für Rudolph Kuper als nützlich erweisen.[96] Drei Ereignisse machten die Expedition Rohlfs einzigartig: das Auffinden Dscharas, der wohl einzigen Tropfsteinhöhle in dieser Region, die äußerst seltene Erfahrung sintflutartigen Regens mitten in der Wüste und die Entdeckung der wohl vom Regen ausgewaschenen Ammonitenlagerstätte.

DIE MYTHISCHE OASE: SIWA DIE ABGELEGENE

*»Regenfeld«. Steinpyramide, die Rohlfs und seine Begleiter an dem Ort errichteten, wo 48 Stunden lang sintflutartige Regenfälle niedergingen*

**Unten:** *Handschriften der Entdecker Rohlfs, Zittel und Jordan aus dem Jahre 1874, Kamal ad-Dins von 1924 sowie Almasys aus dem Jahre 1933*

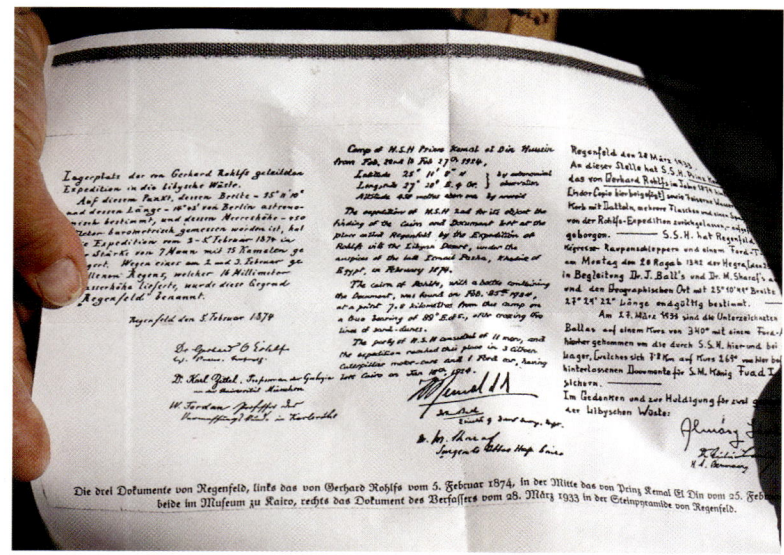

Die drei Dokumente von Regenfeld, links das von Gerhard Rohlfs vom 5. Februar 1874, in der Mitte das von Prinz Kemal El Din vom 25. Fe[bruar 1924], beide im Museum zu Kairo, rechts das Dokument des Verfassers vom 28. März 1933 in der Steinpyramide von Regenfeld.

# Kapitel II

# Rätsel der Wüste

### Bewegende Spuren im Sand – Pisten von Kamelkarawanen

»Die Wege durch die Wüsten blieben viele Tausend Jahre unverändert. Seit sie in längst vergangenen Zeiten zum ersten Mal benutzt wurden, trotteten Millionen von Menschen und Tieren hier entlang und prägten im Laufe der Zeit das Gesicht der Wüste.«[97]

Im Herzen der Wüste, inmitten lebensfeindlicher und öder Gegenden, tauchen andere Spuren auf: Im Gegensatz zu den neueren, regelmäßigen Markierungen zeichnen sie vom Zufall bestimmte Mäander. Die *alams* am Wegrand halfen einst Reisenden mit ihren Karawanen, die mit schweren Schritten die entbehrungsreiche Strecke durchmaßen, bei der Orientierung. Dabei gingen mehrere Kamele voraus; jedes einzelne wählte seinen eigenen Pfad, schwankte im eigenen Rhythmus hin und her und folgte dabei der Route, die bereits frühere Karawanen genommen hatten und der noch viele folgen sollten. Die Karawanenpisten erhielten sich durch die stete Benutzung durch die schwer beladenen Wüstenschiffe.

Gegen Ende des 18. Jahrhunderts, während der napoleonischen Feldzüge, beschrieb einer der Wissenschaftler, die Vivant Denon begleiteten, eine der großen Karawanen, die aus der Region Darfur im Sudan nach Asiut im ägyptischen Niltal zog. Im Verhältnis zur Länge der Strecke war die Anzahl der Kamele und die Menge der zu transportierenden Waren gewaltig: »In Ägypten werden jährlich drei- bis vierhundert Kamelladungen Elefantenzähne, zweitausend Rhinozeroshörner, zwanzig bzw. dreißig Kantar Straußenfedern, zweitausend Kantar Gummiarabikum, tausend Kantar Tamarindenschoten sowie Natron transportiert, das am Wegesrand aufgesammelt wurde und die Last der verbrauchten Wegzehrung ersetzte … Jedes Jahr kommen zwei Karawanen aus Darfur, und eine jede besteht aus vier- bis fünftausend Kamelen. Die Reise bis Siut dauert 45 Tage, die Tiere werden von zwei- bis dreihundert Personen geführt.«[98]

Da der Sand diese bewegenden Spuren konserviert hat, verdienen sie auch den Respekt der Menschen heute, eingedenk all jener, die sie im Laufe der Zeit hinterlassen haben. Von der unerbittlichen Sonne ausgeblichene Knochen erinnern uns ab und zu als Zeugnisse des Todes und der Vergangenheit an die Gefahren dieser nicht enden wollenden Wegstrecken.

### *Das Töpferlager von Abu Ballas – ein flüchtiges Mysterium*

Zwei steile Hügel wachen über die Piste, die Dachla mit Khufra verbindet und südlich des Gilf Kabir verläuft; einer davon hat gar das Profil eines Soldaten. Auf jeden Fall wecken diese Erhebungen die in der unendlichen Flachheit und Monotonie der Landschaft erlahmte Aufmerksamkeit, nachdem tagelang nur hier und da einige Sandsteinkegel zu sehen waren. Die Sehnsucht nach Schatten und eine aufkeimende, nicht zu unterdrückende Neugier lassen den Reisenden innehalten und auf diese seltsamen Hügel zugehen. Doch der Empfang dort ist eher abweisend, da jeder Versuch hinauf zu klettern eine Lawine von Felstrümmern auslöst. Blickt man genauer an den Fuß des Abhanges, erlebt man eine Überraschung: Der Boden ist mit zerbrochenen Krügen übersät, die hier in einem traurigen Zustand zurückgelassen wurden. Woher stammen sie?

Rohlfs Mannschaft hatte zwar erfahren, dass es in der Wüste zwei Minarette gebe, die ein Wasserdepot hüteten, doch er unternahm keine diesbezüglichen Nachforschungen. Prinz Kamal ad-Din, der ebenfalls zu diesem Ort kam – J. Ball hatte ihn 1918 »Pottery Hill« genannt –, taufte ihn »Abu Ballas«, was so viel wie »Vater der Tonkrüge« bedeutet: »Es gibt kein Wasser in Abu Ballas. Der Name ›Vater der Tonkrüge‹, den ich diesem Ort 1923 gegeben habe, ist von der Tatsache abgeleitet, dass am Fuße eines ca. 40 Meter hohen sandsteinartigen Berges einige Hundert große Krüge aus Ton gefunden wurden, Reste eines Depots, das hier zu unbekannter Zeit zweifelsohne von Nomaden angelegt wurde.«[99]

Einige Jahre später lieferte Almasy wertvolle Informationen über die Zahl und Art der Töpferwaren, die äußerlich den heutigen ähnelten: »Bei ›zair‹ handelt es sich um ein poröses Material, einen Tonkrug, der das Wasser durch kontinuierliche Verdunstung frisch hält; solche Krüge werden in Ägypten und im Sudan seit undenklichen

*Spuren längst vorbeigezogener Karawanen. Die Kamelpisten verlaufen schlangenlinienförmig im Rhythmus der Wüstenschiffe.*

---

**97.** Ahmed Fakhry: *The Egyptian Deserts.* Band I: *Bahriya Oasis.* Kairo 1942, S. 8.
**98.** *P. J. G.:* »De la caravane de Darfour«. In: *Denon* (wie Anm. 46), Band II, Appendix CCL.
**99.** Prinz Kamal ad-Din Hussain (wie Anm. 89), S. 323–324.

*Knochen von Tieren, die vor Erschöpfung auf dem »Weg der 40 Tage« zusammenbrachen und den Raubvögeln überlassen wurden*

100. Denon (wie Anm. 46), S. 275.
101. Almasy (wie Anm. 90), S. 3.
102. Sers (wie Anm. 92), S. 1227.
103. *John Murray's Handbook for Travellers in Lower and Upper Egypt,* London 1896, S. 607.

## Die Piste des Darb al-Arba'in – eine Beschreibung
### Von Vivant Denon

»Hier ist nun endlich die Verbindungsstraße nach Darfur, wo die Bewohner von Tombut ankommen; ein Händler, den ich in Qena traf und der diese Strecke oft zurücklegte, zeigte mir den Weg, den ich hier beschreibe:

Weg von Siut nach Darfur und Sennar über Dongola.

Von Siut südwestlich durch die Wüste, vier Tage bis nach Korg-Eluah, die bevölkerungsreichste und landwirtschaftlich am meisten genutzte Oase; hier sprudelt Süßwasser aus der Erde und versickert wieder; es gibt eine Festung und ein großes Dorf.

Von Korg-Eluah nach Bulak, eine andere Oase, einen halben Tag; es gibt ein kleines Dorf, wohlschmeckendes Wasser, das aber manchmal Fieber auslöst, wenn man nicht daran gewöhnt ist.

Von Bulak nach al-Bsactah eine Tagesreise; brackiges Wasser.

Von al-Bsactah nach Beris ein halber Tag; ein großes Dorf und gutes Wasser.

Von Beris nach al-Mach zwei Stunden; noch einmal Wasser, mit dem man sich versorgen muss, da die Oasen in al-Mach aufhören und man nur noch salziges Wasser auf dem restlichen Weg findet. Man geht immer in dieselbe Richtung und gelangt nach zehn Tagen nach Desir.

Von Desir nach Selima drei Tage; salziges Wasser, aber weniger schlecht.

Von Selima nach Dongola, wo man wieder an den Nil gelangt, vier Tage; unbedingt Vorräte auffüllen.

Von Dongola nach al-Goyah, indem man sich mehr nach Westen hält, vier Tage.

Von al-Goyah nach Zagone sechs Tage; salziges Wasser, aber frisch.

Von Zagone nach Darfur, zehn Tage, ohne Wasser oder ein Dorf zu finden.

Von Dongola sind es siebzehn Tage zu Fuß nach Sennar, indem man sich nach Süden wendet; von Sennar nach Darfur zwölf Tage Fußmarsch von Ost nach West.

Man muss wissen, dass jemand, der auf einem solchen Weg nicht mithalten kann, verloren ist, denn auf ihn warten hieße, die ganze Karawane in Gefahr zu bringen.«[100]

---

Zeiten benutzt. Ähnliche große Tonkruglagerstätten wurden an verschiedenen Orten in der Libyschen Wüste entdeckt. Die bedeutendste umfasst ca. 300 Krüge und ist auf den modernen Karten unter dem Namen Pottery Hill bzw. Abu Ballas eingezeichnet.«[101]

Diese Krüge unterschiedlicher Form, Farbe und Dicke entsprechen zwei verschiedenen Typen. Die einen sind rund, deutlich zylindrisch, innen grau und mit rotem Ton überzogen, haben dicke, grob gearbeitete Ränder und unten eine Spitze, mittels derer man sie wie Amphoren aufrecht stellen konnte. Die anderen sind lang und oval geformt und feiner, beige oder braun und wahrscheinlich jüngeren Datums. Erstere ähneln den zu Zeiten der Pharaonen verwendeten Krügen; ihr hohes Alter wurde durch die Bestimmung des Zeitpunktes, an dem sie gebrannt wurden, bestätigt. Eine Analyse der ovalen Krüge hat gezeigt, dass ihre Herstellung weitaus jüngeren Datums ist. Forschungen beweisen, dass dieses Depot seit der Antike bis in jüngere Zeit verwendet wurde.

Wozu aber diente das Kruglager? Gab es hier einen tiefen, nur wenig Wasser liefernden Brunnen, weshalb man gezwungen gewesen wäre, für die Karawanen bestimmte Wasserreserven bereits im Voraus vorzubereiten? Mit Wasser gefüllte Krüge vertragen wegen ihrer Zerbrechlichkeit keinen Transport und müssen daher vor Ort gefüllt werden. Théodore Monod und Edmond Diemer gehen deshalb von der Existenz eines ehemaligen Brunnens aus. Doch verschwand dieser Brunnen, wurde er verschlossen oder von Nomadenstämmen versteckt, die sich ihrer Verfolger entledigen wollten? Und hat er wirklich existiert? Die Krüge hätten auch, falls es keine Quelle gab, als Versorgungsstelle für Karawanen dienen können. Eine erste Karawane hätte sie mit Wasser befüllen können, das in den *guerbas* – Tierhäuten – herbeigeschafft wurde, und wäre danach nach Dachla zurückgekehrt. Durch die Anlage der Wasservorräte hätte sie es der ihr folgenden Karawane ermöglicht, ihre Reserven aufzufüllen und den Weg fortzusetzen. Und warum sollten die Krüge nicht hier am Ort mit dem farbigen Ton der umgebenden *playas* gefertigt worden sein? Diese Hypothese setzt voraus, dass es einst in der näheren Umgebung Brennmaterial gab. Das Rätsel bleibt, die Krüge aber werden immer weniger.

Wer war an der Zerstörung der Krüge interessiert? Théodore Monod zufolge müssen das Oasenbewohner gewesen sein, die unter Razzien litten und das Lager zerstörten, das als Angriffs- und Rückzugspunkt diente: »Am Anfang des 19. Jahrhunderts überfielen die Tebus vom Stamm der Bidayats aus Ennedi regelmäßig die Oase Dachla. Daraufhin beschloss der Khedive, seine Mamluken zu ihrer Verfolgung auszusenden, die dann den Brunnen, wo sie sich mit Wasser versorgten, zerstörten, der sich sieben bis acht Tagesmärsche (von Dachla) entfernt befand.«[102] Almasy nahm an, dass sich dieses Wasserdepot an einem Punkt auf einem Drittel der Strecke zwischen Dachla und Khufra befand. Demzufolge müsse es ein weiteres Depot auf halber Strecke zwischen Abu Ballas und Khufra, dem eigentlichen Ziel, geben. Seine Suche danach blieb jedoch ergebnislos, doch das ist eine andere Geschichte.

### Zarzura, die verlorene Oase

Zarzura kennen alle, die je den Fuß in die Große Sandwüste, auf den Sandstein des Gilf Kabir oder den Granit des Uwainat setzten. Zarzura regt an zum Erzählen, Mutmaßen und Erklären, vielleicht, um sein Rätsel zu bewahren oder auch zu erhellen. Der Name wurde von dem arabischen Wort *zarzur* abgeleitet, was »Star« bzw. »kleiner Vogel« heißt, oder aber von *izarzar*, was im Altberberischen »Gazelle, verstecktes Gatter für frei lebende und wilde Tiere« bedeutet.

Tonscherben zu Füßen des Hügels Abu Ballas, einer Zwischenstation auf dem Weg nach Khufra. Bis heute lässt sich über die Herkunft sowohl des Wassers als auch der Krüge nichts mit Bestimmtheit sagen.

Was wissen wir über Zarzura, das solche Leidenschaft entfesselt? Zunächst einmal ist es eine sehenswerte Oase, die in einem alten Reiseführer, dem »Handbook for Travellers in Lower and Upper Egypt«, erwähnt wird: »Zarzura, oder die Oase der Schwarzen, ist lediglich durch die vagen Beschreibungen der Araber bekannt.«[103]

Für manche ist sie eine wunderbare, reiche Oase, mit verborgenen Schätzen und üppigen Gärten, die das klare Wasser einer frischen Quelle speist. Einige Privilegierte haben sie beschrieben und behaupten, dort gewesen zu sein, andere wollen sie von weitem gesehen haben, lokalisiert wurde sie aber nie. Fragt man nach der Traumoase, weisen viele die Richtung: immer gen Sonnenuntergang, ganz weit in der Ferne.

Andere glauben, Zarzura liege in den Bergen und sei so abgelegen und versteckt, dass einzig ihre Bewohner sie wieder zu finden verstehen, die sie schützen, eifersüchtig das Geheimnis ihrer genauen Lage wahren und sie Fremden deswegen nie zeigen.

Oder wurde Zarzura verwunschen, wurden ihre Bewohner und Herden verhext und warten, zu steinernen Säulen erstarrt, auf ihre Erlösung, um den Hypothesen Harding Kings[104] zu folgen?

Zarzura könnte auch eine Wasserstelle sein, vielleicht sogar Abu Ballas selbst oder ein anderes Krugdepot in der Wüste. Das arabische Wort *zar* bezeichnet eine poröse Töpferware, einen Tonkrug, und abgeleitet von diesem Wort könnte Zarzura »Ort der Krüge« bedeuten, woran aber selbst Almasy[105] nicht glauben mochte.

Oder bezeichnet Zarzura einen wichtigen, aber nicht aufzufindenden Rastplatz auf halbem Weg zwischen zwei Wasserstellen, etwa zwischen Abu Ballas und Khufra in Höhe des Gilf Kabir? Almasy, der dieser Ansicht anhing, überquerte diesen Teil der Wüste mit dem Flugzeug und fand ein grünes Tal mit Bäumen (das erste der drei in der Folge entdeckten Wadis), ohne jedoch einen direkten Zusammenhang feststellen zu können. Prinz Kamal ad-Din, der davon gehört hatte, war der Auffassung, dass es sich um das Wadi Abd al-Malik handle, das nach einem Alten aus dem Stamm der Zwaya benannt worden war, der Khufra in Richtung Fayum verlassen hatte. Almasy arrangierte ein Treffen mit ihm, und der Alte bestätigte, dass das Tal mit seinem Namen früher Wadi Zarzura hieß, ehe er es wieder entdeckt hatte.

Andere halten Zarzura für eine Regenoase, die nur den Tabu, einem weit entfernt lebenden Nomadenstamm, bekannt ist. Diese Nomaden hatten die Ebene wegen ihrer Trockenheit verlassen und führten ihre Herden zum Weiden ins Gebirge, da es dort ausreichend Wasser und Pflanzenwuchs gab. Die Tabu hielten die ihnen bekannten Wasserstellen geheim und suchten sie je nach Jahreszeit auf. Diese Orte blühen nach gelegentlichen Regenfällen auf und werden kurzfristig Oasen.

Oder ist Zarzura einfach die Legende eines verlorenen Paradieses? Dafür spricht die Geschichte von einer blendend weißen, von hohen Mauern umgebenen Stadt, deren Schlüssel eine Taube bewacht – eine Erzählung wie aus Tausendundeiner Nacht.

**Vorhergehende Seite:** *Die vergessene Zitadelle im Schutz gigantischer Mauern und versteinerter Monster*

**Rechts:** *Silbergepflasterter Geheimweg von Zarzura – ein flüchtiger Eindruck in der untergehenden Sonne, sodass auch Eingeweihte die Stelle nicht ohne weiteres wieder finden würden*

**Nächste Seite:** *Das könnte Zarzura sein, die mythische Oase, die sich hier in der Wüste erhebt und hinter einer Wegbiegung in blendendem Weiß erglüht.*

**104.** Harding King (wie Anm. 84), S. 63.
**105.** Almasy (wie Anm. 90).

Kapitel III

# Die Dünen,
## *Lebenselixier der Wüste*

*»Der Wind ist die lenkende Kraft,
und der Sand ist ihr Werkzeug.«*[106]

### Die Große Sandwüste

Am Rande der Oasenkette, Richtung Sonnenuntergang, taucht ein gigantisches Sandmeer auf, das auch nach Süden unendlich scheint: die Große Sandwüste. Sie erstreckt sich über eine kaum exakt zu bestimmende Fläche und ist Teil der Libyschen Wüste. Diese Landschaft, ca. 300 Kilometer vom Mittelmeer entfernt, reicht über die Grenzen Libyens hinaus und bildet ein Dünenfeld, das in Höhe des Sandsteinmassivs des Gilb Kabir ausläuft.

Das undurchdringliche Gebiet misst nach Théodore Monod[107] über 200 Kilometer mal 600 Kilometer. Bis zum Ende des 19. Jahrhunderts war es praktisch unerforscht; nur einige Kamelpisten belegen, dass es von Karawanen durchquert wurde, die den Güteraustausch zwischen West und Ost sicherten und Khufra in Libyen mit Dachla in Ägypten verbanden. Auf dem Rückweg nach Khufra musste die Piste das Massiv des Gilf Kabir im Süden umgehen, das aufgrund der asymmetrischen Form der Dünen von Ost nach West unüberwindlich ist. Die Wege von Nord nach Süd und umgekehrt orientierten sich an der Oasenkette und wiesen in Abständen Wasserstellen auf – außer im Norden der Großen Sandwüste, die daher kaum zu überwinden war.

Dieser goldene Ozean besteht aus kleinen Kieselgurkörnchen, die mehr oder weniger rund bzw. oval geformt sind. Als Produkt der Erosion kristalliner Quarze sind verschiedene Mineralien darin eingeschlossen, was den Körnchen, die in ihrer quarzenen Reinform durchsichtig sind, diverse Farben verleiht: leuchtendes Gelb von Citrin und Braun und Orange von Karneol. Kommt Eisenoxid vor, kann der Sand sogar flammend rot sein. Die Sandkörner haben Eigenschaften, die für die Bildung der Dünen von entscheidender Bedeutung sind.

Über die Entstehungsgeschichte der Großen Sandwüste gibt es mehrere Theorien, darunter eine Festlands- und eine Meeresablagerungstheorie. Beide Theorien stützen sich auf die Tätigkeit des Windes, da dieser allein das Baumaterial der Dünen zu transportieren in der Lage ist. Der Begriff »aus dem Wind geborener Sand« ist eine poetische Umschreibung eines komplexen Geschehens.

Die »Festlandstheorie« geht davon aus, dass der Sand ein Erosionsprodukt des Nubischen Sandsteinplateaus sei, auf dem sich die Große Sandwüste erstreckt. Andere glauben, dass die Dünen auf die Verwitterung der Granitfelsen im Norden der Großen Sandwüste zurückgehen. Der Granit enthält Feldspat und Glimmer, aber auch viel Quarz (Quarz ist die kristalline Form des Kieselgurs), des Hauptbestandteils des Sandsteins. Am Rande des Mittelmeers erodieren beachtliche Granitmassive. Diese Vorräte sind praktisch unerschöpflich, und ihre fortwährende Abtragung nährt die Dünen der Wüste stetig und trägt zu ihrer Vergrößerung bei. Llewellyn Beadnell schreibt dazu: »Der Hauptbestandteil des Sandes ist Kieselgur, und es ist deswegen nahe liegend, dass das Material der Dünen aus der Verwitterung sand- bzw. quarzhaltigen Materials stammt.«[108]

### Die verschiedenen Dünenarten

Laut Bagnold folgt eine Düne einer präzise zu definierenden Formung und Verformung: »›Düne‹ steht hier für die kleinste Einheit, die den Formentyp darstellt. Es gibt zwei unterschiedliche Formentypen. Beide haben gleichermaßen einen Kamm und eine Abbruchfront, und bei beiden ist der Übergang zwischen Boden und Düne deutlich: Der Sand sieht aus wie mit einem Besen zusammengeschoben.«[109]

Dünen bewahren während ihres langen Lebens unabhängig von ihrer Route und dem überquerten Terrain ihre ursprüngliche Form und ihren Typ. Bagnold beschreibt dieses Phänomen: »Ihre Erscheinung ist derart, dass sie ihre Form und Identität auf unbestimmte Zeit behalten und so ein ihnen eigenes Leben führen.«[110] Gibt es keinen Wind, bildet eine Düne einen perfekten Kegel, dessen Neigung von der Art der Sandkörner abhängt. Je nach Intensität, Richtung und Re-

DIE DÜNEN, LEBENSELIXIER DER WÜSTE

**Oben:** *Die Große Sandwüste*

**Rechts:** *Sandkörner von den Dünen unter dem Mikroskop. Ihr Hauptbestandteil ist kristallines Quarz, hier durch Wasser und Wind erodiert.*

**Nächste Seite:** *Wogen der Großen Sandwüste am Fuße der steilen Abhänge des Gilf Kabir-Plateaus*

106. Llewellyn Beadnell: »The Sand-Dunes of the Libyan Desert«. *Geographic Survey of Egypt* 35 (1919), S. 35.
107. Sers (wie Anm. 92), S. 93.
108. Beadnell (wie Anm. 106), S. 382.
109. R.A. Bagnold: »A Further Journey Trough the Libyan Desert«. *The Geographical Journal*, August 1933, S. 122.
110. Ebd.

## Die Dünen, Lebenselixier der Wüste

gelmäßigkeit des Windes einerseits und je nach Größe und Dichte der Sandkörner andererseits weicht der Kegel von der Idealform ab. Alle Dünen werden unter Windeinwirkung deutlich asymmetrisch: Der aus der Hauptrichtung wehende Wind trägt den Sand in Richtung Kamm und sorgt dabei für eine sanfte Neigung, während sich auf der Leeseite eine Abbruchfront bildet, die stärker geneigt ist und dem natürlichen Böschungswinkel des Sandes entspricht, ca. 33°. Aufgrund dieses Winkels sind Dünen von dieser Seite aus unüberwindlich.

### Die Walbuckeldünen

*Walbuckeldünen*

Die Große Sandwüste ruht auf einem sehr flachen und kompakten Sandsteinsockel. In ihrem nördlichen Teil erreicht der Sand eine Dicke von 300 Metern; diese Masse ist – mit Ausnahme der Kämme, die dem Wind ausgesetzt sind – unbeweglich. Sie hat also keine genau definierte Form, da diese je nach Jahreszeit und Windrichtung wechselt. Allerdings türmen die hauptsächlich von Nordnordwest nach Südsüdost wehenden Winde riesige Dünen auf, die einem Walrücken ähneln und auch so heißen. Sie sind zwei bis drei Kilometer breit und 300 bis 400 Kilometer lang und liegen in Windrichtung. Walbuckeldünen, zwischen denen sich keine Korridore ausbilden, gibt es nur im nördlichen Teil der Wüste. Natürlich liegen unter ihnen keine Wale begraben, auch wenn ihre rundlichen Formen den Meeressäugern so sehr ähneln, dass man die Dünen nach ihnen benannt hat. In die Sandmassen des Nordens eingebettet, sind die Dünen unverrückbar.

### Die Säbel- oder »Saif«-Dünen

*Säbeldünen*

Ihren Namen – von arabisch *saif*, Säbel – verdanken diese Dünen den langen, gebogenen Kämmen auf ihrer Höhenlinie. Sie stellt den »lebendigen« Teil der Düne dar. Ihre Bewegung ähnelt der einer riesigen, bis zu 100 Kilometer langen Schlange, die ihren Kopf nach Süden richtet, während die reglose Schwanzspitze im Norden auf den Sandmassen ruht. »Der Kopf dieses Dünentyps ist immer flach geformt und verjüngt sich nach vorn. Ihr Ende hingegen besteht aus einer Anhäufung von Sand, dessen Massen von den durch Winderosion der Sandsteine abgetragenen Materialien gespeist werden. Dieser ›Schwanz‹ liegt erhöht, ist undeutlich konturiert und manchmal breit aufgefächert.«[111]

Die wellenförmige Ausformung der Säbeldünen entsteht durch gelegentliche Seitenwinde, die die Düne in einem Winkel zur Hauptwindrichtung verschieben: Die Abbruchfront der Düne folgt den Seitenwinden, wogegen die Vortriebs-Mittellinie der »Schlange« von der Hauptwindrichtung bestimmt wird. Dieser Dünentyp kann sich nur dann ausbilden, wenn die Seitenwinde stark genug sind, um den »Säbel« zu »verbiegen« und den Kamm fein wie eine Klinge zu formen. Das Gleichgewicht des Kamms ist aber instabil, sodass kleine Lawinen abgehen, die den Seiten der Dünengürtel ein Streifenmuster geben.

### Die Sicheldünen oder Barchane

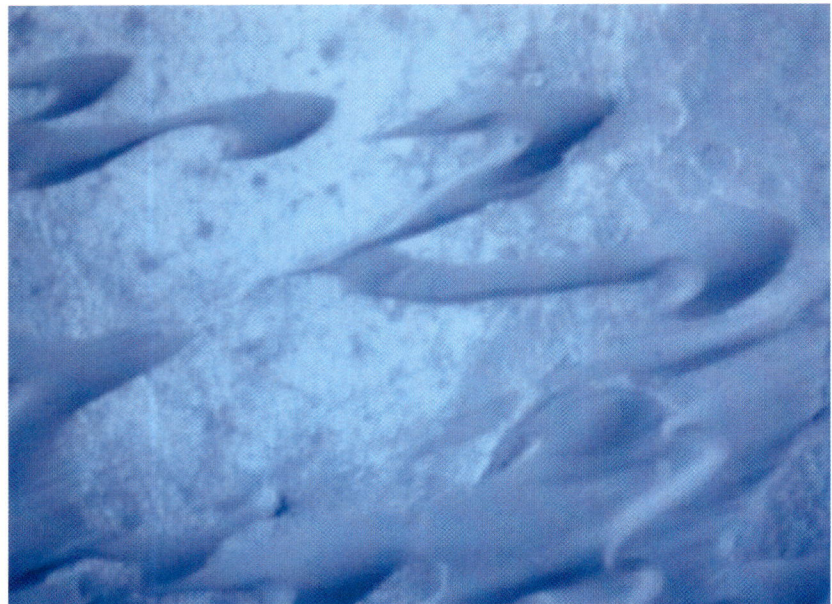

*Barchane auf dem Mars*

Théodore Monod zufolge ist der Begriff *barchan* asiatischen Ursprungs, genauer gesagt, stammt er aus Turkestan. Er bezeichnet eine Dünenart, die zwei unterschiedliche Formen annehmen kann:

*Sichel- bzw. hufeisenförmige Barchandünen. Sie wandern unaufhaltsam mit dem Rücken zum Wind und den Spitzen nach vorn über weite Strecken und verschütten dabei alles, was auf ihrem Weg liegt.*

---

111. Prinz Kamal ad-Din Hussain (wie Anm. 89), S. 335.
112. Bagnold (wie Anm. 109), S. 123.

**Nächste Seite:** *Dünengürtel – majestätische, Hunderte von Kilometern lange Barrieren, die, durch breite Korridore voneinander getrennt, parallel zueinander über ebene, mit Steinen übersäte Böden nach Süden wandern.*

Das ist zum einen die einzeln vorkommende, symmetrische Sicheldüne, die sich ausschließlich auf ebenem Untergrund entwickelt und die Winden aus einer Richtung ausgesetzt ist. Der Wind arbeitet dann die für sie typische Form heraus, die an einen Halbmond bzw. ein Hufeisen erinnert. Bagnold schreibt dazu: »Eine einzelne Barchandüne ist, oberflächlich betrachtet, eine runde Sandkuppel, in deren dem Wind zugewandte Seite dieser eine Aussparung eingearbeitet hat, wodurch eine konkave, halbrunde Abbruchfront entsteht.«[112] Solche Dünen gibt es nicht nur auf der Erde, sondern auch auf unserem Nachbarplaneten Mars, wie Satellitenaufnahmen beweisen.

Barchane erreichen unterschiedlichste Größen und können unendlich wachsen. Sie bewegen sich einzeln oder in kleinen Gruppen vorwärts. Mit dem Rücken zum Wind und der Spitze nach vorn erhält sich ihre Form auch, wenn sie auf Hindernisse treffen – etwa die Oase Charga, die ständig bedroht ist, zugeschüttet zu werden.

Zum anderen gibt es Sicheldünen, die mit den Säbeldünen, die auf der Luvseite große Sandmassen auftürmen, eine Einheit bilden. Diese Sicheldünen verlieren ihre Symmetrie, eines der Hörner spaltet sich ab, während das andere mit der Basis verbunden bleibt.

### Die Dünengürtel

Der Norden und das Zentrum der Großen Sandwüste ähneln Handtellern, von denen zahlreiche vom Wind geformte Finger ausgehen, die Dünengürtel bilden. Diese parallel verlaufenden Ketten dehnen sich quasi endlos nach Süden aus. Zwischen den einzelnen Fingern erstrecken sich beeindruckende Korridore, die mehrere Kilometer breit sein können. Der Untergrund besteht im Allgemeinen aus winderodiertem Gestein, während im Gegensatz dazu sandiger Untergrund die Dünen, die er »einfängt«, gleichsam unverrückbar festhält und ihre Fortbewegung stoppt.

### Die Kräuselsanddünen

Auf weiten, windgeschützten Oberflächen bilden sich kleine, parallel verlaufende Wellen aus. Diese Miniatur-Bergketten, für die es verschiedene Bezeichnungen gibt, erinnern an Strände bei Ebbe, deren Muster von der Meeresströmung herrührt. Handelt es sich hier um einen besonderen Garten, einen Meditationsort der Götter, um das bevorzugte Gebiet eines von den Mustern seiner Harke faszinierten Gärtners oder gar um eine Dünen-Neugeborenenstation? Weit gefehlt. Die kleinen Wellen werden nie wachsen und bleiben für immer Zwerge.

### Abu Muharak, der »Vater der Wanderdünen«

Über das Westliche Gebirge, wie es die Talbewohner nennen, wenn sie über das zwischen dem Niltal und der Oasenkette liegende Kalkplateau sprechen, erstreckt sich eine besonders lange, gewaltige, einzelne Düne, deren eines Ende im Norden Bahariyas liegt und die sich bis hin zur Senke von Charga erstreckt, wo sie die gleichnamige Oase durch eine Reihe abrupter, Schwindel erregender Windungen bedroht, bevor sie im Darb al-Arba'in ausläuft. Diese 600 Kilometer lange und weniger als zehn Kilometer breite Barriere stand einst in dem Ruf, unüberwindlich zu sein: Die Masse der Dünen bot nur wenige für Karawanen zugängliche Pisten, und der mit scharfkantigen Steinen übersäte Boden verletzte die Füße von Menschen und Kamelen. Die aus Barchanen bestehende und sich mit Walbuckeldünen überschneidende Abu-Muharak-Barriere vollführt letztlich eine Biegung nach Westen und bewegt sich damit parallel zu den Gürteln der Großen Sandwüste.

## Das Leben der Dünen

### Das Wanderverhalten der Dünen

Auch wenn ein wesentlicher Teil der Großen Sandwüste stabil ist, trifft das doch nicht auf einige Dünenarten zu, die sich mit dem Wind auf eine Entdeckungsreise in unbekannte Gefilde aufmachen. Als Antrieb in die von vornherein feststehende südliche Richtung dienen ihnen die vom Mittelmeer her wehenden Sommerwinde. Die bereits beschriebenen Säbeldünen kriechen in parallelen Formationen durch die Wüste, die schnelleren Barchane allen voran. Die zunächst geradlinige Strecke macht später eine Biegung im Uhrzeigersinn nach Westen, sobald auf ihrem Weg größere Hindernisse auftauchen, die die Hauptwindrichtung beeinflussen. Das gilt etwa für das Felsmassiv des Gilf Kabir oder das Hochplateau des Gabal Uwainat, die erst um 1920 von Prinz Kamal ad-Din entdeckten »kleinen Quellen«. Diese Änderung der Ausrichtung von Wind und Dünen lässt sich auf klimatische Bedingungen innerhalb der Großen Sandwüste zurückführen, die sich von Nord nach Süd hinsichtlich Luftdruck, Temperatur und Wasserhaushalt ändern.

Ihre Reise ist fast beendet, wenn sie die libysche Grenze überquert haben. Nach 160 weiteren Kilometern, bereits im Tschad, machen sie aufgrund des veränderten Luftdrucks vor den dortigen Regengebieten halt, wenn man den Überlegungen John Balls[113] folgt.

Aber wie hoch ist ihre »Reisegeschwindigkeit«? Die Vorwärtsbewegung von Dünen ist schwer zu bestimmen, da sie innerhalb von Stunden bzw. Tagen die Bezugspunkte, die man zur Messung braucht,

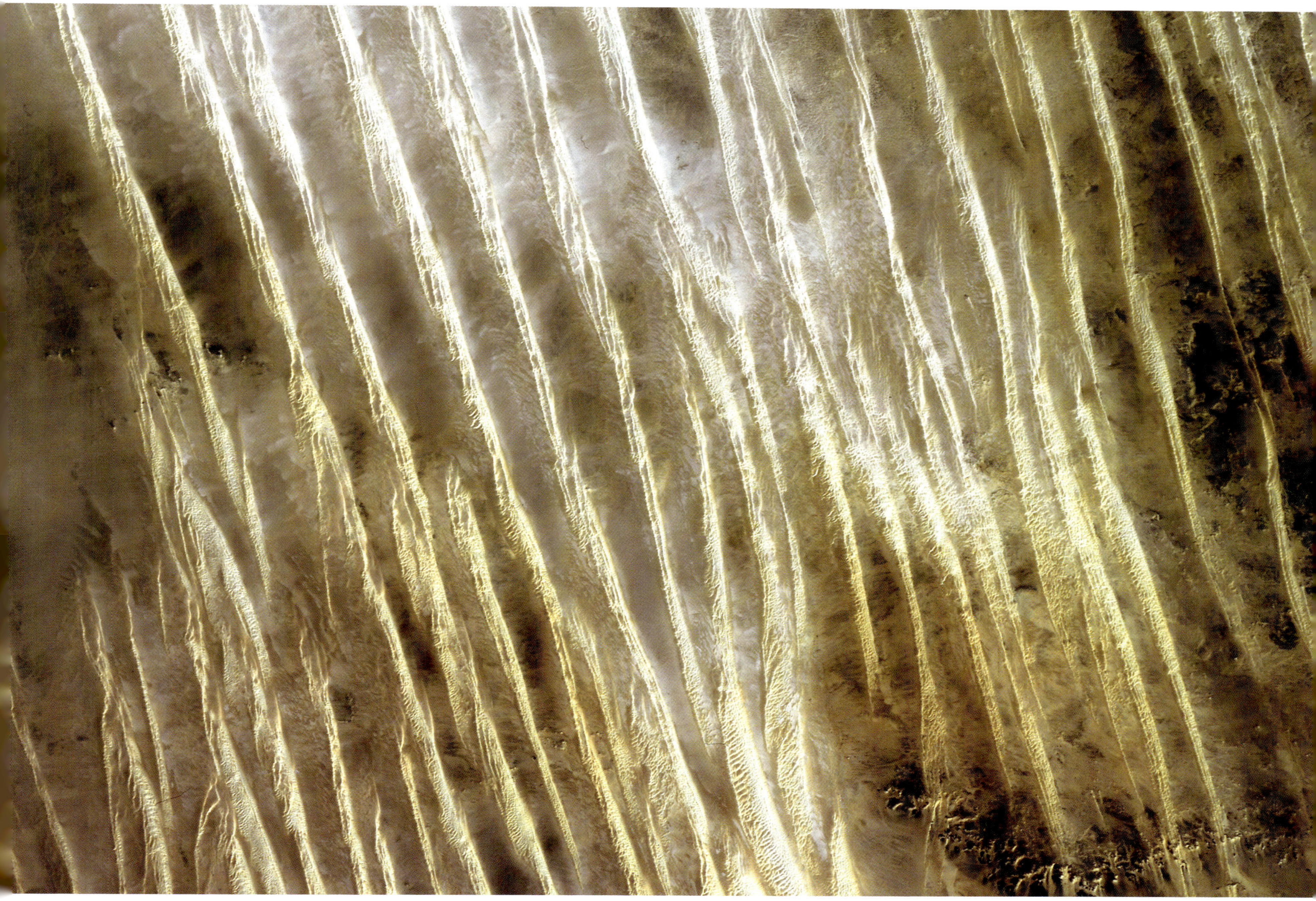

**Oben:** *Satellitenaufnahme der Dünengürtel im Süden der Großen Sandwüste und nördlich des Gilf Kabir. Ihre Parallelität verdanken sie den Sommerwinden. Solche Formationen sind wahrscheinlich einmalig auf der Welt.*

**Rechts:** *Abu Muharak, eine Wanderdüne mit der außerordentlichen Länge von rund 600 Kilometern, trennt den Nil von der Oasenkette. Manchmal holt sie sich selbst ein, indem sie zwei Dünenköpfe ausbildet.*

**Vorhergehende Seite:** *Kräuselsandwellen am Rand einer Düne der Großen Sandwüste.*

113. John Ball: »Problems of the Libyan Desert«. In: *The Geographical Journal*, Juli, August, September 1927, S. 213.

DIE DÜNEN, LEBENSELIXIER DER WÜSTE

Die »Passage des Verrückten«: Hier liegt einer der wenigen Punkte, von dem aus der Kalksteinabhang überwunden werden kann, um zu den Oasen in der Senke zu gelangen. Es geht steil bergab durch weichen Sand und an scharfen Felskanten vorbei, doch bietet sich ein erhebender Blick auf die Landschaft.

**Nächste Seite:** »Stempel und Unterschrift« des Windes auf einer Düne

---

114. Beadnell (wie Anm. 106), S. 389.
115. Ball (wie Anm. 113), S. 218.
116. Beadnell (wie Anm. 106), S. 390.
117. Bagnold (wie Anm. 109), S. 123.

unabhängig von ihrer Platzierung verschlucken. Die Gefahr, mit der manche Dünen die Oasen bedrohen, lässt sich an den Zerstörungen auf ihrem Weg ermessen: zugeschüttete Pisten, umgeworfene Masten, vergrabene Häuser. Einige Forscher haben sich näher mit dieser Naturerscheinung beschäftigt, so auch H. J. Llewellyn Beadnell, der über fünf Jahre hinweg die Progression von fünf Barchandünen in Charga gemessen hat und feststellte, dass sie sich 15 bis 16 Meter pro Jahr bewegen: »Die Dünen der Libyschen Wüste bewegen sich regelmäßig in südlicher Richtung mit einer durchschnittlichen Geschwindigkeit von 15 bis 16 Metern vorwärts. Die schnellste Barchandüne erreichte dabei eine maximale Geschwindigkeit von 20 bis 26 Metern, die langsamste von 10 bis 12 Metern innerhalb von 12 Monaten.«[114]

1980 entdeckte die Expedition von Haynes am Fuß einer Barchandüne ein ehemaliges Lager von Bagnold aus dem Jahre 1930. Durch Vergleich der beiden Positionen konnte die Bewegung der Düne über eine Strecke von fast 400 Metern gemessen werden, die das Camp zunächst verschüttet hatte, um es später wieder freizugeben.

Heute werden Dünen streng überwacht: Hielten sie auf der Erde den Menschen einst zum Narren und vernichteten seine Markierungen, entgeht den Satelliten heute keine ihrer Bewegungen. Ihren Bildern verdanken wir, dass wir selbst über kleinste Details und geringste Veränderung des Reliefs der Großen Sandwüste Bescheid wissen.

Einige Dünen scheinen gelegentlich zu rauchen. Dabei lässt der Wind die Sandkörner aufwirbeln und in der Luft schweben. John Ball[115] zufolge laden sie sich in der Luft elektrisch auf und werden gleichzeitig von der nicht elektrisch geladenen Düne angezogen.

Die Anziehungskraft der Dünen auf die schwebenden Sandteilchen ist auch verantwortlich für die trennenden Korridore. Dies wird jedoch erst ab Windgeschwindigkeiten von 25 Stundenkilometern wirksam. Llewellyn Beadnell[116] errechnete, dass der Wind bei Sandstürmen eine Geschwindigkeit von über 60 Stundenkilometern erreicht und die Dünen sich mit zwei bis drei Zentimetern pro Stunde fortbewegen.

Aber es bewegen sich nicht nur die Dünen, auch die Sandkörner werden, wenn der Wind in Sturmstärke bläst, hoch in die Atmosphäre geschleudert und legen Hunderte von Kilometern zurück – im Extremfall über Mittelmeer und Alpen –, bis sie in ausbrechenden Gewittern sofort ihre elektrische Ladung verlieren.

### Die Reproduktion der Dünen

Dünen scheinen sich auch zu vermehren. Tatsächlich bewegen sich Barchane rascher voran als andere Dünenarten, wobei die kleinen schneller sind als die großen, die unter der Trägheit ihrer mächtigen Massen leiden. Die Hörner einer Barchandüne sind ihrem Mittelteil voraus und holen dabei manchmal eine vor ihnen liegende Düne ein: Sie vereinigen sich, und zwischen den beiden Dünen bildet sich ein riesiger Nabel aus. Durch das gewissermaßen zärtliche Streicheln des Windes kommt es am Ende eines der Hörner zur Geburt einer kleinen Barchandüne. Sobald diese groß genug ist, befreit sie sich aus der Umklammerung ihrer Mutter, um ihren eigenen Wegen zu folgen. So jedenfalls will es Colonel R. A. Bagnold beobachtet haben: »Manchmal trifft eine kleine Düne von vielleicht 20 Fuß Breite auf eine einige

Hundert Yards leewärts von einem ihrer Hörner entfernt liegende große Düne, sodass eine Art Reproduktion stattfindet.«[117]

### Der Gesang der Dünen

Schließlich bringen Dünen ab und zu mysteriöse Töne hervor, obwohl sonst eine absolute Ruhe um sie herrscht, die nur selten von einem verirrten Vogel oder dem Rascheln eines einsamen Blattes im Wind gestört wird. In dieser eigentümlichen, ja beeindruckenden Stille erhebt sich manchmal ein klagender Gesang, den nur wenige je gehört haben.

An einem Abend im Frühjahr, auf dem Kamm einer Düne in der Gegend von Charga, kurz vor Sonnenuntergang, lud ein grandioses Schauspiel zur Beobachtung ein. Ein unregelmäßiger Wind wirbelte Wolken von Sandkörnern vom Grat der Düne auf. Plötzlich waren Klänge von tiefen und hohen Tönen zu hören, ohne dass sich ihr Ursprung hätte bestimmen lassen. Die Erscheinung schien sich mit sinkender Temperatur zu verstärken. Als der Wind zunahm, verloren sich der unbekannte Sänger und sein Lied im Dunkel. Ist die Melodie der Wüste etwa auf den engumschlungenen Tanz der Quarzkörner zurückzuführen und die Modulation auf ihre unterschiedliche Größe?

Auch Bagnold wurde – nach einem Gewitter – Zeuge des vibrierenden Klageliedes, das er so beschrieb: »Ich erkletterte einen hoch gelegenen Kamm … Bei jedem meiner Schritte wurde auf der Dünenoberfläche ein Ton erzeugt, ein dumpfes Grollen, das sich in dem Maße verstärkte, wie meine Füße beim Abstieg an den fast senkrechten Seiten im lockeren Sand abglitten und sich dabei kleine Sandlawinen lösten, was zu heftigen Vibrationen führte: dem ›Gesang des Sandes‹.«[118]

W. J. Harding King berichtete ebenfalls vom seltsamen Gesang des Sandes, den er auf einem Plateau im Südwesten Dachlas gehört hatte. Es herrschten außerordentliche Rahmenbedingungen, da es nach einer ungewöhnlich heißen Woche bei Tagesanbruch kühl, ja kalt war. Aus einem gewittrigen Himmel lösten sich hin und wieder Regenschauer. Die Sonne war bereits untergegangen, und zahlreiche Blitze zuckten über den Himmel, als der merkwürdige Gesang anhob: »Es war der 19. April 1909 … Der Ton war sehr schwach. Man konnte zwei Töne unterscheiden: einer ähnelte dem Stöhnen des Windes, wenn er durch Telegrafendrähte fährt, der andere einem tiefen Nachhall, der mich an die Vibration des Echos von Big Ben erinnerte.«[119]

Einige Jahre später berichtete derselbe Autor von einer ortsüblichen Erklärung für das geheimnisvolle Orchester: »Der erzeugte Ton wird von den Ortsansässigen gelegentlich Trommlern aus der Unterwelt zugeschrieben, die durch die Dünen irren.«[120a] Die Erscheinung ist selten zu beobachten. Es müssen besondere atmosphärische Bedingungen erfüllt sein, aber nur ein geschultes Ohr ist in der Lage, die diskrete Melodie der Wüste wahrzunehmen.

## Das Plateau des Gilf Kabir

Das Sandsteinplateau des Gilf Kabir liegt im Süden der Großen Sandwüste. Es hat eine durchschnittliche Höhe von rund 1000 Metern und ist im Süden höher als im Norden. Der nördliche Teil des Plateaus wird von den von Norden kommenden Dünen langsam verschüttet, im südlichen Teil dominiert es die sich zu seinen Füßen bis zum nahen Sudan erstreckende Ebene. Abhänge mit etwa 400 Metern Höhenunterschied, die sich über nahezu 2000 Kilometer erstrecken, bilden seine Konturen und bewirken, dass es praktisch unüberwindlich ist. In seinem nordwestlichen Teil entlang der libyschen Grenze ist das Gilf Kabir von einem ähnlichen Massiv gesäumt, dem so genannten Abu Ras, das vom Wadi al-Gubba durchzogen wird. Das Gilf wurde von wäh-

**Rechts:** *Der Gesang der Dünen, geheimnisvolle Musik des Quarzsandes*

**Vorhergehende Seite:** *Die Wiege der Dünen ist die Bewegung und Beständigkeit des Sandes.*

**Vorhergehende Doppelseite:** *Geben Sandfracht und Leewirbel Hinweise auf die Fortbewegungsgeschwindigkeit einer Düne?*

**118.** Bagnold (wie Anm. 88), S. 159–160.
**119.** W. J. Harding King und R. A. Bagnold: »Travels in the Libyan Desert«. In: *The Geographical Journal*, Band 39, 1912, S. 134.
**120a.** Harding King (wie Anm. 84), S. 99–100.

## Die Dünen, Lebenselixier der Wüste

### Der imaginäre Charakter der Dünen

*Wieso üben die Dünen auf unsere Phantasie eine so verführerische Wirkung aus und beherrschen als Prototyp des ästhetischen, leeren Raums die Träume von Ausbruch und Flucht? Ist diese poetische Sicht der Dünen in einer fernen Vergangenheit verankert? Psychoanalytiker, besonders Mélanie Klein[120b], vertreten eine Hypothese, die sich auf die frühkindliche Einbildungskraft stützt, die Basis der menschlichen Psyche: Beim Saugen an der Mutterbrust stellen sich eine Vielzahl angenehmer Gefühle ein, die auf die Wahrnehmung von Wärme, Zartheit, Wohlgerüchen, Brüsten, Armen, Atem und Licht sowie auf Fülle, Sattheit und Frieden zurückzuführen sind. Durch die unablässige Wiederholung des Gefühlskanons bildet sich ein Gefühl der inneren Sicherheit aus, das sich verfestigt und der Unsicherheit entgegengesetzt ist, die wiederum mit unliebsamen Empfindungen in Zusammenhang gebracht wird. Diese frühkindlichen Erfahrungen sind Teil der verschütteten Erinnerungen an ein ideales Mutterbild, an den Schlaf in wohliger Zufriedenheit an der Seite einer schlummernden Frau. Solche Phantasien bleiben im Unterbewussten haften und bestimmen mit, ob der Mensch ein von Vertrauen oder von Fremdheit geprägtes Verhältnis zur Welt aufbaut. Gelegentlich treten sie ins Bewusstsein und wecken die Sehnsucht nach dieser ersten ästhetischen Erfahrung.*

*Das Eintauchen in ein unendlich scheinendes, keinerlei Bezugspunkt bietendes Universum wie die Dünen kann bei einem Erwachsenen eine unklare Erinnerung an diese Erfahrungen mit den sie begleitenden Hochgefühlen oder Ängsten wachrufen. Der Ausbruch aus dem Alltäglichen kann zu entlegenen, Ursprünglichkeit verheißenden Räumen führen. Der Anblick unsäglicher Schönheit, die an den mütterlichen Horizont erinnert, versetzt den Menschen in frühere Zeiten zurück und ruft frühestkindliche, prägende Phantasien hervor.*

**Unten:** *Mammisi, Geburtsort der Dünen. Heilige Stätte, von ineinander verflochtenen Barchanen geformt*

**Nächste Seite:** *Satellitenaufnahme vom westlichen Rand des Gilf Kabir, der Aqaba-Passage und des Wadi Sura*

**120b.** Hanna Segal: *Mélanie Klein, Eine Einführung in ihr Werk.* Kindler, München 1974.
**121.** Almasy (wie Anm. 90), S. 54.

rend der feuchten Perioden reichlich niedergehenden Regenfällen ausgewaschen. In seinem nördlichen Teil hat die durch das Wasser der Flüsse verursachte Erosion von Süden nach Norden verlaufende Täler in den Fels gegraben, die *Wadia*, wobei das Wadi Talh (Akaziental), das Wadi Abd al-Malik (Tal der verlorenen Oase) und das rote Wadi Hamra erwähnenswert sind – und natürlich das »Wadi ohne Namen«.

Im südlichen Teil verlaufen die Flusstäler in west-östlicher Richtung und bilden das Wadi Bachat, das Wadi Ard al-Achdar mit seinen prähistorischen Siedlungen, das Wadi Massa und das Wadi Firaq mit seinen Felsmalereien. Während der Regenzeiten muss das Ablaufbecken des größten Teils des Plateaus in Nilrichtung gelegen haben. Alle Wadis enden in Sackgassen, von denen aus eine Besteigung des Plateaus unmöglich ist. Der Korridor von Aqaba ist der einzige Nord-Süd-Durchgang und als strategisch wichtiger Ort bis heute teilweise vermint.

Almasy, der hier nach der verlorenen Oase suchte, beschrieb 1934 die nördlichen Täler des Gilf: »Die Bezeichnung Hamra leitet sich von der gleichmäßigen roten Färbung des Sandes und der Abhänge ab. Allerdings sind hier die Weiden nicht sehr gut, da sich die Quellen des Wadi Hamra schnell erschöpfen. Das Wadi Abd al-Malik wurde nach einem Araber aus Khufra benannt, der hier vor einiger Zeit lebte, dann aber nach Khufra zurückkehrte, als das Wadi austrocknete … Das Wadi Talh ist zwar klein, hat aber eine gute Quelle; es trägt seinen Namen nach den Talh-Bäumen, die als einzige Art hier wachsen.«[121]

Nördlich der Wadis gibt es noch Spuren der Karawanenroute, die Khufra mit der ägyptischen Oasenkette verband. Auf dem großen Plateau, das vor 5000 Jahren noch bewohnt war, versiegten alle Quellen, und heute ist es vollkommen wasserlos. Der brennenden Sonne, dem unablässigen Wind sowie den Temperaturschwankungen ausgesetzt, die die Felsen bersten lassen, fragt man sich, was diese Gegend vom Mars unterscheidet. Auf den ersten Blick nichts – und doch erinnern die zahlreichen Spuren von Sandblumen an die Existenz des lebensspendenden Wassers und auch der Menschen, die hier einst siedelten und deren Werke Gegenstand einer der folgenden Besuche sein werden.

## Die Geologie des Gilf Kabir-Plateaus
### Von Rushdi Saïd

*Das Gilf Kabir ist die frappierendste topografische Besonderheit der Wüste im Südwesten Ägyptens. Es bildet ein deutlich elliptisches Plateau, das die Umgebung um rund 500 Meter überragt. Es besteht aus extrem widerstandsfähigen Sandsteinschichten, die es vor der Erosion schützten, wodurch der massive und vertikale Charakter seiner Abhänge erhalten bleibt. Es erstreckt sich über 180 Kilometer von Norden nach Süden zwischen 22° 40' und 24° 40' nördlicher Breite. Seine größte Breite, 120 Kilometer, erreicht es auf 24° 40' nördlicher Breite. Eine 25 bis 30 Kilometer breite Schlucht teilt das Gilf in einen südlichen und einen nördlichen Teil.*

*Das Gilf befindet sich in einem entlegenen Teil der Wüste, der bis in jüngste Zeit kaum zugänglich war. Nur einige wenige Personen wagten sich in diese Region vor. Erst 1909 besuchte Harding King seinen südlichsten Teil. Die Ausdehnung in Richtung Norden wurde erst 1933 bekannt, als Penderel das Gilf Kabir von dessen westlichen Abhängen in Richtung Norden überflog und dabei den nördlichen Teil entdeckte, der vom südlichen getrennt ist. Aufgrund seiner Abgelegenheit und der lebensfeindlichen Bedingungen wurden lange nur wenige Versuche unternommen, das Gilf zu erkunden. Erst in jüngster Zeit hat die Zahl der Expeditionen zugenommen. Während des Zweiten Weltkriegs war die Gegend Schauplatz der Operationen der Long Range Desert Group der britischen Armee, die versuchen sollte, das Gebiet zu kontrollieren und Möglichkeiten einer Umgehung zu finden, und die es gleichzeitig erforschte und kartografierte. Weitere Expeditionen befassten sich mit seiner Geologie, Botanik und Archäologie.*

*Die höchste Stelle des südlichen Gilf wird von einem extrem flachen Hochplateau gebildet, durch das kein Wadi verläuft. Damit unterscheidet es sich grundlegend vom nördlichen Teil, der von den schroffen Wänden der Wadis Hamra und Abd al-Malik geteilt wird, die fast die gesamte Region in nordsüdlicher Richtung durchlaufen. Aufgrund der dort wachsenden Bäume und Sträucher sind die Wadis die schönsten der Region. Die Monotonie des am nördlichsten gelegenen Teils des Gilf wird von zahlreichen bläulichen Basaltschichten bzw. -kegeln unterbrochen. Auf den Karten sind rund fünf dieser Hügel verzeichnet, deren Alter auf ungefähr 38 Millionen Jahre geschätzt wird. Damit sind sie sehr viel jünger als alle Felsen des Gilf, die aus der Kreidezeit stammen und zwischen 140 und 60 Millionen Jahre alt sind.*

*Die Abhänge im Westen, Norden und Süden des Gilf Kabir bilden eine durchgehende Mauer, die unüberwindlich ist – außer an den Einschnitten der Wadis al-Firak und Wassa, durch die die Karawanen und Fahrzeuge nach Khufra ziehen. Die einzige Stelle, an der Fahrzeuge das Gilf nördlich des Wadi Firak durchqueren können, ist die Passage von al-Aqaba, wo eine sandige, sehr kurvenreiche, an manchen Stellen nur zehn Meter breite Verbindung von der westlichen Ebene zur Schlucht führt, die den südlichen vom nördlichen Teil des Gilf trennt und einen Aufstieg auf das Plateau ermöglicht. Die Passage wurde 1931 von P. A. Clayton entdeckt. Im Zweiten Weltkrieg erlangte sie Berühmtheit, als die Long Range Desert Group der britischen Armee, die die Gegend kontrollierte, hier Minen legte, um den Agenten der Achsenmächte den Durchgang zu versperren.*

*In die östlichen Felsen des Gilf schneiden sich tiefe Wadis ein, deren steile Seitenwände den Rand des Plateaus in mehrere Abschnitte teilen. Die Wadis wurden von den ersten Erforschern der Wüste getauft und tragen bedeutungsvolle arabische Namen. So trifft man von Süden nach Norden auf die Wadis Mashi, Dayik, Maftuh, al-Bacht und Ard al-Achdar. Sie alle kennzeichnet eine weite Öffnung. Stromaufwärts befinden sich linear verlaufende Segmente und voneinander getrennte Bereiche. Sie entsprangen aus den Felsen, allerdings ist auf ihren Anhöhen kein Drainagesystem erkennbar, das auf ein fossiles Drainagenetz schließen ließe.*

*Von allen Wadis am östlichen Rand ist al-Bacht das interessanteste, da an dem alten Flussbett eine größere steinzeitliche Siedlung entdeckt wurde. Etwa 15 Kilometer stromaufwärts von seiner Mündung versperrte eine 30 Meter hohe Düne sein Bett und hinderte das Wasser am Abfließen, das die Regengüsse dieser feuchten steinzeitlichen Phase, die vor 11 000 Jahren begann und vor 4500 Jahren endete, über der Gegend abluden. Das Wasser bildete einen See, an dessen Ufern die steinzeitlichen Hirtengemeinschaften lebten. Schiefer-Artefakte, Schalen von Straußeneiern, Tonscherben und Mühlsteine legen vom Wohlstand der Gemeinschaften Zeugnis ab, die hier mindestens 2000 Jahre lang lebten.*

Qarat al-Hanash, der Schlangenberg, besteht aus einem Sandhügel, der von schwarzen Steinen gekrönt ist, und liegt in einem Korridor zwischen zwei Dünen. Hier findet man dunkle Quarzite und bunten Jaspis: Zeugnisse einer unterirdischen Eruption?

**Nächste Seite:** *Seite des Gilf Kabir, die sich zu den Ebenen Libyens und des Sudans hin öffnet*

Kapitel IV

# Eine aride und unwirtliche Wüste

**Eine außergewöhnliche Flora**

Nach Théodore Monod ist das Leben in der Wüste »nicht für jedes frisch gesprossene Löwenzahnpflänzchen geeignet.«[122]

In der Libyschen Wüste gibt es keine Bäume mehr, die Schatten spenden würden, sie sind längst beinahe ausgestorben. Geblieben sind ihre Fossilien – Baumstümpfe und Äste, verstreut auf dem heißen Sand. Die versteinerten Holzstücke, das Ergebnis der Umwandlung von Pflanzen in Mineralien, können nicht mehr brennen. Ihre Oberfläche sieht Rinde täuschend ähnlich, aber sie haben das Gewicht und die Farbe von Stein angenommen. Schon die ersten Entdecker hielten dies fest: »Sehr häufig trifft man in dieser ungeheuren Wüste versteinertes Holz an. Man sieht solche Baumstämme von zwölf und mehreren Fuß im Umfange; zuweilen dünnere Zweige, zuweilen Rinden-Stücke, die der Eichen-Rinde sehr ähnlich sind ... Viele von den Stämmen haben noch ihre Jahr-Ringe ... Andere, die nichts weiter als die äußere Form behalten haben, zeigen inwendig eine dichte Stein-Masse.«[123]

In den Wadis des Gilf Kabir kämpfen allerdings noch ein paar Bäume ums Überleben; sie zu sehen, ist eine Reise wert. Sobald man mehr als zwei zusammen findet, ist der Begriff »Wald« angebracht. Ihr kurzer Schatten ist zwar einladend, wird aber auch gern von Reptilien aufgesucht. Nach Théodore Monod ist die Verbindung von Flora und Fauna umso enger geworden, je mehr die Trockenheit zunahm. Beide waren gezwungen, sich den extremen Bedingungen anzupassen: »Deshalb müssen dort ganz besondere Fähigkeiten gegeben sein, egal ob es sich um mehrjährige Arten handelt, die Feuchtigkeit aufnehmen oder speichern können, oder um Jahresformen, die den geringsten Regenguss nutzen müssen, um zu keimen, zu blühen und neue Samen zu bilden, bevor der Boden – vielleicht für mehrere Jahre – wieder zu wasserlosem Kieselstaub wird, der keine Lebensgrundlage für Samen bildet, die aufkeimen wollen.«[124]

**Eine widerstandsfähige Fauna**

»Eine Krähe in der Ferne – der Durst treibt sie auf der Düne hin und her, einsam und unablässig ruft sie aus voller Kehle nach Regen.«[125]

Ein Rückgang der Flora hat dramatische Auswirkungen auf die Fauna. Die Nahrungskette bricht ab, und in der Folge durchstreifen nicht mehr wie früher große Tierherden die Libysche Wüste; ferner gibt es keine Insekten, Nagetiere, Pflanzenfresser und folglich keine Insektenfresser oder Fleischfresser. Prähistorische Felsgravuren sind die einzigen Zeugnisse der Existenz von Giraffen, Nashörnern, Elefanten, Straußen und Antilopen.

Die Fauna beschränkt sich auf einige schwer zu beobachtende Arten; die einen haben die Farbe des Bodens oder des Sandes angenommen, und die anderen warten die kühlen nächtlichen Temperaturen ab, ehe sie ihre unterirdischen Gänge oder Höhlen verlassen.

Einige Tiere dieser spärlichen Fauna zeigen eine unglaubliche Anpassungsfähigkeit an eine derart trockene Umwelt.

Die *Eremiaphila*, wörtlich »Freund der Einsamkeit«, gehört zur Familie der Orthoptera und umfasst zwei Gattungen: *Eremiaphila sp.* und *Heteronutarsus aegyptiacus*. Es ist ein kleines, maximal 6 Zentimeter langes Insekt, das nah mit der Gottesanbeterin (*Mantis religiosa*) verwandt ist, aber keine Flügel besitzt und homochromatisch ist, das heißt, es ist so gut an die Bodenfarbe angepasst, dass es kaum auszumachen ist; der transparente beige Körper – in kiesigen Zonen ist er dunkelbraun – ist nur zu sehen, wenn das Tier sich bewegt. Außerdem ist sein Körperbau extrem gut dem Leben in der Wüste angepasst. Bei großer Hitze streckt es die Beine aus, hebt den Körper so möglichst weit über den glühend heißen Wüstensand und lässt den Unterleib von einem leichten Wind kühlen. *Eremiaphila* ist sicher das am besten an die hohen Temperaturen – bis zu 57 °C – angepasste Tier der Sahara[126], vorausgesetzt, es kann den durch Austrocknen bedingten Gewichtsverlust durch genug Nahrung ausgleichen. Aber woher nimmt es diese? Die Antwort liegt nach Théodore Monod in den aus

EINE ARIDE UND UNWIRTLICHE WÜSTE

*Der »Monod-Lama-Pass«, eine enge Schlucht, durch die man vom Wadi Abd al-Malik zum Gilf Kabir-Plateau gelangt; wilde Gräser und Spuren von Mufflons*

**Oben:** *Eremiaphile*

**Rechts:** *Fossiles Holz im Sand – die Überreste ehemaliger Wälder*

**Nächste Seite:** *Das Wadi Abd al-Malik, ein »Wald« voller Akazien,* Acacia tortilis *und* raddiana*, von denen etwa 1000 überlebt haben sollen, oft unter harten Bedingungen*

122. Théodore Monod: *Méharées*. Actes Sud, Arles 1989, S. 248.
123. Hornemann (wie Anm. 22), S. 71.
124. Monod (wie Anm. 122), S. 248.
125. Vergil, *Georgica I*, S. 388-389.
126. Yves und Mauricette Vial: *Sahara, milieu vivant*. Hatier, Paris 1974, S. 63.

## Wüstenpflanzen
### Von Edmond Diemer

*Die Libysche Wüste ist zweifellos eine der aridesten Gegenden der Welt, denn es regnet dort nur sehr selten, zumindest wenn man sich auf die klimatologische Definition von Regen stützt: Danach spricht man nur dann von Regen, wenn sein Wasser bis zu 5 Zentimetern tief in den Boden dringt.*

*In den meisten Wüsten reicht ein kurzer Schauer aus, um einige Samen im Boden keimen zu lassen, sodass die Dünen wieder etwas begrünt werden. Dies ist jedoch in der Großen Sandwüste oder in den Dünentälern nicht der Fall; der starke Wind bringt die Samenkörner von entfernt gelegenen Oasen mit sich, aber ob sie nach dieser Reise noch entwicklungsfähig sind, ist unklar. Da die Pflanzen den Anfang der Nahrungskette darstellen, ist der Lebenskreislauf bei fehlendem Bewuchs unterbrochen; es gibt dann weder Insekten noch Pflanzen-, noch Fleischfresser … außer an sehr wenigen kleinen Flecken.*

*Die wenigen, vereinzelten Pflanzen müssen sich den Umweltbedingungen anpassen und haben dafür unendlich viele verschiedene Strategien entwickelt.*

*Ganzjährige Pflanzen versuchen, so viel Wasser wie möglich aufzunehmen, in ihrem Inneren zu speichern und die Verdunstung möglichst gering zu halten.*

*Das erste Ziel erreichen sie, indem sie ein großflächiges Wurzelwerk nahe der Oberfläche oder in der Tiefe entwickeln, sodass sie auch auf sehr trockenen Böden überleben können. Die Wurzeln einiger* Calligonum-*Arten etwa spannen unter der Bodendecke ein weites Netz; die Wurzeln einiger Akazien dagegen reichen bis 30 Meter in die Tiefe.*

*Dann geht es darum, das Wasser zu speichern: Die Organe der Pflanzen werden zu Wasserreservoirs; sie nehmen ein horniges Aussehen an[126a], wie etwa Sukkulenten (zum Beispiel Kakteen), die außer in der Libyschen Wüste in Afrika nicht vorkommen, und auch die Chenopodiaceen mit ihren kugelförmigen Blättern* (Salsola foetida).

*Um einen zu großen Verlust des kostbaren, dem Boden nur schwer zu entziehenden Wassers zu vermeiden, haben die Pflanzen ebenfalls verschiedene Methoden entwickelt:*

*Ihre über der Erde wachsenden Partien sind nur klein oder bilden halbkuglige, kissen- oder buschartige Formen, da die Kugelform in Relation zum Volumen am wenigsten Oberfläche aufweist.*

*Bei anderen Pflanzen sind die Blätter von einer wachshaltigen, relativ wasserdichten Kutikula, einer Haarschicht, überzogen, oder sie erreichen nur geringe Größe, um die Verdunstung zu verringern. Manchmal verwandeln sich die Blätter in kaum sichtbare Schuppen. Dann sind es zahlreiche grüne Zweige, die das Chlorophyll für die Photosynthese enthalten. Dies ist etwa bei Ephedren, kleinwüchsigen Sträuchern, der Fall. Schließlich ist festzustellen, dass zahlreiche Wüstenpflanzen Stacheln haben. Welche Rolle diese allerdings für ihre Anpassung an die aride Umwelt spielen, ist noch kaum erforscht.*

*Für die Photosynthese und die Herstellung von Chlorophyll entziehen die Pflanzen der Luft Kohlendioxid, das durch Poren, die so genannten Stomata, aufgenommen wird. Dieser Prozess spielt sich normalerweise tagsüber in größter Hitze ab; ein Wasserverlust ist hierbei unumgänglich.*

*Um den Verlust zu mindern, liegen die Stomata bei einigen Pflanzen tief im Blatt und sind oft von Härchen umgeben, die die Feuchtigkeit schwerer entweichen lassen und den Wind abhalten.*

*Andere Pflanzen, so etwa einige Chenopodiaceen, haben ein effizienteres System zur Aufnahme von Chlorophyll entwickelt: Ihre Stomata-Poren sind kürzere Zeit geöffnet.*

*Wieder andere sind noch weiter entwickelt und absorbieren das Kohlendioxid nicht tagsüber, sondern nachts, wenn es kühler und somit der Wasserverlust erheblich geringer ist. Hierzu zählen die sogenannten CAM-Pflanzen: »Crassulacean Acid Metabolism«, sprich Sukkulenten und Crassulaceen wie Kakteen. Sie speichern das Kohlendioxid nachts in Form von Apfelsäure in den für die Photosynthese zuständigen Zellen. Tagsüber zersetzt sich die Apfelsäure unter Einwirkung des Lichts und setzt das für die Photosynthese notwendige Kohlendioxid frei; die Stomata müssen dafür nicht geöffnet werden.*

*»Einjährige Pflanzen, auch Ephemeren genannt, haben eine andere Strategie entwickelt. Da sie an kurze feuchte Perioden gewöhnt sind, spielt sich ihr gesamter vegetativer Zyklus in einer sehr kurzen Zeit ab. Innerhalb von zwei Wochen nach einem Regenguss keimt das Samenkorn der* Arabidopsis thaliana. *Das Pflänzchen wächst sehr schnell, blüht und bildet Samen, die wiederum jahrelang auf einen günstigen Moment warten müssen.«[127] Die Samenkörner haben sich also an die Trockenheit angepasst und überstehen lange Trockenperioden. Eine interessante Pflanze ist auch* Anastatica hierochuntica, *die Rose von Jericho. Diese Crucifera von etwa 10 Zentimetern besteht aus Stängeln, die bei Geschlechtsreife ihre Blätter verlieren, verholzen, sich zu einer Kugel formen und die Samen umschließen. Sobald es feuchter wird, öffnen sich die Stängel und setzen die Samenkörner frei, die im Regen keimen.*

*In der Großen Sandwüste und in deren Dünentälern gibt es inzwischen aber überhaupt kein Pflanzenleben mehr. In sehr großen Abständen stösst man höchstens hin und wieder auf vertrocknete Gräser der Art* Stipagrostis pungens *oder auf einen kleinen* Ephedra-*Busch. Wir entdeckten ein Exemplar in der westlichen Hälfte der Wüste, leicht schräg zu einer Düne stehend; es schien ziemlich alt und verdankte sein Überleben vermutlich nur seinen sehr tief reichenden Wurzeln.*

*In die Wadis der Umgebung des Gilf Kabir, wo sich Wolken an den Felsen stauen und hin und wieder abregnen, haben sich die spärlichen Überreste der Flora der Libyschen Wüste gerettet. Théodore Monod, der die Libysche Wüste bereits etwa zehn Jahren erforscht hatte, stieß auf ein kleines Gebiet mit einer Flora, die sich durch die Regenfälle im Jahr 1999 wieder entfalten konnte.[128]*

*In den drei großen Wadis im Norden des Gilf Kabir gibt es noch viele* Acaciae tortilis, *eine Unterart der A. raddiana, die früher sehr stark vertreten war. A. ehrenbergiana ist dagegen höchst selten anzutreffen; wir entdeckten nur ein Exemplar im Rag nahe der östlichen Seite des Gilf Kabir. Abgesehen von der Gattung* Acacia *ist der* Maerua crassifolia *der einzige in dieser Wüste überlebende Baum.*

*Im nördlichen Teil des Gilf Kabir-Plateaus, wo einst starke Regenfälle ihre Spuren hinterlassen haben, gibt es noch heute einige feuchte Ecken, wo Pflanzen überleben konnten. In diesen Wadis kommt es nach einem Regenfall zum berühmten »Grünen« des Sandes. Eines Tages hatten wir das Glück, den roten Sand des Wadi Hamra von einer grün-weißen Schicht überzogen zu sehen: sehr kleine, vergängliche Triebe.*

*Unter den heute bekannten Arten – lediglich 50 – sind die sieben Arten aus der der Familie der Cruciferen (oder Brassicaceen) am häufigsten zu finden. Dazu zählen die* Shouvia thebaica *mit schönen violetten Blüten und etwas verhornten Blättern – Kamele lieben ihre Triebe – und die* Zilla spinosa, *eine Stachelpflanze mit großen lila Blüten. Auch die Familie der Gramineen, die heute meist als Poaceen bezeichnet werden, ist eine mit sieben Arten vertretene Pflanzenfamilie.*

*Grüner Strauch im roten Wadi Hamra*

*Die* Acacia *mit ihren schützenden langen Stacheln*

*Das Grünen des Sandes nach einem Regenfall im Wadi Hamra*

---

126a. Vial (wie Anm. 126).
127. Marcel Bournérias, Christian Bock: *Le Génie végétale.* Ed. Nathan, 1992, S. 159.
128. Théodore Monod: »Contribution à l'établissement d'une florule du Gilf Kébir S-O Égypte«. In: Bull. Mus. nation. Hist. nation., Band 14, Section B., *Adansonia*, Nr. 3–4, 1995, S. 259–269.

**Von links nach rechts:**

Fagonia
*Koloquinte*
Zilla spinoza

**Von links nach rechts:**

Schoovia thebaica
Zilla spinoza crucifera
*Früchte der* Acacia tortilis

**Von links nach rechts:**

*Rose von Jericho,* Anastica
Ephedra
Schoovia thebaica

**Rechts:** *Wetterfahne im Sand*

*Schlangenspuren*

**Nächste Seite:** *Die Hornviper sonnt sich auf einer der Mauern der Zitadelle von Dusch in der Senke von Charga.*

**129.** Théodore Monod: *Les Carnets de Théodore Monod*. Le Prés aux Clercs, Pocket, Paris 1997, S. 307.

dem Nordwesten wehenden Etesien, die so kräftig sind, dass sie enorme Strecken überwinden. »Eine Art Gottesanbeterin ohne Flügel, die eine ernsthafte biologische Frage aufwirft. Die *Mantis religiosa* ist ein Fleischfresser, aber wovon ernährt sie sich? ... Vielleicht herrscht Kannibalismus. Man kann immer seinen Großvater oder seinen Schwager fressen, aber das ist doch keine Lösung für eine ganze Population. Ich glaube, sie ernährt sich von Insekten, die der sehr starke Wind oft über Hunderte von Kilometern in diese Gegenden transportiert.«[129]

Außer in den Wadis des Gilf Kabir, wo es in der Umgebung einiger Bäume und Pflanzen relativ viel Feuchtigkeit gibt, sodass dort auch einige wenige kleine Säugetiere wie Eidechsen und Mäuse überleben können, trifft man selten auf Skorpione oder Schlangen. Dabei treten verschiedene Schlangenarten nebeneinander auf, die nur anhand ihrer Spuren im Sand zu unterscheiden sind, denn eine Natter bewegt sich anders über den Sand als eine Viper. Die berühmteste Schlange der Wüste ist vermutlich die Hornviper. Sie ist sehr giftig und trägt als einzige Schlange zwei Hörner auf dem Kopf, die aufgestellt oder eingeklappt werden können. Im Sommer vergräbt sie sich tagsüber im Sand, um sich vor den hohen Temperaturen zu schützen. Erst nachts taucht sie wieder auf, um zu jagen, wobei sie sich überraschend schnell be-

*Hornviper: im Vordergrund Detailansicht des Zahns auf schwarzem Grund sowie des über dem Auge platzierten Horns (aus Bruce, Edouard Charton: »Voyageurs anciens«, Bd. I, S. 67, 1861)*

*Skelett einer Viper*

*Skorpion,* Stenodactylus petrii, *unter einem Stein*

*Eidechse: rot gepunkteter* Eremia, Mesalina rubropunctata

*Wüstenspringmaus (nach Bruce, Edouard Charton, »Voyageurs anciens et modernes…«, Bd. I, S. 67, 1861)*

wegen kann. Im Winter wärmt sich die Viper zwischen den Steinen oder Tongefäßen auf, etwa beim Abu Ballas oder Qarat al-Hanash, dem mit farbigem Jaspis überzogenen Schlangenhügel, aus dessen Tiefen ein geheimnisvoller Geruch aufzusteigen scheint.

Eidechsen ruhen in der Sonne und verlassen sich so sehr auf ihre perfekte Tarnung, dass andere Lebewesen sehr nah an sie herankommen. Manche Arten, etwa die *Eremia* oder die *Hamada-Eremia* sind mit rot-orangefarbenen Punkten gezeichnet, die gleichmäßig wie Cornalinkörner auf dem Sand verteilt sind. Werden sie aktiv, so sind sie dank ihrer sehr gelenkigen Beine mit den langen Krallen sehr beweglich: »Der *Zelagague* ist eine kleine Eidechse mit weißer glatter Haut und extrem kurzen Beinen; er bewegt sich so schnell, dass er wie ein Fisch im Wasser auf dem Sand schwimmt. Gerade wenn man meint, ihn fassen zu können, verschwindet er im Boden; aber er hat eine Spur hinterlassen, die uns zu seinem Versteck führt, aus dem wir ihn leicht herausholen können.«[130]

Die kleinen, schlanken und drahtigen Säugetiere – die Wüstenspringmäuse – besitzen ein exzellentes Gehör und sind so gute Läufer und Springer, dass sich keiner ihrer Artgenossen in einem gemäßigteren Klima mit ihnen vergleichen kann. Bei den Gerboas (*Jaculus jaculus*) und der Wüstenspringmaus (*Gerbillus gerbillus*) dienen die langen Hinterbeine und der kräftige Schwanz als Stütze; mit großen Sprüngen entwischen sie an ungeschützten Orten den Räubern.

Die Wüstenspringmaus bezieht ihren Wasserbedarf aus ihrer Nahrung. »Im Übrigen scheiden all diese Nagetiere wenig Urin aus, der aber so stark konzentriert ist wie Kot; auf diese Weise sparen sie das Wasser optimal. Andere, z. B. die Merionen – *Meriones crassus* –, häufen in ihrer Höhle Nahrung an und nutzen so deren Feuchtigkeit.«[131]

Der Wüstenfuchs (*Fennecus zerda*), der sich bevorzugt von verirrten Vögeln ernährt, lebt manchmal in völlig trockenen Gegenden; seine großen Ohren braucht er zur Abwehr der Hitze. Er ist sandfarben, jagt nachts, manchmal bereits in der Dämmerung, sodass man ihn nur schwer sieht; am Morgen jedoch zeugen zahlreiche Spuren um die Lager von seinen nächtlichen Aktivitäten. Schließlich ertönt manchmal nach Sonnenuntergang das Gekläff des Schakals oder das Kichern der Hyäne; die Biwaks haben auch ihre Neugier erregt.

Die früher häufig im Gilf Kabir vorkommenden Mufflons halten sich heute meist in großen Wadis auf, wo noch einige Akazien und Grasbüschel wachsen. Sie sind gute Kletterer und bewegen sich sicher in den Geröllfelsen. Als Erkennungsmerkmal dienen ihr weißer, im Wind flatternder Bart sowie einige Haare an den Vorderbeinen: daher der Name »Manschetten-Mufflon«. Auf dem Kopf wachsen ihnen eindrucksvolle Hörner, die sich hinter dem Kopf zu einem Halbkreis formen und mit einer Biegung nach vorne abschließen. Dieses interessante Tier, das eng mit Ziegen und Schafen verwandt ist, erinnert noch heute an die spiralförmigen Hörner des Amun in den Wadis. Es ist ein revierverbundenes Tier, das sich nur auf sein Klettertalent verlässt – und jedem Verfolger über die steilen Hänge entkommt.

Die meisten in der Wüste lebenden Vögel sind Zugvögel, die man häufig tot im Sand findet: gestorben an Erschöpfung – so Enten und Störche –, von der Sonne ausgetrocknet und beinahe mumifiziert.

*Wüstenfuchs. Meist verraten ihn nur seine Spuren.*

**Unten:** *Manschetten-Mufflon – diese Art ist vom Aussterben bedroht.*

130. Daumas (wie Anm. 55), S. 267.
131. Vial (wie Anm. 126), S. 195.

Bachstelzen und andere Zugvögel suchen manchmal die Lager von Reisenden auf, sind aber oft zu erschöpft zum Trinken und sterben schließlich, ebenso wie die Vögel aus den Oasen, die von den Winden hochgehoben und dann abgetrieben werden. Nur einige Weißbürzelsteinschmätzer, so der *Zarzur (Oenanthe leucopyga)*, dringen in den Gilf Kabir vor und singen dort das Klagelied von der verlorenen Oase.

## Der Falke – ein vergöttlichter Raubvogel

Der Falke ist im Nahen Osten ein sehr geschätztes Tier; einmal gezähmt, wird er zum Gegenstand eines lukrativen Handels. Man muss ihn also lebend fangen. An der Grenze zwischen Libyen und Ägypten, in den weiten Dünentälern inmitten der Großen Sandwüste, erspäht das geschulte Auge die geringste Bewegung, und ein Jäger erkennt sofort den vorbeiziehenden Falken. Eine Taube oder ein Huhn in einer Korbreuse dienen als Köder, der am Fuß der Dünen aufgestellt wird. Der Jäger wartet bewegungslos und geduldig auf den sich vorsichtig nähernden Falken. Wenn der Vogel ansetzt, die Beute zu verschlingen, fängt ihn der Jäger mit einem Netz; sofort danach wird ein dichter Stoff darüber geworfen, der den Falken blind macht und ihn daran hindert, sich zu wehren. Man lässt den Falken mehrere Tage lang in diesen Stoff eingehüllt, und selbst bei der Fütterung hindert man das Tier am Sehen und belässt den Stoff über seinem Kopf. Für die Abrichtung werden dem Falken sogar noch manchmal die Augen zugenäht, damit sich der wilde Vogel besser an seinen Dompteur gewöhnt. Der Kontakt zwischen Mensch und Vogel muss sehr eng sein: Damit kein Moment der Unsicherheit auftritt, bleibt der Vogel mehrere Stunden lang auf dem Arm seines Dompteurs und wird nur von ihm gefüttert. Die Zähmung zieht sich über mehrere Monate hin.

Nach Giovanni Leonardi zählen zu den Unterarten des Falken der Lanner oder *Saqr Hurr (Falco biarmicus tanypterus* oder *erlangeri)*,[132] der zu Beginn des Herbstes mit den Vogelzügen über der Libyschen Wüste auftaucht. Den Namen verdankt er seinem dichten Federkleid: Lanner geht auf lateinisch *lana*, »Wolle«, zurück. Auf dem weißen Gefieder trägt er braun-rote und schwarze Flecken, die das für die Art typische Muster bilden. Seine ausgebreiteten Schwingen erreichen die beträchtliche Spannweite von über einem Meter und machen den Vogel zu einem sicheren Jäger, der seine Beute im Flug oder am Boden fängt. Die dicken, scharfen, bei ausgewachsenen Tieren kräftig gelben Krallen sind gut geeignet, seine Beute – kleine Säugetiere, Reptilien, Skorpione und zu Hungerzeiten sogar Insekten – zu

*Links der Gott Horus von Edfu und rechts seine Inkarnation: der Wüstenfalke, Lanner oder* Saqr Hurr; *ein versteinerter Blick, ein lebendiger Blick, das Udschat-Auge, das wiedergeborene Auge des Ra*

**132.** H. Schlegel und A. H. Verster de Wulverhorst: *Traité de fauconnerie*. Hermann, Paris 1980, S. 22.
**133.** D. A. Russel, B. Galb, R. Hoath: »X-Raying the Gods: Whate were the Mummified Horus Falcons of Egypt?« *Bulletin B.O.C.* 117 (2), The American University in Cairo, Kairo 1997.

**Rechts:** *Junger Falke bei der Dressur zwischen zwei Dünen in der Großen Sandwüste*

**Vorhergehende Seite:** *Die zweifach gedrehten Mufflon-Hörner; ein vom Sand bewahrtes Relikt*

ergreifen. Auffällig ist auch sein Kopf: Sein rotes Gefieder auf dem Schädel brachte ihn in Verbindung mit Seth, sein grau-blauer Schnabel ist so scharf, dass er bei der Dressur abgestumpft werden muss, damit er niemanden verletzt. Die übergroßen schwarzen Augen werden nach unten durch den Bart und nach hinten durch einen querliegenden Kranz optisch verlängert. Sie nehmen den größten Teil des Kopfes ein und verleihen ihm ein exzellentes Sehvermögen: Der Falke kann kilometerweit entfernte Objekte scharf erkennen, als ob er sie durch ein Fernglas sähe. Er jagt gern in der Dämmerung, denn gerade dann glauben sich die meisten Tiere durch die nahende Dunkelheit geschützt und kommen aus ihren Verstecken hervor.

Sein scharfer Blick symbolisierte im Alten Ägypten den des Gottes Horus und das Udschat-Auge – eine Verbindung des menschlichen Auges und der »Traufleiste« des Falken – die Macht des Ra. Die Darstellungen des Horus reichen von vollständig anthropomorphen Figuren bis zu Tierdarstellungen; dazwischen liegen Mischungen oder assoziative Symbole wie die beschützenden Flügel über den Tempelgiebeln.

Die Ägypter kannten sich gut mit Raubvögeln aus, mit heimischen ebenso wie mit Zugvögeln; sie nutzten dies nicht für die Dressur, sondern für die Zucht, um die Tiere später zu opfern und zu mumifizieren; letztlich dienten sie als Exvoten in den Tempeln. Anhand von Radiografien Hunderter Falken-Mumien hat man die verschiedenen verwendeten Arten entdeckt, aber auch Attrappen gefunden, die die Lücken füllen mussten, wenn nicht genügend Vögel verfügbar waren.[133] Die Attrappen sahen einem Falken täuschend ähnlich und wurden mit Materialien wie Muschelschalen, Reisig oder mit anderen Tieren wie Spitzmäusen oder Schlangen ausgestopft.

## Das Kamel – ein unverzichtbares Haustier

Welch armes Tier: Es hat nicht einmal ein Recht auf seinen Namen, da sich schließlich nur das Dromedar, leicht erkennbar am einen Höcker, in Ägypten durchgesetzt hat. Aus Tradition nennt man es aber weiter zu Unrecht »Kamel«. Für die meisten Menschen gehören Wüste, Dünen und Kamele zusammen; lange Karawanen von Meharis zeichnen sich auf den Dünengraten ab, ihre Spuren bilden die Pisten. Beeindruckende Wüstendurchquerungen sind überliefert – sie transportierten wertvolle Waren und sicherten den Handel seit der Antike. Doch das allgegenwärtige Tier, seit vermutlich 2000 v. Chr. domestiziert, ist immer noch von einem Geheimnis umgeben und hält sich diskret im Hintergrund. So findet man es etwa nicht im »Lexi-

**Oben:** *Diese Szene erinnert an die biblischen Texte: Esel und Kamel teilen sich das Wasser an einem Brunnen.*

**Nächste Seite:** *Karawane auf dem Darb al-Arba'in, der »Straße der 40 Tage«*

*Das »Régiment des dromadaires« in der Armee Napoleons*

kon der ägyptischen Kultur«, obwohl es unter Napoleon Bonaparte ein Dromedar-Regiment gegeben hat. Herodot überging es gänzlich. In Hieroglyphentexten erscheint es sehr selten, ebenso rar ist es auf Töpfereien und den meisten prähistorischen Felsgravuren oder -malereien. Seine Herkunft und sein Auftreten in der Ägyptischen Wüste sind nach wie vor umstritten. Beatrix Midant-Reynes glaubt, die in Bir Sahara gefundenen Kamelknochen aus dem mittleren Paläolithikum belegen, dass das Kamel vor langer Zeit in dieser Wüste vorkam: »Die Entdeckung eines Fragments vom Schienbein des Kamels aus der Zeit des Neandertalers zusammen mit abgeschliffenem Geröll belegt die Existenz des den Pharaonen unbekannten Tiers in der Antike.«[134]

Nach Henri Lhote untermauern Funde aus jüngster Zeit, darunter ein altes Tier aus dem späten Paläolithikum, diese Behauptung.[135]

Jedoch starb das vor langer Zeit entdeckte Kamel aus und tauchte erst viel später wieder auf, als ob die klimatischen Veränderungen zuerst sein Aussterben und dann seine Rückkehr bewirkt hätten: »Wir erleben die Entwicklung wilder Fauna, wenn Haustiere wie das Rind und das Pferd erscheinen, die sich im Laufe der Jahrhunderte und Jahrtausende etablieren. Dann sterben diese Arten aus – ziemlich wahrscheinlich aufgrund der Trockenheit –, und plötzlich taucht wieder das Kamel auf, als ob es die Folge dieser Entwicklung sei.«[136]

Nach Quintus Curcius ist seine Existenz schriftlich belegt: 720 v. Chr., als die Assyrer in Ägypten eindrangen, 525 in der Armee des Kambyses, und auch die Eskorte Alexanders des Großen, der nach Siwa zog, bestand aus Kamelen, die Wasserschläuche aus Ziegenhaut schleppten.

Sicher ist, dass schon lange wilde Tiere gezähmt wurden; nach Bernard Faye[137] wurde das Kamel vor 6000 Jahren domestiziert, das Rind vor 8000 Jahren und die Familie der Ziegen vor 10 000 Jahren.

Die Domestikation des Kamels scheint jünger zu sein als die anderer Tiere – vor erst 4000 Jahren auf der Arabischen Halbinsel[138], in Ägypten vor noch kürzerer Zeit; dort ist sein Auftreten in der Bibel belegt: »Und Jahwe sagt zu Moses: Geh hin zum Pharao und sage ihm: So spricht Jahwe, der Gott der Hebräer: Lass mein Volk gehen, das mir dient. Wenn du ihm das verweigerst und es weiter gefangen hältst, dann wird Jahwe auf deine Herden in den Feldern, auf die Pferde, die Esel, die Kamele, die Rinder und das Kleinvieh eine schlimme Plage kommen lassen.«[139]

Im Gegensatz zu anderen Haustieren, die seit der Urzeit oft in Felszeichnungen und -malereien dargestellt sind, scheint es ganz normal, dass Kamele auf diesen alten Darstellungen fehlen; erstaunlich ist allerdings, dass das Kamel auch in Zeiten, als es sicher vorgekommen ist, keine Beachtung gefunden hat.

Auf den aus der Ptolemäer- und der römischen Zeit stammenden Hieroglyphen auf den Tempelmauern sind sie nicht vertreten – abgesehen von einigen Tempeln in Nubien: Kalabsha und Dakka. Diese Felsmalereien könnten von Nomaden stammen, die das Kamel als Fortbewegungsmittel viel früher nutzten als die sesshafte Bevölkerung des Niltals, da von ihrer Geschwindigkeit der Sieg über den Feind abhing. Peter Roxley-Conwy glaubt, dass Kamele etwa zur Niederlage der Römer und zur Schwächung des Reichs von Meroë beitrugen.[140]

Warum wurde dieses Tier solange verkannt? Die Bewohner des Niltals brauchten es nicht, ihnen genügten Esel oder Boot als Transportmittel, und die geografischen Gegebenheiten des von Kanälen durchzogenen Niltals kamen dem Dromedar nicht entgegen. Zudem war das feuchte Klima für Kamele ungeeignet, die anfällig für Insekten sind. Es war außerdem viel teurer als der Esel, das populärste und am leichtesten zu erwerbende Fortbewegungsmittel.

Das Dromedar verträgt extreme klimatische Bedingungen, insbesondere hohe Temperaturen wie in der Libyschen Wüste, wo es lange Zeit als Last- und Reittier genutzt wurde. Doch wie kann sich das Tier 40 bis 50 Kilometer am Tag schwer beladen mehrere Tage, ja Wochen ohne Wasser fortbewegen? Die einzigartige Anpassungsfähigkeit seines Stoffwechsels ermöglicht das Leben unter solchen Extrembedingungen, dem sonst nur wenige Tiere standhalten können. Sein Wasserhaushalt kann variieren und lange Trockenzeiten überstehen, da das Kamel bis zu 25 % Wasser verlieren kann, ohne eine Austrocknung zu riskieren. Sobald es einen Brunnen findet, füllt er seinen »Wassertank« in Rekordzeit

wieder auf: »In der kühlen Jahreszeit ernährt sich das Dromedar von reichhaltigem Grünfutter, begnügt sich mit der verfügbaren Wassermenge und kann so einen Monat ohne Trinken auskommen ... In der heißen Jahreszeit, wenn die Nahrung trockener ist, müssen die Tiere wöchentlich getränkt werden.«[141]

Durch seinen Höcker, der Energie- und nicht Wasserspeicher ist, verträgt es große Temperaturunterschiede, die für die meisten Säugetiere tödlich wären. Im Gegensatz zum Menschen steigt seine Körpertemperatur zusammen mit der seiner Umwelt, was Wasser spart. Nachts, wenn die Temperaturen absinken, wird die gespeicherte Hitze ohne Wasserverlust nach außen abgegeben. Selbst sein Atemsystem spart Wasser: Seine Nüstern sind so gebaut, dass sie dem Atem beim Ausatmen Wasser entziehen. Die Atemhöhlen bleiben stets feucht und die Verdunstung gering. Die mit nur wenigen Schweißdrüsen ausgestattete Haut läuft kaum Gefahr auszutrocknen, abgesehen von den Füßen, an denen Schweißdrüsen für etwas Feuchtigkeit sorgen – und bei langen Strecken dem Aufheizen entgegenwirken. Die dicken, federnden Schwielen an den Füßen sind eher sandigem als steinigem Boden angepasst.[142]

Das Dromedar ist aufgrund seiner Leistungsfähigkeit zum unverzichtbaren Fortbewegungsmittel in der Wüste geworden und – als Silhouette auf Dünenkämmen – ein malerischer Anblick. Das Aufsteigen auf die Tiere will aber gelernt sein. Vivant Denon berichtete davon:

»Alles in allem bestand die Truppe aus 1000 bis 1100 Männern, zuzüglich der gleichen Zahl an Kamelen. Das Besteigen der Tiere war sehr erheiternd; das sich sonst sehr langsam bewegende Tier richtet abrupt die Hinterbeine auf, wenn man in den Sattel klettert, wirft es den Reiter zunächst nach vorne, dann nach hinten, und erst bei der vierten Bewegung, wenn das Kamel aufrecht steht, kann der Reiter sich zurechtsetzen. Zu Beginn ist jeder beim ersten Schütteln gescheitert; ein jeder machte sich über den anderen lustig. Wir versuchten es erneut und zogen schließlich los.«[143]

Heute sind seine Spuren in der Libyschen Wüste nur noch Überreste, sein Aussterben geht mit dem Mangel an Wasser und dem Rückgang an Weideland einher. Karawanen dürfen nur mit entsprechenden Wasservorräten zwischen den Oasen Ägyptens und Libyens pendeln, und manche benutzen noch den alten Darb al-Arba'in.

---

**134.** Béatrix Midant-Reynes: *Préhistoire de l'Égypte, des premiers hommes aux premiers pharaons*. Armand Colin, Paris 1992, S. 44.
**135.** Henri Lhote: *Chameau et Dromedaire en Afrique du Nord et au Sahara*. ONAPSA, Algier 1987, S. 143.
**136.** Ebd. S. 52.
**137.** Bernard Faye: *Guide de l'élévage du dromedaire*. Montpellier 1997, S. 9.
**138.** Ebd. S. 9.
**139.** Exodus 9, 1–3.
**140.** Peter Roxley-Conwy: »The Camel in the Nile Valley«. In: *The Journal of Egyptian Archeology*, Band 74, The Egypt Exploration Society, London 1988, S. 247.
**141.** Faye (wie Anm. 137), S. 36–37.
**142.** Ebd. S. 31.
**143.** Denon (wie Anm. 46), S. 289.

Kapitel V

# Eine fesselnde Wüste

**Die Wüste, ein brennender Ozean – tödlich wie das Feuer**

Die Wüste fasziniert durch die Schönheit ihrer Landschaften, die auf das Wesentliche der vier Elemente reduziert sind: Der Sand bewegt sich in Wellen fort, manchmal gesäumt vom puren Blau einer Fata Morgana am Horizont; darüber wölbt sich ein riesiger Himmel. Die Sonne scheint tagsüber etwas zu grell auf sie hinunter, doch schillernde Dämmerungen und faszinierende Sonnenuntergänge gleichen das aus.

Ein betörendes Gefühl von Freiheit erinnert an das, was ein Seemann wohl empfindet, wenn die Taue gelichtet sind, er allein dem Wind und dem Meer ausgeliefert ist und die Spuren der Zivilisation verschwinden. Man vergleicht die Wüste oft mit einem Meer, und die sich stets in Bewegung befindenden Dünen mit Wellen. Hier sieht man jedoch, wie nah Größe und lächerliche Kleinheit beieinander liegen: ein Mensch inmitten der gigantischen und unverrückbaren Natur erscheint winzig, fühlt sich verloren: »Ihr kennt den zusammengetragenen Sand an den unendlichen Stränden des Ozeans. Gut, dann stellt euch den Ozean selbst ganz aus Sand vor, über den ein Hurrikan fegt; der Sturm beruhigt sich, die Wellen aus gelbem Staub stehen still. Sie sind ganz verschieden, hoch wie Berge, sie ragen auf wie tosende Wellen, aber noch gewaltiger, und sie bilden Streifen wie Moiréstoff.«[144]

Jedes Extrem löst heftige Reaktionen aus; hat man keine Anhaltspunkte mehr, entsteht unerträgliche Angst. Die Natur wird zur Bedrohung, der unbewohnte Raum und der Sand werden zum Feuermeer; der Mensch fängt vor Durst an, wirr zu reden: »Nicht nur Hitze und Durst lähmten die Sinne, sondern auch der bloße Anblick der Wüste brachte Panik. Nirgendwo konnte sich das Auge ausruhen, nichts in dem Landmeer zog die Aufmerksamkeit an. Die grenzenlose Langeweile schlug allmählich in fast körperlichen Ekel um, und die Reisenden glaubten, Symptome der gefürchteten Wüstenkrankheit an sich zu entdecken. Während sie hinausstarrten, begann die Luft vor ihren Augen zu tanzen und zu vibrieren, als schauten sie über ein Feuer hin. Die unabsehbare Wüste wurde zum Symbol der Unendlichkeit.«[145]

Die Sonne wird zum Jäger, und der Körper leidet unter ihren Attacken; man kann sich weder vor ihr schützen, noch ihr entkommen – kein Ende des Leidens ist in Sicht. Es wird zur Hölle, und die Angst, wie ein Verdammter zu verbrennen, wächst. Dies beschreibt Théodore Monod: »Jetzt ist sie unser Feind, die grausame, ungnädige Göttin, Quelle der Feuersbrunst und des Durstes, die unser Fleisch, das nicht an diese Sonne gewöhnt ist, verbrennt und aufquellen lässt; sie legt sich auf den Nacken wie eine ewige Bedrohung, trocknet die Kehle aus, macht die Lippen trocken und spröde, sticht in die Augen und macht den Boden für die Füße unerträglich; sie entzieht dem toten Wüstenboden all sein Wasser und wirft ihre Feuerstrahlen vertikal auf die Wüste unter der metallischen Kuppel eines farblosen Himmels.«[146]

Das Klima gilt seit jeher als unerträglich: Hitze, Durst und Erschöpfung drohen; verliert man in dieser lebensfeindlichen Gegend die Orientierung, kommt Panik auf – eine Falle, der man nicht mehr entkommt. Der Sand wird zur Last, erschwert das Laufen, sodass man nicht vorwärts kommt und die Flucht unmöglich wird: »Man kämpft nicht nur gegen die Glut und die Trockenheit des Landes an, sondern auch gegen den unnachgiebigen, dichten Sand; mit jedem Schritt sinkt man ein und kommt nur unter großem Kraftaufwand voran. Diese Schwierigkeiten stellten die Ägypter noch drastischer dar.«[147]

Wenn selbst Steine in der Gluthitze zerspringen, wie soll ihr da der Mensch standhalten, vor allem ohne Wasser. Saint-Exupéry, der 1935 mit dem Flugzeug in der Libyschen Wüste abstürzte, kannte die Gefahr: »Alles, was ich von der libyschen Wüste gehört hatte, ging mir durch den Kopf ... Das Leben verdunstet hier wie Dampf. Die Beduinen, die Reisenden und die Kolonialoffiziere sind sich darüber einig, daß man neunzehn Stunden ohne zu trinken auskommen kann. Von der zwanzigsten Stunde an sehen die Augen ein flammendes Leuchten, und das bedeutet das Ende. Der Durst leistet rasche Vernichtungsarbeit.«[148]

Neben der Gefahr zu verdursten gibt es eine weitere, schlimmere Bedrohung: den Chamsin, ein Sandsturm von vernichtender Stärke. Das Gefühl, an Sand zu ersticken, an Sand, der nicht nur blind macht, sondern auch in die Nasenlöcher kriecht, die wir nicht wie das Kamel

»Der Mensch, wie ein kleines Sand-
korn inmitten eines Sandmeeres.«
(Hawad, »Karawanen des Durstes«)

**Rechts:** *Enge Schlucht zwischen
dem Wadi Abd al-Malik und dem
Plateau des Gilf Kabir*

---

**144.** Guy de Maupassant: *Contes et Nouvelles*, Albin Michel, Paris 1960, S. 799.
**145.** Jules Verne: *Fünf Wochen im Ballon*. Fischer TB, Frankfurt/Main 1973, S. 86–87.
**146.** Monod (wie Anm. 122), S. 18–19.
**147.** Quintus Curtius, zitiert nach Leclant (wie Anm. 21), S. 201.
**148.** Antoine de Saint-Exupéry: *Wind, Sand und Sterne*. Karl Rauch Verlag, Düsseldorf 1999, S. 162.

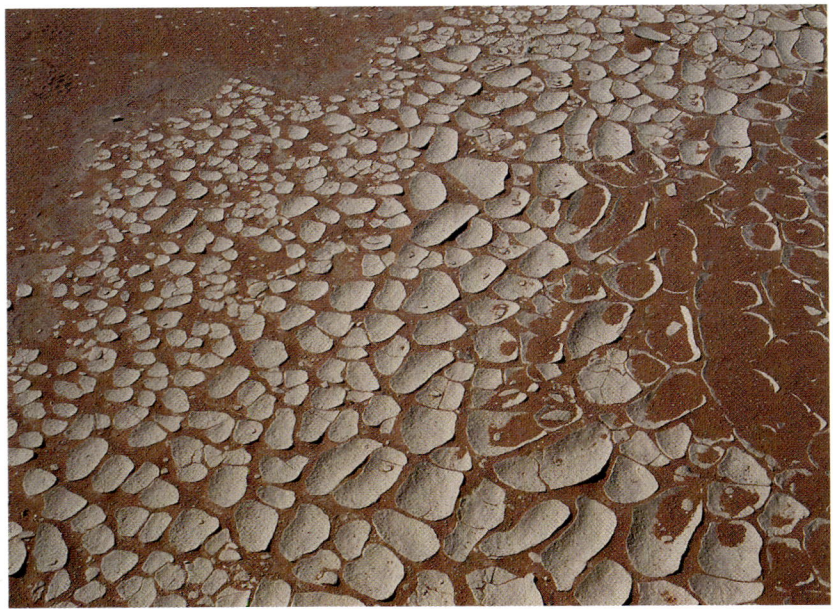

schließen können – dieses Gefühl durchlebte Vivant Denon und beschrieb es: »Nur ein dunkles, rotbraunes Licht warnte uns, die Augen fingen an zu schmerzen, die Nase war verstopft, unser Rachen hatte nicht mehr genug Feuchtigkeit, um gegen den eingeatmeten Staub anzukommen; wir wussten nicht mehr, wo die anderen waren, waren von unserem Weg abgekommen … In diesem Moment begriffen wir, was für ein Unglück die überkommen haben muss, die in der Wüste von einem ähnlichen Naturphänomen überrascht wurden.«[149]

Der Schrecken gipfelt darin, dass alle Spuren, ja die Piste selbst völlig unter dem aufgewirbelten Sand verschwinden.

Das Zusammenwirken der vier nun lebensbedrohenden Elemente – der sich bewegende, trügerische Boden, die unerträgliche Luft, die brennende, tödliche Sonne und der Wassermangel – bringen das Leben des Verirrten, der sich von den Göttern verflucht glaubt, in Gefahr.

### Ein sagenumwobener Ort

Die unerträgliche Leere der Wüste schafft unmenschliche Verhältnisse. So füllt man sie gern mit Phantasiegestalten, die der Unermesslichkeit des Raums entsprechen. Das ist der Augenblick der Versuchung: Böse Geister und andere dunkle Gestalten tauchen auf. Traditionell war die Wüste immer der Zufluchtsort von Feinden, Plünderern und Ungeheuern. In den Legenden führen Letztgenannte gläubige Anachoreten wie den heiligen Antonius in Versuchung. Aber es handelt sich um Ungeheuer aus dem Seeleninneren, um Halluzinationen; wenig Schlaf und Essen – Voraussetzungen zur Erlangung der Heiligkeit – verstärken sie noch. In der Wüste wird man auf die Probe gestellt, sie ist der Ort der Konfrontation mit dem inneren Feind, des Kampfes gegen die eigenen Dämonen – und der einzige Weg zur Heiligkeit.

In den Legenden tauchen zwitterhafte Ungeheuer auf, halb Frau, halb Tier, Fleischfresser, die unvorsichtige Reisende verschlingen – so die Legende von Siwa, wie sie Dionysos Chrysostomos überliefert: »Sie meinten auf einer Düne eine schlafende Frau zu sehen. Ihr Unterleib war von einer Tierhaut bedeckt, so wie es die libyschen Frauen trugen, Brustkorb und Brüste lagen frei, der Hals war nach hinten gestreckt. Die Theoren vermuteten, dass sich eine Kurtisane eines benachbarten Ortes vor ihrer Truppe an diesen Ort begeben hatte. Zwei von ihrer Schönheit überwältigte junge Männer gingen auf sie zu. Der

**Diese und nächste Seite:**
*»Ein Boden wie ein enthäuteter Körper; die vom Wind geformten Knochen liegen frei; Fetzen gegerbter Haut; Erde, über der ein einziger dünner Film aus Salz liegt.«*
*(Jacques Lacarrière: La poussière du monde. Ed. Nil 1997)*

---

[149]. Denon (wie Anm. 46), S. 285–286.

**Oben:** *Sonne und Wind sind die alleinigen Herrscher über die aride Landschaft der Berge und der Ebene.*

**Links:** *Bäume, kalziniert von der unerbitterlich brennenden Sonne*

**Nächste Seite:** *Der Sand setzt sich langsam in Bewegung. Der große Sandsturm naht.*

---

**150.** Dionysos Chrysostomos, zitiert nach Leclant (wie Anm. 21), S. 224.
**151.** Athanasios, zitiert nach Leclant (wie Anm. 21), S. 207.

eine überholte in seiner Eile den anderen. Das Ungeheuer, das ihn so bis zu einem Sandeinbruch gelockt hatte, verschlang ihn. Der andere Mann sah dies, stieß einen Schrei aus, sodass die anderen Reisenden ihm zu Hilfe kamen. Das Ungeheuer stürzte sich mit seinem schlangenartigen Körper auf den jungen Mann, tötete ihn, verschlang ihn und verließ pfeifend den Ort des Geschehens. Man fand die Leiche bereits faulend und zerfallend. Die Libyer, die diesen Konvoi leiteten, verboten, den Körper zu berühren. Alle wären daran gestorben.«[150]

Seit der Zeit der Pharaonen war die Wüste übel beleumundet. Der unzivilisierte Ort schlechthin stand im Kontrast zum Niltal, dem Hort der Kultur. Die Wüste war das Reich der Toten, der Sträflinge, der Kriegsgötter, die vor Eindringlingen schützten, aber auch gewalttätig und zerstörerisch waren wie die Löwengöttin Sechmet, Seth und Ha.

Die katzengestaltige Bastet war die Inkarnation des wohltuenden, segensreichen Aspekts der Sonne, die löwenköpfige Sechmet hingegen repräsentierte mit ihren roten Augen deren feurige und zerstörerische Seite. Als Sechmet von den Göttern den Auftrag erhielt, die Menschen zu strafen, hätte sie in ihrem Blutrausch beinahe alle getötet. Um das Blutbad zu mindern, schütteten die Menschen Bier aus, das, gemischt mit Ocker, die rötliche Farbe des Bluts annahm. Sechmet betrank sich und floh gedemütigt in die Wüste. Sie war »so wutentbrannt, dass ihre Haarmähne Flammen glich, ihr Auge funkelte und ihr Rücken glühend rot wurde«. Nur einmal kehrte sie ins Niltal zurück, beruhigte sich aber und ließ die Katzengöttin Bastet walten.

Seth, der »Rote«, Mörder seines Bruders Osiris, war die Inkarnation der Gewalt. Nach seiner Niederlage im Kampf gegen Horus wurde er von den Göttern in die Westliche Wüste verbannt. Geblieben ist sein heißer Atem, der noch heute über den roten Sand fegt.

Der Gott Ha personifizierte nicht die Wüste, sondern hatte vielmehr die Aufgabe, die Pisten der Westlichen Wüste zu schützen.

Die Wüste – einst von mörderischen Göttern heimgesucht – ist nach wie vor ein Ort, den man meiden sollte. Ihre Weite und das Fehlen von Orientierungspunkten führen zu panischer Angst, zu Halluzinationen und Übelkeit … oder aber zu Trunkenheit und Euphorie!

## Ort des Exils und der Wiedergeburt

»Sie schickten alte Männer und Bischöfe ins Exil, an tote, unzivilisierte und grausame Orte.«[151]

Die Schwierigkeit, in ein solches Gebiet einzudringen, sich hier zu orientieren, zu überleben und ihm schließlich zu entkommen, mach-

**Rechts:**
*Ein mysteriöses Ei? Entschlüpft ihm bald ein Ungeheuer?*

*Aeolus, der Gott des Windes, formt Felsen, deren Schatten Steinungeheuer entstehen lassen.*

te die Wüste zu einem idealen Exil. Seit der Antike wurde sie so für Gesetzlose oder politische Gegner genutzt. Fluchtversuche, die unausweichlich mit einem grausamen Tod bestraft wurden, waren selten und bedeuteten das ewige Exil in der Wüste.

Nach christlicher Tradition gab es zwei Formen des Exils: das politische und das freiwillige, das allerdings eine andere Bedeutung hatte.

Zum einen haben Gegner der bestehenden Hierarchie wie etwa der heilige Athanasios oder Nestorius in Bagawat in der Oase Charga die ihnen auferlegte Isolation genutzt. Sie gab ihnen Energie, lockte Schüler an und ermöglichte so die Entstehung wichtiger Werke und Lehren; Athanasios schrieb dort das »Leben des heiligen Antonius«.

Zum anderen manifestierte sich in den ersten nachchristlichen Jahrhunderten eine zweite, bis dahin noch nie da gewesene Entwicklung: das freiwillige Exil, der Rückzug in die Einsamkeit der ägyptischen Wüste. Als erster tat dies der heilige Antonius, dem bald danach zahlreiche Frauen und Männer folgten, die Einsamkeit und Einkehr suchten. So wird die Wüste zum Ort der Prüfung in Anlehnung an das Leben Christi und der bevorzugte Ort zur Erlangung der Heiligkeit.

Heute gehen Menschen in ihrer Freizeit freiwillig für eine bestimmte Zeit ins »Exil«, eine Zeit der körperlichen und seelischen Erneuerung. Man lässt die Zwänge des Alltags zu Hause, fühlt sich frei, kann aber nicht vermeiden, dass neue Zwänge entstehen; dennoch bringt eine solche Zeit eine Vielzahl einmaliger Emotionen mit sich. Mitten in einer unberührten Natur neu geboren werden wie am ersten Morgen, mit der Hoffnung eines neuen Menschen – all dies hindert nicht daran, auf den Spuren unserer entferntesten Vorfahren zu wandeln, die lang verlassenen Schauplätze ihres Lebens aufzusuchen und einige ihrer Spuren und zur Meditation anregenden Kunstschätze zu suchen.

## Die Nekropolen der Wüste – die Reise ins Jenseits

Die Wüste, das Gebiet ohne jegliches Leben, war traditionell das Reich der Toten, der Ort ihrer Grabstätten – aus mehreren Gründen. Die Trockenheit der Luft ermöglichte es, die Körper auf beinahe natürliche

*Der Fuß der Berge ist farbig, bunter Sandstein schlängelt sich wie ein aus einer Quelle entsprungenes Bächlein um den Fels.*

**Ganz oben:** *Eine unwirtliche Welt*

**Oben:** *Die Wüste – eine Nekropole, der Ort der Grabstätten*

Art und Weise zu konservieren. Die Menschen der Antike hatten bemerkt, dass die direkt im Sand begrabenen Körper relativ gut erhalten blieben und entwickelten, hiervon ausgehend, die Techniken der Mumifizierung.

Um das Reich der Toten von dem der Lebenden zu trennen, schuf man im Niltal geografische Abgrenzungen: Den Lebenden gehörte der fruchtbare Boden. Ähnlich legte man auch in den Oasen die Gräber weitab von den bewohnten Gebieten an, sodass die Wüste den Toten gehörte – ein Ort, wo man in Frieden in der Erwartung eines neuen Lebens und des Eintritts ins Jenseits ruht. Die Isolation der Nekropolen sollte aber auch die Lebenden vor einer unverhofften Rückkehr der Toten schützen. Ein Beispiel hierfür ist der Hügel der Toten, Gabal al-Mawta, außerhalb der Stadt Siwa. Das gleiche gilt für Bahariya und natürlich für die Nekropole von Bagawat in Charga.

Die gebirgige Wüste im Westen, das Reich der Toten, war von Geheimnissen wie von Hoffnung umgeben: Dort tauchte König Ra in die Unterwelt und focht während der nächtlichen Regeneration seinen Kampf gegen die Dämonen, ehe er am Morgen wieder jugendlich regeneriert erschien. Die Wüste war der ideale Ort, um dem göttlichen Beispiel zu folgen und des Erwachens der Ewigkeit zu harren.

## Die Götter der Libyschen Wüste
### Von Nicolas Grimal

*Die Göttin Sechmet, die löwenköpfige Botin des göttlichen Zorns; Tempel Dar al-Haggar, Oase Dachla*

*Seth, der traditionelle Gott der Wüste und Fremdländer, hier in der Gestalt des Horus, der die Schlange Apopis aufspießt; auf einer Innenwand des Tempels von Hibis*

*Der Gott Ha, der Beschützer der Westlichen Wüste; Grab des Bannentiu in Bahariya*

*Als Herodot Ägypten als »Geschenk des Nils« bezeichnete, tat er nichts anderes, als uns eine Selbstverständlichkeit ins Gedächtnis zu rufen, nämlich dass das Wasser die Quelle des Lebens ist und eine Kultur entstehen lässt. Die Götter des alten Ägypten sind wie die Menschen: Sie leben in einem Tal, und sobald sie es verlassen, wollen sie sich in einer Gegend niederlassen, die sie sich nach dem Vorbild ihrer Heimat ausmalen. Man schätzt, dass Ende des 19. Jahrhunderts 3 % der ägyptischen Bevölkerung in Wüstenzonen lebten. Dies dürfte auch heute noch zutreffen, trotz der Entwicklung des »Neuen Tals«, das die steigenden Bevölkerungszahlen größtenteils auffängt. Und selbst wenn man annehmen darf, dass sich die Zivilisation weiterentwickelt, so wird, wenn alle neuen Gebiete erschlossen sind, die Zivilisation, die dann in der bewässerten Wüste existiert, sich immer an die des Niltals anlehnen.*

*Unser Wissen über die Kultur der Nomadenstämme, die zur Zeit der Pharaonen die Wüsten durchquerten, ist zu lückenhaft, um etwas über ihre religiösen Vorstellungen sagen zu können, sodass wir uns auf die Bauten der Ägypter beschränken müssen, das heißt auf die in den Oasen lebenden Gesellschaften sowie jene aus den Randbereichen des Niltals.*

*Als sich die alten Ägypter in den Oasen niederließen, passten sie lediglich ihre Kultur an eine neue, ihrer Heimat so ähnlich wie möglich gestaltete Umgebung an. Das letztlich fiktive Bild eines Gottes, der auf seiner heiligen Barke über einen Nebenfluss des Nils bis zu den Pforten seines Tempels gelangt – um hier nur dieses Beispiel anzuführen –, ist im Tempel von Hibis in Charga zu sehen, 200 Kilometer Luftlinie vom Nil entfernt. Geweiht war der Tempel dem Gott Amun, der an der Seite seiner Frau und unterstützt von seinem Sohn über die Oase wie über Theben regierte. Dasselbe gilt für alle Tempel, und die bei Ausgrabungen in den Oasen gefundenen Grab- und Kultgegenstände legen nahe, dass es kaum Unterschiede zwischen den Glaubensvorstellungen eines Oasenbauern und denen eines Bauern im Niltal gab.*

*Heißt das, dass es in den ariden Zonen keine »Sonderform« des Panthéons gibt? Hier sollte man nuancieren: Bei einigen Göttern lässt sich eine gewisse »kulturspezifische Besonderheit« feststellen, die sich lokal entwickelte. So spielte die Göttin Hathor auf dem Sinai eine herausragende Rolle. Außerdem waren Götter, die die Grenzen und die Wüsten bewachen, in den Oasen naturgemäß stärker vertreten. Auch die löwenköpfige Sechmet, die Botin des göttlichen Zorns, suchte normalerweise eher die Pisten der Westlichen Wüste auf. Der Gott Ha, ursprünglich ein Fruchtbarkeitsgott in Verbindung mit Min und Amun, übernahm erst zu Beginn des 2. Jahrtausends v. Chr. die Rolle des Beschützers der Westlichen Wüste und Libyens im Allgemeinen. Für diesen Teil der Erde übernahm er die Funktion, die der Gott Soped für den Osten und Dedun für den Süden inne hatten.*

*So spielte auch Seth, der traditionelle Gott der Wüste und der Fremdländer, eine große Rolle; seine Ikonografie weist, näher betrachtet, eine Verbindung zum kämpfenden Horus auf. Hier liegt der Grund für seine außergewöhnliche Darstellung als Horus im Tempel von Hibis in Charga. Dort erscheint er aufrecht, wie er seine Lanze in den Körper der Schlange Apopis stößt, in einer Haltung, die später in der Ikonografie des heiligen Georg, des Drachentöters, ihren Niederschlag fand. Die Haltung erinnert aber auch an den Gott Ha im Grab des Bannentiu in Bahariya, der ebenfalls mit seiner Lanze nach etwas stößt.*

*Auch die Einwohner semiarider Zonen entwickelten nach der Eroberung durch Alexander den Großen besondere Kulthandlungen gegenüber den Göttern des griechischen Tempels, die mehr oder weniger an militärische Formen angelehnt waren. In der Oase Bahariya spielte Herakles eine besondere Rolle – ja, im Grunde auf der gesamten Karawanenroute zwischen der koptischen, das heißt ägyptischen Region und den hellenistischen Ansiedlungen der Mittelmeerküste – sowie Pan in der östlichen Wüste. Er wurde im Tempel, den Alexander am Weg nach Siwa errichten ließ, in der Gestalt eines falkenköpfigen Gottes angebetet. Wahrscheinlich war es seine Verbindung zu Amun, der er sein Dasein in diesem Tempel sowie in jenem von Bawiti, der mit Chonsu in Verbindung steht, verdankt.*

*Amun selbst, der Gott von Siwa, ist ein gutes Beispiel für Synkretismus oder, genauer gesagt, für die Anpassung an einen neuen Kulturraum. Im 6. Jahrhundert kam er in die Kyrenaika und nahm das Aussehen des bärtigen Zeus an, der hinter den Ohren allerdings noch die Widderhörner Amuns trug. Es besteht auch eine gewisse Ähnlichkeit zu Apollo. Sein Orakel war eines der bedeutensten der griechischen Welt. Als Alexander einen Gott aufsuchen wollte, der ihm seine Macht im Tempel von Siwa bestätigen sollte, ging er nicht zu einer ägyptischen Gottheit, sondern zu einer, die er als Gottheit seines Landes wiedererkannte.*

*Zeus-Amun, dann Jupiter-Amun, auf Zypern und in Nordafrika sogar Baal-Hamun, blieb in römischer Zeit stark an die kaiserliche Macht gebunden. In Ägypten ging er aus den gleichen politischen Gründen eine enge Beziehung mit einer anderen ptolemäischen Schöpfung ein, mit Serapis und dem Umfeld der Göttin Isis, zu der auch die allgegenwärtige, rein griechische Medusa zählte.*

*Wenn wir also das ursprüngliche kulturelle Potential der Wüste auch nicht wirklich einschätzen können, so zeigen doch die religiösen Strömungen, die sich bis zu der maurischen Eroberung entwickelten, die Bedeutung der Wüste, vor allem als Verkehrsachse und als Ort der Eroberung des Raumes, der traditionell Ägypten unterstand.*

Kapitel VI

# Himmelskörper in der Wüste

## *Schätze im Sand*

Die Wüste bewahrt alle Spuren, aber auch die »Gaben« von Himmel und Erde. Manche Dinge können Tausende von Jahren dort liegen bleiben, wo sie hinfielen, sind allerdings der Erosion ausgesetzt. Ein aufmerksames und geschultes Auge kann diese Schätze insbesondere bei kontrastreichem Licht schon aus der Ferne erkennen.

### Fulguriten – Zeugen der Unruhe am Himmel

Der blaue Himmel wölbt sich über der ruhigen Weite des Sandes, doch kann diese Ruhe mit einem Mal ein Ende haben. Wolken ziehen auf, der Donner grollt, der Blitz schlägt in die Dünen ein, breitet seine Krallen aus und hinterlässt seine glühende Spur. Was bleibt, sind seltsame Objekt im Sand: Fulguriten, vom Lateinischen *fulgur*, »Blitz«. Der Feuerstrahl, der aus dem Himmel zuckt und an anderen Orten der Erde Häuser oder Bäume in Flammen aufgehen lassen kann, trifft hier nur auf Sand, ohne auf irgendeinen Widerstand zu stoßen. Die Temperatur des Blitzes ist sehr hoch: Sie kann mehrere Tausend Grad erreichen und bewirkt, dass der Sand dort, wo der Blitz einschlägt, zu Glas schmilzt. Es entsteht eine Art Röhre, die innen glatt, außen aber rauh ist wie Baumrinde, da die Oberfläche aus winzigen Quarzkörnern besteht. Das Gebilde ist zerbrechlich wie Glas. Fulguriten können bis zu mehrere Meter tief in die Dünen eindringen und werden nur entdeckt, weil sich der Sand unentwegt bewegt und alle Fremdkörper nach außen abstößt. Die auf dem Sand liegenden oder noch teilweise darin steckenden Fulguriten weisen, so Edmond Diemer, in ihrer grauen Gangmasse kleine Farbunterschiede auf: »Man findet den Fulguriten noch an der Stelle, an der der Blitz in die Düne einschlug; schaufelt man den im Sand steckenden Teil frei, so sieht man, dass er stets aus einem Stück besteht. Der aus dem Sand herausragende Teil sowie die auf dem Boden verteilten Stücke sind dunkelgrau, während die im Sand steckenden Teile hellgrau und sehr zerbrechlich sind.«[152] Wenn die Fulguriten nach und nach an die Oberfläche aufsteigen, zerbrechen sie wie trockene Zweige in Stücke und verteilen sich kreisförmig um das Einschlagloch, was aus der Ferne gut zu sehen ist. Der Sand um den Fulguriten weist eine rötliche Farbe auf, wahrscheinlich aufgrund der Eisenoxide im Fulguriten.

Fulguriten sind in der Wüste eine Seltenheit, kommen aber immer an bestimmten Orten vor, woraus sich schließen lässt, dass der Blitz nur in Regionen einschlägt, die ein besonderes Mikroklima haben. Der Einschlagtrichter befindet sich meist unten an den Dünenwänden, in den Dünentälern, wo es leicht feucht sein kann.

Bislang kann das Alter eines Fulguriten noch nicht genau bestimmt werden, da man keine sichere Datierungsmethode kennt; es ist daher unmöglich, einen sehr alten Fulguriten von einem ganz jungen zu unterscheiden.

### Meteoriten und Meteore aus der Ferne

Die Erde ist von Meteoriten jeglicher Größe und jeglichen Gewichts – vom Mikrogramm bis zu 1 Million Tonnen (Meteor Crater in den USA von vor 50 000 Jahren) – übersät. Aber was verbirgt sich hinter diesen Himmelskörpern? Meteoriten sind meist Stücke von zerfallenden Asteroiden, die zwischen Mars und Jupiter um die Sonne kreisen. Häufig sind sie von einer Schmelzrinde umschlossen, die auf ihre Erhitzung bei ihrem Sturz durch die Atmosphäre zurückgeht.

Meteoriteneinschläge kommen auf der ganzen Welt vor, wenn auch ungleichmäßig verteilt. In einigen Regionen sind häufiger aufprallende Meteoriten zu verzeichnen als in anderen, oder man kann sie dort zumindest besser erkennen. Zu jenen bevorzugten Gebieten zählen die Eiskappen an den Polen sowie die Wüsten.

# HIMMELSKÖRPER IN DER WÜSTE

**Diese und nächste Seite:** *Ansammlung von Fulguriten an den Dünenwänden, relativ weit oben. Fulguriten sind Spuren des Blitzes: in Glas verwandelte Mineralien, versteinerte Blitze im Sand.*

152. Edmond Diemer: »Observation concernant des fulgurites sahariennes et rappel des caractéristiques principales des fulgurites en générale«. In: Kolloquium über *Lightning and Mountains*, Chamonix, 6.–8. Juni 1994, S. 3–4.

*Ein noch im Sand steckender Fulgurit – der freiliegende Teil ist oxidiert.*

Einige Forscher versuchen sogar, die Fluglinie eines angekündigten Meteoriten aufzunehmen, um den Punkt des Aufschlags zu bestimmen und den Meteoriten dann dort einzusammeln. Diese Zeugen aus dem All bringen uns immerzu neue Erkenntnisse über den Aufbau unseres Sonnensystems.

In einem so kargen Gebiet wie der Wüste macht ein geschultes Auge auf einem normalerweise hellen Boden Meteoriten zwischen den Tausenden von gewöhnlichen Steinen leicht aus, obwohl diese hin und wieder durchaus aussehen können, als stammten sie selbst aus dem All. Viele Steine sammelt man voller Begeisterung und wirft sie dann enttäuscht wieder weg. Am besten macht man sich am Morgen auf die Suche, da in diesem Licht die Kontraste besser hervortreten.

Experte auf diesem Gebiet ist Alain Carion, der folgende Ratschläge gibt: Zunächst sollte man sich vor Schlangen und Skorpionen in Acht nehmen, die sich ungern stören lassen. Allerdings lässt es sich nicht vermeiden, die Steine, die eine Besonderheit aufweisen, aufzuheben: »In der Wüste ist es oft interessant, Gesteine, die halb im Boden stecken, umzudrehen, da der sichtbare, frei stehende Teil vom Wind erodiert und geformt ist, der im Boden steckende dagegen eine Struktur mit einer Schutzwand … aufweist: typisch für einige Meteoriten.«[153]

Eine der Flächen des Meteoriten, die im Moment des Eindringens in die Atmosphäre in Richtung Erde zeigt, wird am heißesten und verwandelt sich in eine Schmelzrinde, die man als »Schutzwand« bezeichnet. Die dabei entstehenden Tropfen verteilen sich ausgehend von der Schutzwand auf der Oberfläche. Sehr viel seltener zeigen Meteoriten besonders interessante Muster: kleine ausgeschliffene Vertiefungen, die ebenfalls beim Schmelzen während der Durchquerung der Atmosphäre entstanden – die Regmaglypten.

Einige Meteoriten sind magnetisch, und man glaubt, am Ziel zu sein, wenn sie am Magneten haften bleiben. Alain Carion schlägt in der Tat vor, den Stein in die Nähe eines Kompasses zu bringen und ihn dann langsam um dessen Achse zu bewegen, um zu sehen, ob sich die Nadel mitbewegt: »Wenn die Nadel der Bewegung des Steins folgt, enthält der Stein natives Eisen oder ist in sich magnetisch, was bei einem Erdgestein selten der Fall ist.«[154] Aber nicht alle Meteoriten sind magnetisch, die so genannten Steinmeteoriten nämlich nicht; hier lässt sich nur über Laboruntersuchungen feststellen, ob es sich um einen gewöhnlichen Stein oder einen Meteoriten handelt.

Da die Luft der Wüste nachts sehr klar ist, kann man sehr gut das Himmelsgewölbe erkunden; zu bestimmten Zeiten des Jahres sind

Sternschnuppenschauer zu sehen, so genannte Meteore. Im Unterschied zu den Meteoriten, die auf die Erde fallen, sind Meteore Mikrostaubniederschläge; die Gasionisierung bewirkt, dass sie beim Durchqueren der Atmosphäre leuchten. Gerät die Erde in den Schweif eines Kometen, kommt es zu einer Lichtexplosion, die einer Sternkonstellation zu entspringen scheint. Im November 1998 war der Meteorstrom der Leoniden – der Radiant liegt im Sternbild Löwe – überaus beeindruckend; der Himmel war voller kräftiger, leuchtender Farben. Dieses Naturschauspiel ereignete sich einige Stunden vor Morgengrauen, dann tauchte wieder die Mondsichel auf, gefolgt von der aufgehenden Sonne, die ihre Strahlen auf die von den Meteoren im Himmelsgewölbe versprühten Farben warf. Harding King faszinierten die Sternschnuppen ebenfalls, und er hielt die religiöse Interpretation des Phänomens bei den Einheimischen fest: »Die Sternschnuppen, deren Glanz am Wüstenhimmel sich Bewohner eines nebligen Landes wie England nur schwer vorstellen können, werden zu Pfeilen, die von den Engeln für die Jagd auf böse, an den Pforten spionierende Geister benutzt werden.«[155]

Stück eines großen Meteoriten in der Großen Sandwüste; die braune Verfärbung der Oberfläche weist auf die Hitze hin, der der Meteorit beim Eindringen in die Atmosphäre ausgesetzt war.

## Das Geheimnis des libyschen Glases

Das nach Meteoriten suchende Auge erspäht auf einmal interessante Steine, die in der Sonne glitzern und sich durch ihre Helligkeit von den dunklen Steinen abheben und den Blick fesseln. Ihre mehr oder weniger dunkelgrüne Färbung, manchmal lichtdurchlässig und sogar von einer faszinierenden Transparenz, hebt sich von der Farbe des Sandes ab. Bei einer für einen Stein so ungewöhnlichen Färbung drängt sich der Gedanke an Wasser auf, obwohl wir uns mitten in der Großen Sandwüste befinden. Einige Stücke enthalten sogar Blasen oder winzige weiße Perlen. Die klare Oberfläche ist poliert und modelliert, vom Wind, vom Wasser oder gar von Menschenhand?

Woher stammen diese Steine aus grobem Glas? Hat sie ein prähistorischer Handwerker zurückgelassen, weggeworfen oder vergessen? Dieses Glas hatte bereits Fulgence Fresnel entdeckt und als Reste von Gegenständen von menschlicher Hand interpretiert: »Dieser Bedarf hat den derzeitigen Sultan motiviert, dem Chabir der Karawane, Hadsch Husain, der 1848 in Benghazi eingetroffen war, eine wundervolle Belohnung zu versprechen, sofern er die Strecke in der Libyschen Wüste zwischen der Oase von Khufra (oder Kebabo) und einer der Oasen auf ägyptischem Territorium zurücklege. Der Chabir sagte mir, im Osten der Libyschen Wüste Spuren einer antiken Straße gesehen zu haben, die er zwei oder drei Tage lang erkundet habe und wo er schließlich auf Bruchstücke von Glas gestoßen sei, ein sicheres Zeichen, dass hier in der Antike Menschen vorbeigezogen sind.«[156]

Erst 1932 entdeckte P. A. Clayton, der in der Libyschen Wüste topografische Proben sammelte, eine Fläche mit Glasstücken. Er hielt dies schriftlich fest und nahm einige Stücke mit. Seither wird das Material als »libysches Glas« oder »Libyan Desert Glass« bezeichnet.

Das Glas erregte die Aufmerksamkeit der Wissenschaftler, da es nur in der Großen Sandwüste und nirgends sonst auf der Welt vorkommt. Mehrere einander widersprechende Hypothesen wurden aufgestellt, ohne dass die Frage eindeutig geklärt wäre.

Es gibt im Grunde zwei Haupttheorien: Die erste geht von einer langsamen Formation unter normalen Druck- und Temperaturbedingungen aus, die andere von einer raschen Verglasung unter hohen Temperaturen aufgrund eines Aufpralls. Auch wenn sich inzwischen letztere Erklärung immer mehr durchsetzt, ist doch noch unklar, ob das Material vulkanischen oder extraterrestrischen – wozu derzeit die Wissenschaft neigt – Ursprungs ist. Aber wann ist ein extraterrestrisches Objekt so hohen Temperaturen ausgesetzt, dass sich Glas bildet? Und warum nur hier und nirgendwo sonst, obwohl die Erde damit bombardiert wird? Oder handelt es sich um das außergewöhnliche und extrem seltene Phänomen, dass ein Komet die Wüste streift und im Vorbeigehen die Bedingungen für die Entstehung von Glas schafft? Eines ist jedoch sicher: Dieses einmalige Naturphänomen konnte datiert werden. Es soll vor 29 Millionen Jahren stattgefunden haben; das libysche Glas wäre folglich ein Erdkörper, der entstand, als ein Himmelkörper in dieser Gegend einschlug.

Neben den unbehauenen Stücken jeder Größe fallen einige Formen auf, die im Neolithikum von Menschen geformt wurden: diverse Schneidewerkzeuge, Klingen, Reiben, Pfeilspitzen, Nadeln, aber auch Schmuck, Amulette oder Kultobjekte. Die prähistorischen Menschen

---

153. Alain Carion: *Les Météorites et leurs impact*. Masson, Paris 1997, S. 181.
154. Ebd.
155. Harding King (wie Anm. 84), S. 119.
156. Fulgence Fresnel: »Mémoire de M. Fulgence Fresnel sur le Waday«. In: *Bulletin de la Société de géographie*, Band XIII, 1850, S. 82–83.

**Rechts:** *Libysches Glas mit einem Loch, wahrscheinlich als Amulett zu verwenden; auf beiden Seiten ein doppeltes Profil*

**Unten rechts:** *Pektoral Tut-Anch-Amuns, in dessen Mitte ein Sonnen-Skarabäus aus libyschem Glas sitzt, der sich in den Körper eines Falken mit ausgebreiteten Flügeln einfügt*

**Vorhergehende Seite, links:** *Bruchstücke von libyschem Glas, unbehauene Stücke auf oder zum Teil im Boden, transparent oder lichtundurchlässig. Die Oberfläche ist vom Wind und feinen Sandpartikeln poliert; der im Boden steckende Teil weist hingegen eine raue Oberfläche auf.*

**Vorhergehende Seite, oben rechts:** *Werkzeug aus libyschem Glas von 5 Zentimetern Länge*

**Vorhergehende Seite, unten rechts:** *Kleine Werkzeuge und Klingen aus libyschem Glas von 3 bis 6 Zentimetern Länge*

hatten die Transparenz und die Schönheit des einzigartigen Materials aus der fernen und so schwer zugänglichen Wüste zu nutzen gewusst. Kannten auch noch die Alten Ägypter das wertvolle Glas?

Eine Studie[157] von 1998 zeigt, dass der Pharao das Privileg hatte, ein Stück libysches Glas an seiner Grabkette zu tragen. Tut-Anch-Amun trug in der Tat deutlich sichtbar ein Amulett auf der Brust, in dessen Mitte anstelle des Herzens ein sehr schöner gelb-grüner Skarabäus[158] eingesetzt war, der in den Körper eines Falken mit ausgebreiteten Flügeln eingebettet war. Das Chalzedon galt schon immer als der Stoff des Skarabäus. Aber im Gegensatz zu den herrschenden Meinungen ist dieser wertvolle Stein sehr wohl aus libyschem Glas – so das Ergebnis jüngster Laborstudien.

Die Untersuchungen von Schmuck und alten Gegenständen der Pharaonen dauern an. Hat einer der fünf Ringe aus hartem Stein des Pharaos wohl den gleichen Ursprung?

---

**157.** Vincenzo de Michele: »The ›Lybian Desert Glass‹, Scarab in Tutankhamen's Pectoralin.« *Sahara* 10 (1998), S. 107–109.
**158.** Der Skarabäus oder Mistkäfer, ein kleines Insekt, rollt eine Dungkugel vor sich her, in der er seine Eier ablegt. Die Ägypter nannten ihn Chepr, assoziierten mit ihm Leben und Zukunft und gaben der Hierglyphe für diese beiden Begriffe sein Bild. Aufgrund der Namensgleichheit gibt es eine Verbindung zu Chepris, der aufgehenden Sonne: das morgendliche Schauspiel des Sonnengottes, der sich mittags in Ra und abends in Atum verwandelt. Der Skarabäus erhält die Gabe der Reinkarnation und hat die Aufgabe, die Sonnenkugel nachts vor sich her zu schieben, damit sie am Morgen wieder aufgeht. Dies ist auf vielen Siglen oder Amuletten sowie auf zahlreichen Reliefs und Gemälden dargestellt. *Dictionnaire de la Civilisation égyptienne* (wie Anm. 13), S. 259.

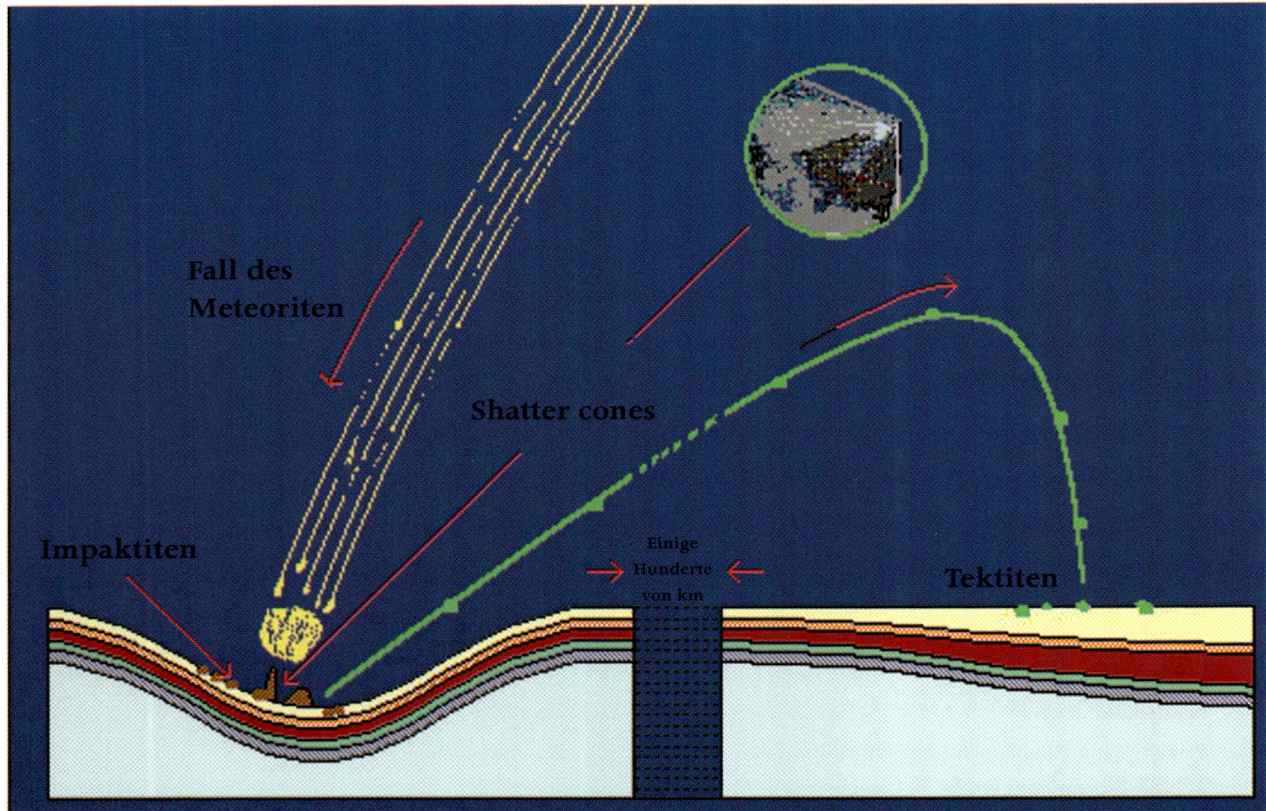

**Oben:** *Vor 29 Millionen Jahren entstand dieses rätselhafte Glas. War der Auslöser der Einschlag eines Kometenkerns?*

**Links:** *Schematische Darstellung des Einschlags eines Meteoriten*

159. R. A. Weecks, J. R. Underwood Jr. und R. Giegengack: »Libyan Desert Glass, A Review«. *Journal Non-Cryst Solids,* 1984.

## Das libysche Glas – ein Impaktit?
Von Edmond Diemer

Seit Patrick Clayton im Dezember 1932 das libysche Glas wiederentdeckte, wurden über 170 Studien dazu veröffentlicht, 90 % davon wissenschaftlicher Natur, in denen Zusammensetzung und Ursprung analysiert und Vergleiche mit anderen Naturgläsern angestellt wurden. Théodore Monod, Wissenschaftler am Staatlichen Museum für Naturgeschichte in Paris, war der erste französische Forscher, der sich diesem Problem widmete. Er suchte mehrere Male die Fundstätten auf. Wir selbst haben ihn sechsmal begleitet und regten einige Forscher dazu an, sich mit dem Thema auseinanderzusetzen.

Das Glas liegt in der Großen Sandwüste von circa 130 Kilometern Durchmesser in Nord-Süd-Richtung und 50 Kilometern in Ost-West-Richtung; seine Mittelpunkte sind 25°30'N und 25°30'O. Es erstreckt sich also in der Nähe der Stelle, wo die Dünenketten – normalerweise NNW nach SSO ausgerichtet – im Reg auslaufen, am Rand des Sandsteinplateaus des Gilf Kabir. P. A. Clayton bestimmte 1932, als er das Vorkommen wiederentdeckte, erstmals die exakte geografische Lage. Das Glas findet sich auf der Oberfläche des Bodens der 3 bis 5 Kilometer breiten Dünentäler.

Die Stücke sind unterschiedlich groß. Die kleinen, 2 bis 3 Zentimeter großen, liegen zwischen Quarzitbrocken auf dem ebenen Boden der Dünentäler. Die größeren Exemplare von 6 bis 10 Zentimetern stecken dagegen teilweise im Boden. Der der Luft ausgesetzte Teil ist durch den Wind abgeschliffen, glänzt und ist glatt, während die im Boden steckende Partie rau und körnig ist; diese Beschaffenheit ist auf die zwar geringe, aber über Jahrmillionen doch wirksame Feuchtigkeit des Sandes zurückzuführen.

Die kleinen, an der Oberfläche gefundenen Stücke weisen abgerundete Formen auf – was darauf hindeutet, dass sie von Wasser transportiert wurden –, während die Stücke im Boden normalerweise viel kantiger sind. Die größten Fundstücke steckten komplett im Boden. Ein Stück von 26 Kilogramm, bislang das größte Fundstück, liegt heute im Staatlichen Museum für Naturgeschichte in Paris.

Die Färbung des Glases reicht von Gelb bis zu Hellgrün, und es ist unterschiedlich transparent; die Blasen, die einige Exemplare aufweisen, bewirken oft eine weiße Färbung; bei einer Ansammlung von mehreren Glasstücken kann diese milchig werden. Typische, gut sichtbare Einlagerungen sind weiße Kügelchen aus Kristobalit – eine Art Quarz – und braune Schlieren, über die im Folgenden genauer berichtet wird. Die geschichteten Schlieren haben eine fluide Struktur; dasselbe gilt für die Blasen, die an dieser Struktur aufgereiht sind und die Stratifizierungen oft parallel verlängern.

Der Härtegrad beträgt 6, ist also identisch mit Glas, die Dichte 2,2: etwas leichter als Glas. Das Material besteht zu 98 % aus Kieselgur; die restlichen 2 % setzen sich aus Aluminium, Eisen- und Titanoxiden zusammen sowie Spurenelementen, deren Vorhandensein und Verteilung für die Herkunft des Glases von höchstem Interesse ist.

Das Glas ist viel reichhaltiger an Kieselgur als alle anderen bekannten Naturgläser; Glaslava weist beispielsweise selten mehr als 75 % auf.

Einlagerungen wie Luft- oder Kristobalitblasen wurden bereits erwähnt. Aber auch andere Einlagerungen sind mit bloßem Auge, unter optischen oder Elektronenmikroskopen erkennbar, etwa Mineralien oder Spuren wahrscheinlich biologischen Ursprungs. Die gut erkennbaren Schlieren weisen Spurenelemente in geringster Konzentration auf – oft nur einige Teilchen pro Milliarde –, sodass sie nur mit hoch entwickelten Methoden untersucht werden können.

Die biologischen Einlagerungen ließen einige Wissenschaftler vermuten, es handle sich um ein Glas, das aus der Erstarrung eines Kieselgurgels hervorging. Die Erstarrung ereignete sich an der Luft, sodass im Wasser befindliche biologische Organismen mit eingeschlossen und konserviert wurden. Die im Folgenden aufgelisteten jüngsten Resultate lassen sich mit der These, dass das Glas unter niedrigen Temperaturen entstand, nicht vereinbaren:

Untersucht man die Anordnung der Kieselgurtetraeder und deren Reaktion bei einer Infrarot-Radiografie, so kann dieses Formation nicht unter niedrigen Temperaturen entstanden sein.

Zirkon verwandelte sich in seinem natürlichen Milieu in eine benachbarte Komponente, in Baddeleyit, was Temperaturen von über 1676 °C voraussetzt.

Das Vorkommen von Stichovit, einer kristallinen Quarzart, beweist, dass das Glas einen Aufprall von über 20 000 Bar erfahren haben muss.

Der Iridiumgehalt, deutlich höher als bei Erdgesteinen, lässt auf den Einschlag extraterrestrischen Materials schließen.

Das Verhältnis der eingeschlossenen Metalle wie Eisen, Chrom, Kobalt, Iridium und Nickel entspricht nicht der Relation, wie sie sonst auf der Erde auftritt, sondern der in Meteoriten.

Folglich hat sich das Glas wahrscheinlich unter Einwirkung eines Aufpralls gebildet, entweder durch den Impakt eines Meteoriten, eines Kometenkerns oder durch deren Explosion in unmittelbarer Nähe des Bodens. Der Aufprall bewirkte dann die Verschmelzung des Gesteins zu Glas. Zahlreiche Spuren zeugen von Meteoriteneinschlägen – allein 130 Krater gehen sicher darauf zurück. Oft sind die Krater aufgrund ihres Alters und der Erosion inzwischen verschwunden, so etwa im französischen Rochechouart, wo sich der Einschlag vor rund 200 Millionen Jahren ereignete. Die unterschiedlichen Auswirkungen eines solchen Impakts werden am Beispiel vom Nördlinger Ries deutlich. Der Krater entstand vor 15 Millionen Jahren. Er hat einen Durchmesser von 25 Kilometern; von Nördlingen aus, das etwa in seinem Zentrum liegt, ist er noch gut zu erkennen. Der Einschlag zerschmetterte und schmolz den Fels. Shatter cones, durch die Schockwelle entstandene Deformationen auf dem Kegel, zeigen die Richtung an, aus der der Meteorit kam. Am Boden und um den Krater ist das Gestein zu Glas geschmolzen. Dieses Kraterglas nennt man Impaktit. Es wurde oft als Baumaterial verwendet, in Rochechouart wie auch in Nördlingen. Außerdem wurden beim Einschlag kleine Stücke des geschmolzenen Gesteins weit in die Atmosphäre, ja in die Stratosphäre geschleudert; sie landeten einige Hundert Kilometer vom Einschlagspunkt entfernt; während ihres Flugs schmolzen sie erneut, nahmen eine aerodynamische Form an und wurden zu Tektiten. Beim Einschlag im Nördlinger Ries bildeten sich alle diese Erscheinungsformen. Die Tektiten werden nach ihrem Fundort Moldaviten genannt; man findet sie in 300 bis 500 Kilometern Entfernung in Böhmen.

Überträgt man diese Erkenntnisse auf das libysche Glas, so liegt der Schluss nahe, dass es auch hier einen Meteoriteneinschlag gab.

Damit stellte sich die nächste Frage, nämlich wann es zu diesem Einschlag kam. Um das zu klären, griff man auf eine der zahlreichen Methoden zurück, die auf der natürlichen Radioaktivität der Gesteine beruhen.

Die Untersuchungen fanden in mehreren unabhängigen Laboren statt und ergaben alle, dass das libysche Glas zwischen 28,5 und 29,5 ±0,4 Millionen Jahre alt ist.

Der Impakt ereignete sich demnach im Tertiär (Oligozän). Derzeit geht man davon aus, dass das Bodenniveau durch Erosion seitdem um rund 300 Meter abgesunken ist. Das erklärt, warum das dem Glas zugrunde liegende Gestein sowie die Spuren des Kraters verschwunden sind.

Wieviel Glas aber hat sich bei dem Einschlag gebildet? Dieser Frage ging 1984 ein amerikanisches Team nach.[159] Schätzungen der noch vorhandenen sowie der durch Erosion abgetragenen Menge belaufen sich auf ungefähr 14 Millionen Tonnen. Ausgehend von dieser Zahl und unter Berücksichtigung der Verteilung der Kristobalitkügelchen, die Aufschluss über den Erkaltungsprozess der Schmelzmasse geben, kann man folgendes Gedankenspiel anstellen:

Ein Kometenkern oder ein Meteorit schlägt mit einer Geschwindigkeit von 30 bis 50 Kilometern pro Sekunde in Sandstein ein.

Die Schockwelle erhitzt die Gesteinsschicht auf über 2000 °C.

Der entstandene Krater hat einen Durchmesser von drei Kilometern. Sein Grund ist flach, nur in der Mitte schießt eine Klippe in die Höhe. Aus der geschmolzenen Masse entstand ein »Kratersee« mit einer Dicke von ungefähr einem Meter.

Brekzien fallen auf die Schmelzmasse und verlangsamen die Abkühlung der Glasmasse.

Die Wassererosion trägt nach und nach die 300 oder 400 Meter Sedimente ab, die auf dem nubischen Sandstein liegen; die Glasmasse wird ebenfalls verschoben.

Das Wasser verstreut die Glasstücke, die heute auf dem aus nubischem Sandstein und Quarzit bestehenden Boden liegen.

Auch wenn dieser Ablauf in sich logisch erscheint, darf nicht außer Acht gelassen werden, dass sich die Besonderheiten des Kraters und des Himmelskörpers auf die Glasmenge auswirkten, die sich bei dem Einschlag bildete und alle genannten Zahlen beruhen auf Schätzungen. Außerdem werden einige Tatsachen nicht berücksichtigt: Man müsste beispielsweise Stücke von Glas und Brekzien finden, die den Übergang von der geschmolzenen Glasmasse zu den Kraterwänden dokumentieren. Weder unser Team noch andere Forscher haben das bislang gefunden. Was den Transport durch das Wasser angeht, sei angemerkt, dass zwar viele kleine Glasstücke Spuren von Wasser aufweisen, die großen, oft im Sand steckenden Stücke scheinen aber nicht weit vom Epizentrum weggetragen worden zu sein.

Das libysche Glas bleibt also weiterhin geheimnisumwoben und eine Einzelerscheinung, die keine Ähnlichkeit zu anderen Impaktiten aufweist.

Kapitel VII

# Spuren des prähistorischen Menschen in der Wüste

**Huderttausende von Jahren klimatischer Wechsel**

In der Libyschen Wüste, einer extrem ariden Zone – unter 5 Millimeter Regen pro Jahr – finden sich heute noch zahlreiche Spuren menschlicher Besiedlung, die die günstigeren Klimaverhältnisse von einst ermöglichten. Die heute völlig unbesiedelte Wüste wurde erst im 20. Jahrhundert archäologisch erkundet. Bei kartografischen und militärischen Expeditionen wurden bedeutende prähistorische Stätten entdeckt. Die ohnehin schwierige Arbeit der Archäologen und Paläoklimatologen wird hier durch das unwirtliche Klima besonders erschwert, sodass jeder Aufenthalt von begrenzter Dauer ist. Da es keine Infrastruktur gibt, ist man völlig auf sich gestellt und muss sich um Verpflegung und Brennstoffe kümmern. Alles ist auf das Nötigste reduziert, ob für Forschungszwecke oder für das tägliche Leben: Mikroskope und Foto- oder Messapparate, aber auch Schläuche, Dieselfilter ... Alle fürchten den Wüstenwind.

Die Grabungen haben eine lange Abfolge von extrem trockenen und feuchten Perioden nachgewiesen, die die Lebensbedingungen jedesmal grundlegend veränderten.

Es gab durchaus verschiedene Epochen, in denen Menschen in dieser Gegend leben konnten; je nach Wetterverhältnissen und Anpassungsfähigkeit an extreme Klimaunterschiede unternahmen sie kurze oder auch längere Wanderungen. Die älteste Siedlung in Ägypten geht auf das Paläolithikum zurück, der Zeit des Homo erectus, dessen Existenz anhand zahlreicher, vermutlich rund 300 000 Jahre alter Werkzeuge belegt wurde; dazu gehört der zweischneidige Faustkeil, der die groben Geräte aus früherer Zeit ablöste. Die Werkzeuge aus Feuerstein, Quarzit oder eisenhaltigem Sandstein sind typischerweise oval, massiv und handgerecht und haben ein beträchtliches Gewicht. Man findet sie an vielen Orten im Gilf Kabir, recht weit von den Oasen, in der Großen Sandwüste sowie im Niltal. Béatrix Midant-Reynes[160] berichtet von Ausgrabungen bei Balat in Dachla, bei denen zwei alte Brunnen mit Tausenden von Artefakten freigelegt wurden: vor allem Faustkeile, aber auch andere Werkzeuge wie Schaber und Bohrer.

Diese Steinwerkzeuge sind Zeugnisse einer Epoche, in der die Menschen sich als Jäger und Sammler von kleinem und großem Wild sowie von wilden Pflanzen ernährten. Sie durchstreiften die Weiten der Savanne und kannten bereits die Technik des Feuermachens.

In Trockenzeiten flüchteten die Menschen in die Flusstäler. Mit zunehmender Materialvielfalt entwickelten sich je nach Verwendungszweck verschiedene Fertigungstechniken. Vor etwa 150 000 Jahren stellte der Homo sapiens leichtere und verfeinertere Werkzeuge her, die dem Faustkeil vorgezogen wurden, ihn aber nicht verdrängten; hierfür nutzte man die Levallois-Technik, die zwar seit der Faustkeilkultur (Acheuléen) bekannt war, aber erst im Moustérien ihre Blüte erlebte. Der Schaffenswille lenkte jeden Schritt der Ausführung des Werkes, angefangen vom Nukleus, dem Kernstück eines Steins, bis zu den flachen, abgehauenen Stücken. Anhand der Einkerbungen auf dem fertigen Gegenstand lässt sich die Art der Fertigung nachvollziehen: »Die Levallois-Technik besteht darin, eine Schlagfläche zu präparieren, von der aus die zentripetalen Stücke abgeschlagen werden, die eine Seite des Nukleus bedecken. Von der so präparierten Oberfläche wird – im Idealfall mit einem Schlag – die Levallois-Klinge herausgeschlagen.«[161]

In der gesamten Wüste stößt man in der Nähe von entsprechendem Materialvorkommen auf zahlreiche kleine Steinverarbeitungswerkstätten – Zeugnisse vieler Bevölkerungsbewegungen.

Ein bedeutender Fortschritt fand vor 33 000 Jahren, im späten Paläolithikum, mit der aufkommenden Klingenkultur statt. Man sparte nun deutlich an Rohstoffen und feilte an den Fertigungstechniken (Mikrolithismus). Der Homo sapiens sapiens stellte Meißel, Pfeilspitzen, Schaber, Bohrer, Hacken und sogar Nadeln sowie geometrische Formen her. Einige fein behauene Stücke brachte man am Holzgriff einer Harpune, einer Sichel oder Ähnlichem an. Die Werkzeuge lassen auf eine wichtige kulturelle Entwicklung schließen, die auch an der Lebensmittellagerung und am ältesten bekannten Grab deutlich wird. Béatrix Midant-Reynes[162] berichtet von einem etwa 30 000 Jahre alten Grab in Nazlat Khatar, das P. Vermeersch und sein Team entdeckten.

*Ein kleiner Grabhügel – ein unauffälliges Anzeichen einer prähistorischen Ansiedlung. Die auf dem Boden verteilten Steinstücke halten die Erinnerung an menschliches Leben wach.*

**Rechts:** *Werkzeug des Homo sapiens: massiver, schwerer Faustkeil, der gut in der Hand liegt; deutliche Kerbungen sind zu erkennen.*

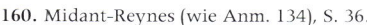
160. Midant-Reynes (wie Anm. 134), S. 36.
161. Ebd. S. 33.
162. Ebd. S. 17–18.

*Nukleus aus Feuerstein; daneben seine Gangmasse*

**Rechts:** *Eiförmige Konkretion in einer Marmorplatte, aus der sie entstanden ist*

*Werkzeug aus dem Paläolithikum, nach der Levallois-Technik behauen, Spitze mit einer gezackten Kante*

*Klingen aus Feuerstein, 4 bis 7 Zentimeter lang*

Im Neolithikum wechselte sich nach wie vor arides mit humidem Klima ab; zwischen dem Norden und dem Süden des Landes gab es jedoch Unterschiede. Wenn Trockenperioden in der Region einsetzten, flüchteten sich die Menschen ins Niltal. Herrschte wieder feuchteres Klima, so kehrten sie zurück und gründeten neue Siedlungen, von denen heute mehr erhalten ist als von den Wohnsiedlungen im Niltal, da diese, aus vergänglichem Material erbaut, den jährlichen Überschwemmungen zum Opfer fielen. In der Wüste bildeten sich während der humiden Periode, die um 9000 begann und bis 3200 v. Chr. andauerte, die Kulturen der Nomadenjäger und der *playas* aus.

## Die Kultur der Nomadenjäger

Über die Kultur der Nomadenjäger ist weniger bekannt als über die der *playas*, die sie bald überflügelte, doch es bestand keine Verbindung zwischen beiden. Es handelte sich um vornehmlich nomadisierende Völker, die von der Jagd und vom Sammeln von Pflanzen und Früchten lebten. Sie durchstreiften weite Gebiete, kehrten aber gern – sofern möglich – an bekannte Orte zurück. Die Zelte mussten bei ihrer Lebensweise leicht und platzsparend sein. Die Stämme bestanden aus kleinen Gruppen, deren Größe variierte. Aus dieser Jagdkultur entwickelte sich eine Vorstufe der Schäferkultur, wie sie heute in der Sahara existiert. Das Dressieren von Jagdhunden – der Hund war das erste Haustier und wurde neben seinem Besitzer begraben – erwies sich als wertvoll bei der Jagd auf wilde Rinder im Niltal sowie später auf Schafe und Ziege. In der Fauna jener Zeit waren nur Hasen und Gazellen an trockene Klimate angepasst; ihnen reichte der Morgentau auf den Pflanzen. Die zahlreichen Rinderknochen können jedoch nur von Haustieren stammen, die zum Weiden in weit entfernte Gebiete getrieben wurden. Es müssen Jäger gewesen sein, die Tiere domestizierten, denn keiner kannte die Fauna so gut wie sie: »Jäger, die eng mit den Wildtierherden zusammenlebten, kannten deren Gewohnheiten am besten, um erste geplante oder auch spontane Zähmungsversuche vorzunehmen. Dies war der Beginn der Domestikation.«[163]

*Prähistorische Höhle in einem bunten Sandsteinfelsen, die durch Wassererosion entstand. Sie befindet sich in der Nähe einer der Stätten der »Mud Pans«; derzeit dient sie Füchsen als Bau, daher ihr Name »Fox village«.*

163. Jean Leclant und P. Huard: »La Culture des chasseurs du Nil et du Sahara«. In: *Mémoires du Centre de recherches anthropologiques, préhistoriques et ethnographiques*. Band XXIX, Heft II, 1977, S. 491.

*Werkstätte eines Steinmetzen. Im Vordergrund sein »Arbeitsstuhl«, auf den er sich setzte, um die Steine zu behauen. Er ist umgeben von Abfallprodukten seines Handwerks.*

**164.** Major F. Peel: »The Tibu People and the Libyan Desert«. In: *The Geographical Journal*, London 1942, S. 73–87.

Die eingefangenen Tiere wurden mit Leinen an Pfählen festgebunden, damit sie die Weide nicht verlassen konnten. Bei den Pfählen, die erhalten sind, ist an der Stelle, wo die Kordel saß, eine Einkerbung. Die Felszeichnungen der Tiere zeugen von deren damaliger Existenz in den vielen Wadis, wo sie reichlich getränkt wurden. Diese Kultur beherrschte die Technik der Keramikkunst noch nicht, verfeinerte aber ihre Steinbearbeitungstechnik und die Herstellung von Waffen und Tierfallen. Die Menschen ernährten sich von Wild – von Giraffen, Straußen, Elefanten, einigen großen Raubtieren und den sehr seltenen Nilpferden – und nutzten ihre Tiere nur als Milch- und Blutlieferanten wie heute noch einige Massai-Stämme in Tansania und Kenia.

### Ein altes Nomadenvolk konserviert seine Lebensart – die Tebu

Seit der frühen Antike zogen einige Völker weit umher; zum einen, um Weidegründe für ihre Herden zu finden, zum anderen, um von den Gütern sesshafter Völker zu profitieren. Diese Nomadenvölker, von denen es auch heute noch einige gibt, kamen aus fernen Gebieten Südlibyens und aus dem Norden des Tschad und überfielen die Bewohner der *playas*. Man bezeichnete sie als Guraans, ein Begriff, der eine Reihe von verschiedenen Stämmen umfasst. Der damals dominierende und über diese Gebiete herrschende Stamm war der der Tebu[164], »Männer der Felsen« – ein Name, den die Araber den Bewohnern des Tibesti gaben. Die Tebu änderten ihre Lebensart im Laufe der Jahrhunderte kaum. Zu Beginn des 20. Jahrhunderts stießen Wüstenforscher auf ihre letzten Nachkommen. Diesen verdanken wir unser heutiges Wissen über die Lebensweise und Bräuche ihres Volkes. Sie lebten in sehr leichten Hütten, die einfach abzubauen waren und gut transportiert werden konnten. Sie kannten alle Wüstenpisten und wussten, wo sich alle zugänglichen Wasserstellen befanden, sodass sie umherziehen und den Rachefeldzügen ihrer Opfer entkommen konnten. Sie waren geschickte Handwerker, stellten leichte und stabile Korbwaren sowie einfache Töpferwaren her, die stabil genug für den Transport waren. Sie bauten verschiedene Denkmäler: kreisförmig auf dem Boden verteilte Steine, wobei wir allerdings nicht wissen, ob es sich hier um Lager, Kultstätten oder um Orte handelte, an denen Begräbnisriten abgehalten wurden.

### Die Kultur der Playas

Als im frühen Neolithikum feuchtes Klima herrschte, erstreckte sich auf dem Gebiet der Großen Sandwüste eine ganz andere Landschaft. Eine Reihe von Seen, in die Flüsse mündeten, lieferte das Wasser für die blühende Vegetation. Ein Austrocknen war aufgrund der starken jahreszeitlichen Regenfälle – bis zu 500 Millimeter pro Jahr, das Hundertfache der heutigen Niederschläge – nicht zu befürchten. An vielen Orten entsprangen Quellen, und die Ansiedlungen lagen über das Land verstreut an den schlammigen, lehmigen und fruchtbaren Lagunen. In den Lagunen entwickelte sich eine reiche Fauna und Flora: Horntiere, Gazel-

*Haltestein mit Einkerbung, die durch die Reibung der Kordel entstand, mit der man die gefangenen wilden Tiere festhielt; eine Felszeichnung gibt Aufschluss über die hierbei angewandte Technik.*

**Oben und nächste Doppelseite:** *Typische Landschaft der Kultur der* playas *am Fuße sandsteinhaltiger Bergmassive. Der Boden der Senken, auf dem die früher fruchtbare, heute ausgetrocknete vielfarbige Schlammschicht liegt, war der Ort der ersten Ansiedlungen von Bauern.*

**Links und nächste Seite:** *Spuren der Kultur der* playas*: Mahlsteine, abgewetzt von den kugelförmigen Rädchen, mit denen sowohl wilde als auch angebaute Getreidekörner gemahlen wurden.*

165. Jean Kérisel: *Le Nile: l'Espoir et la Colère*. Presse de l'École Nationale des Ponts et Chaussées, Paris 1999, S. 42.
166. Fred Wendorf und Romuald Schilde: »Les Débuts du pastoralisme«. In: *La Recherche*, Nr. 220, April 1990, S. 440.
167. Ebd. S. 442.

len, Strauße und auch Fische, besonders Barsche fanden hier ein Zuhause. Die Senken in der Nähe von Wasser, *playas* genannt, waren bevorzugte Orte prähistorischer Besiedelung. Die berühmteste ist Nabta Playa, etwa 100 Kilometer westlich des Nils auf der Höhe von Abu Simbel. Jean Kérisel[165] berichtet von zahlreichen wertvollen Zeugnissen menschlicher Besiedlung, auch von einer Kultstätte. Andere Siedlungen wie Bir Sahara, Bir Kisaba und Bir Tarfawi, die nicht so nah am Niltal lagen, verteilen sich auf die ganze Gegend. Aus drei aufeinander folgenden, von Trockenzeiten unterbrochenen Phasen der Besiedlung sind Spuren erhalten, die über die Lebensweise der Völker Aufschluss geben.

Die Besiedlung um die *playas* spielte eine fundamentale Rolle, da sich so eine Gruppe von Menschen eine bestimmte Zeit lang in der Nähe von Wasserstellen, Weideplätzen und Wäldern versammelte. Man ging auf die Jagd, fischte, züchtete Rinder und lernte, von wilden Getreidekörnern ausgehend, den Anbau von Gerste und Weizen; von dieser Kultur sind winzige Reste auf einigen Werkzeugen sowie harten, intensiv benutzten Mühlsteinen gefunden worden. Die Randzonen der *playas*, die bei sinkendem Wasserstand noch feucht waren, boten den ersten Bauern genug fruchtbares Land. Diese fingen an, einen Teil der Ernte in großen Silos in der Nähe der *playas* zu lagern.

Die jüngsten Ausgrabungen von Nabta haben zwei Brunnen in der Nähe von Lagern und Siedlungen zu Tage gebracht; in einem befand sich eine Treppe, sodass man auch in der Trockenzeit bis zum Grundwasser gelangte – so berichten Fred Wendorf und Romuald Schild[166]. Kochstellen, umgeben von einem Kreis vertikal stehender, als Windschatten dienender Steine, zeugen von den ersten über längere Zeit bewohnten Siedlungen. Andere, einfachere Lager auf den angrenzenden Hügeln waren für die Hirten während der Hochwasserzeit bestimmt.

Die ersten braun-roten Töpfereien, gut gebrannt, aber ohne Ornamente, wurden als Futtertröge und Vorratsbehälter verwendet; desgleichen die Straußeneier, von denen einige mit Einkerbungen verziert sind. Die Menschen teilten allmählich die Arbeit untereinander auf, es entstanden Hierarchien und Spezialisierungen. Die Jahreszeiten gaben den Rhythmus vor, und in Regenzeiten und während der höchsten Überschwemmung schlossen sich laut Wendorf[167] die Bewohner wahrscheinlich zusammen.

In der Nähe der Oasen lebten bereits relativ früh Menschen, denn die vielen Wasserstellen, die es damals gab, erleichterten die Existenz; Ornamente und Muschelschmuck aus dem Roten Meer, die in den Gräbern gefunden wurden, sind Zeugnisse solcher Wanderungen.

Gegen 3200 v. Chr. wurde das Klima zunehmend trockener und zwang die Menschen, die unwirtlich gewordene Gegend endgültig zu verlassen, um nach günstigeren Lebensbedingungen zu suchen. Es gab zwei Migrationsströme: einen in den Süden, in Richtung Sudan, und einen anderen in den Osten, das heißt in Richtung der Oasen und des Niltals. Diese Völker brachten ihr Wissen und ihr Handwerk mit und haben so zum Entstehen der ägyptischen Kultur beigetragen: »Diese Nomadenvölker, die eine halbe Landwirtschaft betreiben, sind vermutlich der Ursprung des Pharaonenvolks; sie haben die Töpferei, die Landwirtschaft, die Zähmung und Züchtung von Tieren und die Gesellschaftsordnung ihrer Dörfer verbreitet.«[168]

### Zwei außergewöhnliche Playas – das Wadi Bacht, das Tal des Glücks, und das Wadi Ard al-Akhdar, das grüne Tal

Diese beiden Wadis inmitten des Gilf besitzen natürliche Begrenzungen: das eine eine gewaltige Düne und das andere einen Basalthügel. Hinter diesen »Schranken« haben die Ablagerungen, die sich im Laufe der Jahrtausende angesammelt hatten, sehr fruchtbare *playas* entstehen lassen. Im Gegensatz zu den anderen *playas* wurden die Sedimente vom Strom der Flüsse nicht abgetragen, sodass sich mehrere Schichten übereinander ablagerten, deren Abfolge und Zusammensetzung heute genau untersucht werden können und Rückschlüsse auf die Entwicklung des Klimas zulassen. Die für das prähistorische Leben günstigen klimatischen Bedingungen während des Holozäns hatten zur Folge, dass die Menschen teilweise sesshaft wurden.[169] Die zahlreichen Werkstätten geben Aufschluss über die verschiedenen verwendeten Rohstoffe: Basalt, rötlicher quarzithaltiger Sandstein, grau-blaues Quarzit, graues Quarzporphyr, gelbes Quarzit, Quarz, Jaspis etc.

Plötzliche Einbrüche der Dämme legten die bislang geschützten Zonen frei, die in der Folge austrockneten, aber von weiteren Veränderungen verschont blieben, sodass sie für die Archäologen weiterhin eine einmalige Fundgrube darstellen. An Vertiefungen untersuchen sie die geologische, klimatische sowie sozio-kulturelle Geschichte im Neolithikum. Die laufenden Forschungsarbeiten von Kuper und Kröpelin scheinen sehr viel versprechend.

**Vorhergehende Seite:** *Dicke elliptische Mahlscheibe. Die Vertiefung für den Daumen erlaubte einen kräftigen Druck beim Mahlen harter Körner.*

**Unten:** *Übersichtsschema von Stefan Kröpelin*

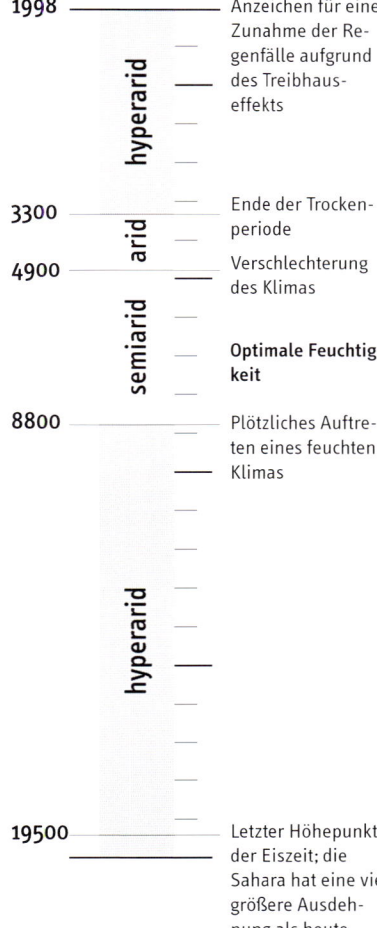

## Das Klima
Von Stefan Kröpelin, Heinrich-Barth-Institut, Köln

*Die Westliche Wüste Ägyptens, die Libysche Wüste, ist der arideste Teil der Sahara, ja der Erde. Er unterlag in der Vergangenheit bedeutenden klimatischen Veränderungen.*

*Die Landschaft ist von Stufen bestimmt, die die Lithologie als Kämme definiert hat, die bis zu 100 Kilometer voneinander entfernt sind.*

*Abgesehen vom Inselberg des Gebel Uweinat, dem Gilf Kabir und dem großen zentralen ägyptischen Kalkplateau sind hier keine besonderen Reliefs vorhanden; die geomorphologischen Besonderheiten dieser Regionen sind kieselsteinige flache Plateaus und sandige Ebenen, in deren Mitte Zeugenberge isoliert emporragen.*

*Der größte Teil der Oberfläche besteht aus einer Wüste vom Typ Hamada[170]. Fast die Hälfte der Sedimentschicht ist zu Dünen, Sandschichten, Wadis oder Regs – hier sarir genannt – geformt. In der gegenwärtigen Morphologie der Westlichen Wüste spiegeln sich deren frühere morphologische Entwicklungen sowie die klimatischen Veränderungen wider. Verantwortlich für den heutigen Zustand war vor allem die Flusserosion im Tertiär (vor 65 bis 25 Millionen Jahren).*

*Während des Quartär (zwischen 2 Millionen und 500 000 Jahren) spielte das Wasser lediglich eine kleine Rolle bei der Bildung der großen Formationen dieser Region. Seine Aktivität war insbesondere auf die zwar kurzen, aber zahlreichen Regenzeiten beschränkt, die episodisch zur Erosion der Wadis, zur Bildung von Schutt am Fuße der Plateaus und von Stufen sowie von Löss in den Deflationsrinnen geführt haben. Die Deflation spielt während fast des gesamten Pleistozän, das heißt vor 2,5 Millionen bis 10 000 Jahren sowie für die heutige Zeit eine vorrangige Rolle. Die Erzeugnisse der Winderosion gelangen entweder als Staub in die Atmosphäre oder sammeln sich in Dünen, feinen Sandschichten oder hinter größerem Schutt auf einem langen Streifen.*

*Im Quartär herrschte in der Libyschen Wüste ein arides Klima vor. Auch wenn man über die Klima- und Umweltbedingungen im frühen und mittleren Pleistozän nur wenig weiß, so lassen die jüngsten Ergebnisse vermuten, dass vor etwa 300 000 und vor 200 000 Jahren (in Bezug auf die Gegenwart – B. P.[171]) einige humide Perioden herrschten.*

*Während mehrerer Perioden der letzten Zwischeneiszeit (Eemien[172] oder Isotopenstadium 5 vor 130 000 bis 75 000 Jahren B. P.) führte Grundwasser nahe der Oberfläche zur Bildung zahlreicher Süßwasserseen, calcrètes (kalkhaltige Kruste), Höhlen mit Karstkonkretionen oder Grotten mit Stalaktiten; ferner wurde die Fauna so vielfältig (Fische und Elefanten), wie es noch nie in der geologischen Geschichte der Fall gewesen war.*

*Die ununterbrochenen Zeiten ariden Klimas in der östlichen Sahara in den frühen und mittleren Eiszeiten, von 70 000 bis 22 000, sind immer noch Diskussionsstoff, obwohl man Zeichen eines feuchteren Klimas – von vor etwa 45 000 und 35 000 bis 25 000 Jahren B. P. – fand.*

*Sowohl während der letzten maximalen Eiszeit 19 500[173] als auch im auslaufenden Pleistozän herrschte in der Westlichen Wüste unbestreitbar ein extrem arides Klima, bis 8800 v. Chr. schlagartig ein humides Klima Einzug hielt. Funde von Kohlenstoff-14 in limnischen Ablagerungen aus dem späten Holozän im Südosten Ägyptens und im Nordosten des Sudan bestätigen diesen abrupten, beinahe zeitgleichen Übergang zum ariden Klima; dies impliziert eine überregionale klimatische Veränderung, die die gesamte östliche Sahara betrifft.*

*Die Umweltveränderung während des klimatischen Optimums im frühen Holozän waren von Südwinden bestimmt; angetrieben vom Monsun, wehten sie bis zu 700 Kilometer weiter nördlich als heute. Die bedeutenden Umweltveränderungen in den meisten Teilen des afrikanischen Kontinents führten zu äußerst verschiedenen Lebensbedingungen und lösten unterschiedliche soziokulturelle und wirtschaftliche Entwicklungen aus.*

*Die Zeiten humiden Klimas im frühen und mittleren Holozän hielten etwa 5000 Jahre an, bei einer Regenmenge von 1000 Millimeter pro Jahr in Zentrallibyen, in der Nähe des Nördlichen Wendekreises, das heißt auf dem 23. Breitengrad (heutige Regenmenge: 1 Millimeter).*

*Die zunehmenden Regenfälle ließen Moore entstehen (Playa-Seen); weite Strecken waren mit Gräsern und einjährigen Pflanzen bewachsen, die für wilde Tiere wie Giraffen als auch für Haustiere wie Rinder unabdingbar waren; in den Tälern und Senken konnten sich halbsesshafte Völker niederlassen, Nomaden züchteten Vieh, die Ansammlung von Nahrungsmitteln nahm zu, und es entstand ein Kontakt zwischen den Menschen aus Libyen, aus dem Niltal, von der Mittelmeerküste und aus dem Sudan. Zu dieser Zeit wurde das regionale Grundwasser zum letzten Mal durch Regen vermehrt.*

*Die endgültige Austrocknung und die Verschiebung der Sahelgrenze in Richtung Süden begann um 3300 v. Chr. und bedeutete definitiv das Aus für menschliche Besiedlung, selbst an den geeignetsten Orten der Westlichen Wüste. Die Tatsache, dass der größte Teil Ägyptens außer den Senken der Oasen und des Niltals unbewohnbar geworden war, hat zu dieser Zeit sicher das Entstehen der pharaonischen Kultur beeinflusst, wenn nicht ausgelöst.*

*Aufgrund des Mangels an Oberflächenwasser in der Westlichen Wüste während der letzten 5000 Jahre sind die meisten noch existierenden archäologischen Überreste das Erbe der Umwelt, des Klimas und der Kulturen einer vergangenen Zeit; sie müssen als ein Erbe Ägyptens angesehen werden, das aus einer Zeit weit vor jener der Pyramiden stammt. Übrigens wird die intensive Nutzung des Tiefenwassers im »Neuen Tal« dazu führen, dass diese Quelle in ein paar Jahrzehnten erschöpft sein wird und sich erst während des nächsten klimatischen Zyklus wird regenerieren können. Jedoch ist die Regenmenge in den letzten Jahren offensichtlich gestiegen, was auf die Verdampfung der Ozeane zurückzuführen sein könnte – eine Folge der Erderwärmung.*

---

168. *L'Égypte restituée* (wie Anm. 25), S. 35.
169. Nach Erwin Cziesla, in: Werner Schön: *Ausgrabungen im Wadi al Akhdar, Gilf Kebir (SW-Ägypten)*, Band I. Heinrich-Barth-Institut, Köln 1996, S. 256.
170. Horizontales Wüstenplateau.
171. Before Present: ab 1950.
172. Korrespondiert mit der Riss-Würm-Eiszeit: Eremien wird für Inlandeis in Skandinavien und für die Sahara benutzt.
173. Before Christ: v. Chr.

*Links: Felszeichnungen auf einer Kalzitsäule: Horntiere, Strauße, Antilopen etc. als Willkommensgruß in der Nähe des Eingangs der Rohlfs-Höhle, Dschara, aus der Zeit 8000 bis 5000 v. Chr.*

**Nächste Seite und nächste Doppelseite:** *Steintor, hinter dem sich die Landschaft der Yardangs erstreckt, eine Art prähistorischer Naturpark für Seehunde: Vom Meer verlassen, sitzen sie versteinert fest und scheinen auf dessen Rückkehr zu warten.*

174. Kuper (wie Anm. 96), S. 81.

## Spuren der Vorgeschichte

### Dschara, die Rohlfs-Höhle

Die Höhle Dschara liegt nahe der gewaltigen Düne von Abu Muharak und wurde erstmals 1875 von dem Wüstenforscher Gerhard Rohlfs beschrieben. Danach geriet sie Vergessenheit, bis Carlo Bergmann sie 1989 bei einem seiner jährlichen Kamelritte durch die Wüste im Winter neu entdeckte. Unter Leitung von Rudolph Kuper wurden daraufhin systematische Ausgrabungen angestellt, wobei auch Maßnahmen zur Erhaltung der außergewöhnlichen Stätte ergriffen wurden.

Der Höhleneingang ist niedrig und liegt in einem flachen, unauffälligen Gebiet, sodass man nichts Außergewöhnliches erwartet. Um in die Höhle zu gelangen, muss man sich an zwei Kalkpfeilern vorbeidrücken, die den Eckzähnen eines drohenden Mauls gleichen, muss stets Acht geben, dass man nicht auf zerbröselnden Sand tritt und gleitet schließlich auf dem Rücken die Höhlenwand hinab. Hat sich der aufgewirbelte Staub gelegt, erblickt man eine überwältigende Säulenhalle: Stalaktiten mit Vorhängebildungen und gestreifte Stalagmiten mit funkelnden Kristallen, beeindruckende Säulen; einige sind jedoch bereits eingestürzt, andere vom Einsturz bedroht. Dieser ungewöhnliche Ort scheint von geheimnisvollem Leben erfüllt. Das Wasser, das vor einigen Jahren noch reichlich vorhanden und gut zu erkennen war, ist verschwunden. Heute hat sich die Trockenheit durchgesetzt. Der Boden ist mit spröden Löss-Stücken bedeckt, die den Seiten eines zerfetzten Buches gleichen. Vom Boden der Höhle aus sieht man einen Streifen Tageslicht auf dem Sandberg, der sich vor den Eingang geschoben hat: Die Rückkehr wird ein hartes Stück Arbeit. Beim Ausgang steht eine halb im Sand eingesunkene Säule, auf der Horntiere, Strauße, Antilopen eingraviert sind. In dieser Höhle, in der Menschen der Jungsteinzeit 8000 bis 5000 v. Chr. Zuflucht fanden, sind auf einigen Wänden noch Zeichnungen erhalten.

Spuren menschlichen Daseins findet man auch außerhalb der Höhle. Dank des Wasservorkommens war hier eine große Werkstatt zum Behauen von Feuersteinen entstanden, die in dieser Gegend reichlich vorkamen. Bislang hat man jedoch erfolglos nach weiteren ähnlichen Stätten in der Umgebung gesucht. Dschara zählte zu den bedeutenden Orten der Wüstenkultur: »Djara scheint aufgrund seiner besonderen Sammlung verschiedener Artefakte sowie seiner geografischen Lage zwischen den Oasen und dem Nil einen essentiellen Beitrag zur kulturellen wie chronologischen Beziehung zwischen der Sahara und dem Niltal leisten zu können.«[174]

### »Mud Pans« und Seedörfer auf den Yardangs

Die Engländer bezeichneten das riesige Gebiet zwischen den Oasen und dem Gilf Kabir, das einer flachen Schüssel ähnelt, wegen des lössartigen, lehmigen Bodens als *mud pans*. Das Meer hat sich weit zurückgezogen, scheint aber einen Teil seiner Fauna vergessen zu haben – Robben und Wale, die nun versteinert in den Sedimenten der *playas* stecken. Meeresablagerungen aus unterschiedlich harten Stoffen haben die *yardangs* entstehen lassen, »Seehunde« aus kompaktem Sandstein, geformt vom Wind, dem die steile Seite stets zugewandt ist, sodass man den Eindruck hat, sie warteten auf die Rückkehr des Meeres.

Der äußerst fruchtbare, bewaldete Boden – heute zeugt nur fossiles Holz davon – hat im Paläolithikum und im Neolithikum die Menschen angelockt. Sie errichteten auf den angrenzenden Erhöhungen,

**Links und oben:** *Ausläufer des Hügels der »Mud Pans« und Detailansicht: mehrere kreisförmig angeordnete Koch- bzw. Wohnstellen von 2 bis 3 Metern Durchmesser; zahlreiche Knochenreste von Tieren, Muscheln, Straußeneier und behauene Werkzeuge*

**Nächste Doppelseite:**
*Playa und Yardangs bei Abu Ballas*

175. Rudolph Kuper: »Sahel in Egypt: Environmental Change and Cultural Development in the Abu Ballas Area, Libyan Desert«. In: Lech Krzyzaniak u.a. (Hrsg.): *Environmental Change and human Culture in the Nile Basin and Northern Africa until the Second Millenium BC*. Poznan Archaeological Museum, Posen 1993, S. 214–215.
176. Katharina Neumann: »Holocene Vegetation of Western Sahara«. In: Lech Krzyzaniak u.a. (Hrsg.): *Environmental Change and human Culture in the Nile Basin and Northern Africa until the Second Millenium BC*. Poznan Archaeological Museum, Posen 1993.
177. Leclant und Huard (wie Anm. 163), S. 68.

auf den großen Platten der Hügelausläufer, einfache Siedlungen, die aus ein paar kreisförmig angeordneten Wohn- und Kochstellen bestanden; ihr Durchmesser betrug zwei bis drei Meter bei einer Tiefe von einem Meter. Man sieht noch die Löcher, in denen die Pfähle zum Aufspannen der Tierhäute steckten. Auf dem Boden liegen zwischen beschlagenen Werkzeugen zahlreiche Knochenreste kleiner Tiere sowie zum Teil bemalte Schalenstücke von Straußeneiern. Das Forscherteam BOS von R. Kuper[175] hat 1983 Ausgrabungen angestellt und etwa tausend Artefakte aus Feuerstein aus der Zeit um 7000 v. Chr. freigelegt. Es wurden zwei unterschiedliche Arten von Werkstätten entdeckt, eine zum Behauen von Stein, eine zum Umgestalten und Nacharbeiten. Ferner wurde festgestellt, dass diese Orte über 2000 Jahre lang bewohnt waren; hiervon zeugen Reste von brauner Töpferware, in die mit einem Kamm kleine Kerbungen eingeritzt wurden. Tausende von Knochenresten wurden analysiert und geben Aufschluss über die Fauna dieser Zeit: Gazellen, Oryxantilopen, Strauße, Schildkröten, Hasen, Füchse etc. lebten hier, aber keine Haustiere.

Anhand von Holzkohleresten konnte Katharina Neumann etwa zehn verschiedene Baumarten bestimmen, die es alle heute noch in der Sahelzone gibt: »Abgesehen von den stets stark vertretenen *Acacia sp.* und den *Tamarix sp.* konnten folgende Bäume identifiziert werden: *Maerua crassifolia, Grewia tenax, Calotropis procera, Leptadenia pyrotechnica, Ziziphus sp.* und *cf. Cassia senna.*«[176]

An einer Stelle wird der Blick von einer geometrischen Zeichnung, einer spiralenförmigen Felsblume, gefesselt. Dieses Motiv findet man oft in der Sahara, seine Bedeutung ist aber noch nicht geklärt; keine der zahlreichen Hypothesen war bislang befriedigend. Handelt es sich nur um ein Spiel wie bei jenen, die man entlang der Karawanenpisten findet und die es seit jeher zur Unterhaltung der Reisenden gab? Ist es ein Symbol, das auf eine Falle hinweist? Oder eine eingerollte Schlange, die an ein Lasso erinnert, mit dem man Großwild fing? Oder ist es ein geheimes Zeichen, das auf die Hütte des Anführers hinweist? Anhand der Malereien der Jäger des Wadi Sura können noch andere Hypothesen aufgestellt werden.

### Abu Ballas, Felszeichnungen und Yardangs

250 Kilometer westlich von Dakhla befinden sich auf den beiden Zeugenbergen namens Abu Ballas nicht nur die typischen *dscharras* (große eiförmigen Behälter aus Sandstein zum Aufbewahren von Wasser, Öl, etc.), sondern auch gut erhaltene Felszeichnungen. Ihr hohes Alter steht außer Frage, sie sind aber schwer zu datieren, da es keine Indikatoren wie Knochenfragmente, Straußeneier oder Töpferwaren gibt. Die Zeit hat in der Tat ihre Spuren hinterlassen; alte Gravuren sind dunkel gefärbt, jüngere dagegen heller – so das Ergebnis einer Studie von Leclant und Huard: »Die Felszeichnungen nehmen Farben an, die sich von der Patina abheben; dies ist die Auswirkung eines physikalisch-chemischen Prozesses, aufgrund dessen auf der Oberfläche des Felsens eine dünne Schicht Sesquioxid-Eisen liegt – eine Folge von Kapillarität; der Prozess kann bis zum endgültigen Abschluss Jahrtausende dauern.«[177]

Auf einem der Berge befinden sich auf halber Höhe Felsgravuren, versteckt in den ruinenhaften, schwer zu erklimmenden Felsspalten,

*In den »Mud Pans« – geheimnisvolle Doppelspirale*

*Abu Ballas – ein Jäger und sein Hund verfolgen eine Gazelle, die der Jäger mit einem Pfeil erlegt.*

*Abu Ballas – Addax, in einem Kreis gefangen (Lasso, Falle oder Zaun?)*

**Oben:** *Ein Spiel mit Licht und Schatten ... Der Künstler ließ aus einem Fels einen Giraffenkörper entstehen.*

**Rechts:** *Ein Addax-Muttertier säugt ihr Junges.*

**Vorhergehende Seite:** *Gravierter Umriss einer nackten, langgestreckten Frau, die aber – wie oft bei Felszeichnungen – keinen Kopf hat, sodass der Körper als Symbol der Fruchtbarkeit hervorgehoben wird.*

deren Bestand ungewiss ist. Diese Zeichnungen beschreiben die Kultur der Jäger. Der eine trägt eine für das Niltal typische Pagne und erinnert an den Stil der ersten Dynastien. Bewaffnet mit Pfeil und Bogen, an seiner Seite Hunde mit Halsband, jagt er eine Gazelle. Unweit davon sieht man einen Addax, eine Antilopenart, gefangen in einem Kreis, der eine Falle, ein Lasso, einen Zaun oder den Wunsch des Jägers, ihn zu fangen, repräsentiert. Bei dieser Zeichnung sieht man, wie ein kleiner Addax bei seiner Mutter saugt und sich von der Tüpfelhyäne nicht stören lässt. Am Boden sind kleine Kästchen, eine Art Gitter aus zum Teil gestreiften Rechtecken, deren Bedeutung man bislang nicht kennt. Schließlich erblickt man den Umriss einer nackten Frau mit langen Gliedern in sehr feiner Zeichnung.

Andere Gravuren mit Darstellungen der Fauna sind an den Hängen der Zeugenberge zwischen den »Mud Pans« und Abu Ballas zu sehen. Hier ist die gesamte Bandbreite an Gravurtechniken zu bewundern: punktierte, polierte und stilisierte Tiere im Profil.

In einiger Entfernung davon, am Fuß der Steilwand, erscheint eine der schönsten Wüstenlandschaften: eine riesige *playa*. Rot-violette Yardangs und Löss in blau-grünen und grau-gelben Pastellfarben treffen aufeinander. An diesen Stätten, datiert auf 8000 v. Chr., fanden R. Kuper und sein Forscherteam viele Werkzeuge, darunter harte Mühlsteine und Mühlrädchen, mit denen das Getreide zerkleinert wurde.

### Wadi Hamra, Akazien und Felsgravuren

Die rote Steinwüste Wadi Hamra liegt im nordwestlichen Teil des Gilf Kabir, der deutlich an einer Nord-Süd-Achse geteilt ist. Man kann die Wüste nur über ihre Öffnung zur Großen Sandwüste erreichen und mehrere Kilometer gen Norden gehen. Sie schlängelt sich zwischen zwei steilen, etwa 100 Meter hohen Felsen dahin; weite Flächen wechseln sich bis zum Zusammenfluss der zwei alten Arme des Wadis mit engen Passagen ab. Der Fels dazwischen war mit seiner besonderen Fauna und Flora sicher ein Paradies für die prähistorischen Menschen; davon zeugen viele Reste von Koch- und Wohnstellen auf seinem Gipfel. Das Bett des Wadis ist noch heute ein Ort recht üppiger Vegetation, während sich *Acaciae tortilis* oder *raddiana* lieber in der Nähe von Steilhängen entwickeln, wo Reptilien auf Beute lauern. Almasy entdeckte den Ort 1932 vom Flugzeug aus, als er nach Zarzura suchte. In der Folge kamen viele Forscher hierher: P. A. Clayton, Frobenius, Rhotert – und in jüngster Zeit Giancarlo Negro, Wally Lama und Louis Carion, die alle neue Felsgravuren entdeckten.

Die Technik der Felszeichnung und -gravur zeigt eine Entwicklung, die auf eine lange Zeit der Besiedlung schließen lässt, deren Beginn auf 6500 v. Chr. angesetzt wird. Kleine punktierte Gravuren befinden sich neben naturgetreu wirkenden Herden sowie Zeichnungen mit Anspielungen fast humoristischer Art: Zwei Giraffen, die aus einer Reihe von Bildern herauszutreten scheinen, regen zum Schmunzeln an. Interessante Menschendarstellungen sind viel seltener anzutreffen. Ein stehender Mann auf dem Schwanz eines Rindes, ein anderer mit einem Bogen auf dem Rücken eines Addax, ein Hundeführer inmitten eines Rudels ... Mehrere Felsen weisen tiefe vertikale Einkerbungen auf, deren Bedeutung bislang nicht sicher ist. Je nachdem, ob es sich um eine V- oder U-Form handelt, vermutet man Spuren vom Schleifen der Werkzeuge oder eine Halterung zum Polieren von Steinen oder Straußeneierschalen; ferner auch eine Halterung, um den

*Felsgravuren im Wadi Hamra – ein Hirte wacht mit Hunden über seine Strauße.*

*Verschiedene Giraffen – ein beliebtes, aber schwer zu fangendes Jagdwild*

*Kleine Giraffen – beschützt von ihrer Mutter; Strauß*

Materialien die Form einer kleinen Scheibe zu geben, die als Perle im Halsschmuck getragen wurde.

Die wilden Tiere sind deutlich in der Überzahl: Gazellen, Addax- und Oryxantilopen, Stiere, Mufflons, Strauße, Nashörner und vor allem Giraffen: Sie waren beliebtes Jagdwild, das aber schnell war und folglich schwer zu fangen. Die klimatischen Bedingungen waren offenbar ideal für Giraffen, die große Mengen an Wasser benötigen. Daher gehörten sie zu den ersten Tieren, die um 6000 v. Chr. die Wüste verließen, als sich das aride Klima durch Niederschläge von unter 100 Millimetern pro Jahr ankündigte. So dienen sie als »Klimaindikatoren«, anhand derer das Alter der Felsmalereien und -gravuren im Gilf Kabir bestimmt werden kann.[178]

Leider hatte das Zusammenwirken von Erosion und Patina negative Auswirkungen auf einige sehr alte Gravuren; die Einritzungen nehmen die Farbe der Oberfläche an. Manchmal lösen sich Felsbrocken und legen erhaltene Tierdarstellungen frei; andererseits haben Erdrutsche einige begraben: Die Suche nach Gravuren geht also weiter.

### Wadi Firaq, die Höhle Magharat al-Kantara, die Hirtenmaler

Im Südosten des Gilf Kabir, eher in der Mitte des Massivs, am äußersten Ende des Wadi Firaq, der noch unterspült ist, liegt eine Höhle unter einem Hügel, der das Landschaftsbild der Gegend bestimmt. 1935 kam der Engländer Kennedy Shaw hierher und erforschte diesen unbekannten Teil des Plateaus. In die nach Osten ausgerichtete Höhle scheint im Winter die aufgehende Sonne, deren Strahlen für Augenblicke die schönen Malereien beleuchten, die den oberen vorstehenden Teil schmücken. Durch eine breite Öffnung von circa 15 Metern ist eine Herde von zwölf Horntieren zu sehen, alle außer einem im Profil und nach rechts blickend. Die Szene belegt die Vielfalt der Tierwelt: Kühe, Stiere, ein Kalb in unterschiedlichen Farben – cremefarben, hell- oder dunkelocker, einfarbig oder gepunktet. Ihre eleganten, nach oben oder nach vorne gerichteten Hörner lassen auf zwei verschiedene Rassen schließen. Einige Kühe tragen Halsbänder und sind an ihrem Euter erkennbar. Laut Yves Gautier und Giancarlo Negro gaben die Proben Shaws, die von L. A. Jordan untersucht wurden, Aufschluss über die Pigmentzusammensetzung der benutzten Farben: »Für Rot: Eisenoxide (Hämatit), Aluminium und Kieselsäure von verbranntem Sandstein; für Weiß: Magnesium, etwas Aluminium und Kieselgur … Diese Malerei ist sicher aus weißem Ton.«[179]

Es ist erstaunlich, dass die Farben so gut erhalten sind, obwohl kein organischer Stoff beigemischt wurde. Vielleicht hat sie der Sand lange Zeit verdeckt und so vor Erosion geschützt, unter der nur der rechte Teil der Höhle litt; dort sind eine Giraffe, einige Tierherden und menschliche Gestalten schwer beschädigt. Auf drei Darstellungen sind je zwei Menschen bei sehr unterschiedlichen Tätigkeiten zu sehen. Eine Szene beschreibt eine Verfolgungsjagd zwischen zwei Jägern mit Kopfbedeckung. Der Verfolger ist mit einem Bogen bewaffnet. Auf einer anderen kämpfen zwei groteske Gestalten, wobei die eine sich mit ihrem riesigen Bauch über die kleinere beugt. Die dritte Szene zeigt ein typisches Paar: Der Mann trägt eine große helle Schürze und steht mit dem Rücken zu einer Frau, die in einer Hütte sitzt, an deren Decke Küchen-

*Wadi Firaq: Blick auf die Höhle al-Kantara und Gesamtansicht der Malereien, schwer zu datieren. Wahrscheinlich zwischen 7000 und 5000 v. Chr. entstanden; sie sind typisch für die Hirtenmaler der Sahara.*

---

**178.** Yves Gautier und Giancarlo Negro: »Maharat el-Kantara (Shaw's Cave) revisitée: art rupestre du sud du Gilf Kébir, (Égypte du Sud-Ouest)«. *Sahara* 9 (1997), S. 130.
**179.** Ebd. S. 125.

*Detailansicht einer Rinderherde mit Halsbändern, in der Mitte ein Stier*

**Unten:** *Eine Frau sitzt in ihrer Hütte zu Füßen eines Mannes mit einem langen Schurz.*

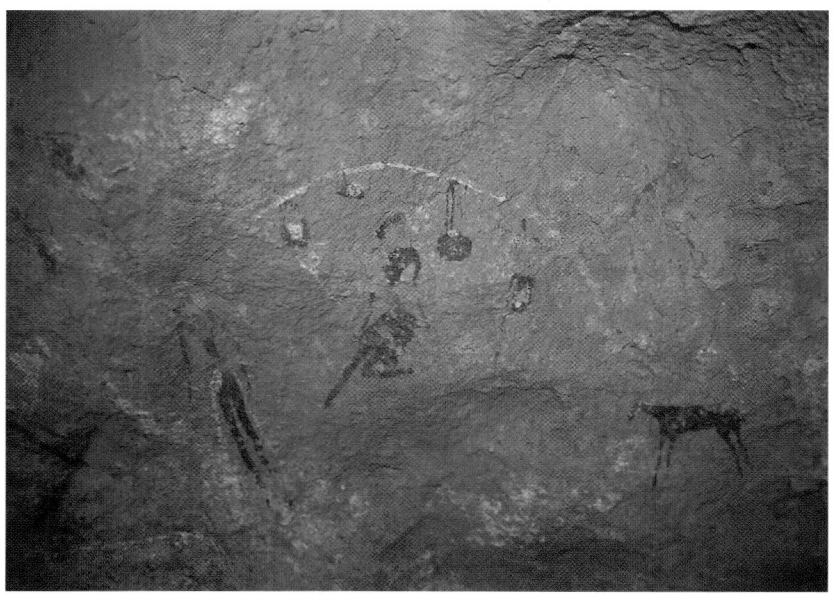

*Kampf unbekannter Horntiere*

*Eine Hirte folgt eilig seiner Herde*

geräte hängen (Querschnitt). Schließlich sieht man zwei interessante Tiere mit Hörnern, die offenbar miteinander kämpfen; die aufgetragene Farbe lässt jedoch keinen Rückschluss auf eine bestimmt Rasse zu.

Die Darstellungen wurden zu verschiedenen Zeiten ausgeführt und sind schwer zu datieren. Motive und Machart scheinen allerdings typisch für die Hirtenmaler der Sahara zwischen 7000 und 5000 v. Chr.

### Wadi Sura, geheimnisvolle Menschendarstellungen

Tief in der Libyschen Wüste, im Dreiländereck von Ägypten, Libyen und dem Sudan, mehrere Hundert Kilometer vom Niltal entfernt, befindet sich am Fuß des Gilf Kabir der am schwersten zugängliche Ort der Libyschen Wüste. Man erreicht ihn nur nach einer langen Reise. Am einfachsten gelangt man über die Schlucht von Aqaba dorthin, die das Massiv des Gilf in zwei Hälften teilt; die Schlucht wurde jedoch wie das heute nicht mehr begehbare Wadi Firaq mehrmals unterspült. Ein anderer, sicherer Weg führt im Süden um das Massiv herum – es ist eine Art Pilgerfahrt. Nach Eight Bells stößt man auf ein Denkmal, das Almasy zu Ehren von Prinz Kamal ad-Din aufstellte; dann führt der Weg in Richtung Nordwesten entlang der großen Felswand. Wie lange man für diese Reise braucht, hängt davon ab, wie oft man unter der brennenden Sonne im Sand stecken bleibt.

Als Almasy 1933 die von P. A. Clayton entdeckten Giraffengravuren erkunden wollte, stieß er auf ein großes Wadi, das am Fuß der Felswand des Gilf einen Kreisbogen beschreibt und dessen altes Bett, das von herausgebrochenen Felsbrocken gesäumt war, tief eingekerbt blieb. Am östlichen Ufer entdeckte Almasy mehrere Höhlen; in zweien befinden sich die schönsten Malereien, die in der Libyschen Wüste gefunden wurden. Die Rede ist vom Wadi Sura.

Eine Höhle ist die »Höhle der Bogenschützen«, da eine mit Pfeil und Bogen bewaffnete Gruppe von Männern und Frauen auf einer Längsachse in phantastischen Stellungen zu sehen ist. Die dünnen Oberkörper kontrastieren mit den üppigen weiblichen Hüften. In der Nähe erkennt man in einer Schäferszene eine Gruppe von Horntieren und einen Mann, der aus dem Euter einer Kuh trinkt, während er das Kalb wegdrängt. Beide Szenen stehen nah beieinander. Lässt sich daraus schließen, dass die beiden Bevölkerungsgruppen, die Jäger und die Hirten, ihr Dasein gegenseitig akzeptierten und zusammenlebten?

In der anderen Höhle, der »Höhle der Schwimmer«, erstreckt sich eine breite Darstellung diverser Gestalten, die nicht geordnet sind, sondern scheinbar schwerelos schweben. Der Anblick ist zunächst verwirrend und erschwert das Entziffern der Botschaft. Man braucht einige Zeit, bis man das Mosaik zusammengesetzt hat, dessen Anordnung eher zufällig als geplant scheint und sicher über mehrere Epochen hinweg ausgeführt wurde. Ein paar wenige menschliche Gestalten oder Tiere mit grün-gelblicher Färbung stammen wahrscheinlich aus einer früheren Zeit, denn andere Zeichnungen in Ocker überdecken sie teilweise. Einige wirken durch das Relief der Felswand plastisch, andere liegen in Vertiefungen, sodass eine »Gebetsszene«, bei der sich drei Personen gegenüber sitzen, eine gewisse Intimität erhält. Spindelförmige Körper deuten Tanzschritte an, wogegen andere, kräftigere mit einer

*Wadi Sura, im Süden der Libyschen Wüste, an der westlichen Seite des Gilf Kabir; Gesamtansicht der beiden bemalten Höhlen*

*Höhle der Bogenschützen – eine Jägergruppe*

*Detailansicht: Mann, der aus dem Euter einer Kuh trinkt; das Kalb muss warten.*

*Prozession*

*Trance-Szene*

*Gruppe von Jägern, tätowiert oder mit Armreifen, in Bewegung gesetzt durch die Wellen der Schwimmer zu ihren Füßen.*

*Abdruck einer Hand mit einem rätselhaften Symbol*

**180.** Zitiert nach Leclant und Huard (wie Anm. 163), S. 527.
**181.** Béatrix Midant-Reynes: »La taille des couteaux de silex du type Gebel el Arak et la dénomination du silex en égyptien«. In: Lech Krzyzaniak u.a. (Hrsg.): *Environmental Change and human Culture in the Nile Basin and Northern Africa until the Second Millenium BC*. Posen 1993, S. 263.
**182.** Die Schminkplatte Narmers versinnbildlicht die Verschmelzung der beiden Reichshälften Ägyptens unter der Herrschaft des ersten Pharaos Menes/Narmer, über zwei Schwimmern, deren Ursprung wie bei denen des Wadi Sura unbekannt ist!
**183.** *Histoire de l'Égypte ancienne*. Fayard, Paris 1988, S. 49.

Schärpe und Armreifen sich nicht bewegen. Was aber beschwören die lebensgroßen Hände? In einer spiegelverkehrten Handfläche ist ein ritueller Tanz von Jägern abgebildet, die Tierschwänze als Gürtel tragen, wie man es aus der Zentralsahara kennt. Demgegenüber haben einige Figuren die Haltung von Schwimmern oder Tauchern; sie »schwimmen« auf einem großen Teil der Darstellung in teils gegenläufigen Strömungen. Die Darstellung scheint aus diversen Epochen zu stammen, da verschiedene Farben verwendet wurden. Die ältesten sind weiß, es folgt Grün-gelb, und die jüngsten sind ockerfarben.

Diese Haltung kennt man von keinem anderen Felsbild, und sie bleibt rätselhaft. Handelt es sich einfach um Schwimmer, die sich, als das Wadi über seine Ufer trat, durch das Wasser kämpften? Kommen die lebensbedrohenden Strudel nicht aus einer anderen Quelle? Oder sehen wir hier Ertrinkende, die vom Leben in den Tod oder durch Wiedergeburt in ein neues Leben gelangen? Ihre Bewegungsrichtung geht nämlich nach oben. War die Höhle eine Kultstätte, in der Initiationsriten und -zeremonien abgehalten wurden? Oder handelt es sich um schwebende oder betende Körper, die von Künstlern gemalt wurden, die sich zur Zeit der Ausführung in Trance befanden und so die verschiedenen Bewusstseinsstadien während einer Initiation darstellten?

Man fällt in Trance, indem man sich um sich selbst dreht wie ein Strudel im nahen Wasser, der das Bewusstsein ausschaltet und eine sich nach oben windende Spirale schafft — Symbol für die Verbindung mit einem höheren Wesen, dessen Botschaften die Initianden erhalten. Ist die Höhle womöglich eine der ältesten Kultstätten, wo Amazonen und Jäger den Schutz ihres Gottes suchten? »Die Jagdzeremonie war eine der ältesten Ausdrucksformen religiösen Gefühls.«[180]

Die Jäger und Hirten wären so nicht nur der Ursprung der Kultur des Niltals, wo sie ihr Wissen über Fauna, Domestikation und Züchtung, über Landwirtschaft und Kunsthandwerk einbrachten, sondern hätten auch die Religion begründet. Am Ende des 4. Jahrtausends v. Chr., als Narmer, erster Pharao der ersten Dynastie, anfing, Ägypten zu einen, verließen sie die nun aride, lebensfeindliche Libysche Wüste.

*Höhle der Schwimmer: Menschen in verschiedenen Haltungen wurden über mehrere Epochen vollendet; Abdruck einer Hand mit einem rätselhaften Symbol.*

Das Feuersteinmesser von Dschebel al-Arak aus dieser Zeit scheint die Übermittlung materieller und spiritueller Kenntnis zu symbolisieren. Der Feuerstein, wichtigstes Material prähistorischer Menschen und oft als Hieroglyphe in den Inschriften der Pyramiden zu sehen, war ein heiliges Werkzeug der Pharaonen: »Das Messer, das von Königen und Göttern benutzt wurde, um die Dämonen des Jenseits zu erlegen.«[181]

Das Feuersteinmesser zählt zu den Kultgegenständen im Grab, nicht zu den Alltagsgegenständen oder Prestigeobjekten. Auf seinem Griff aus einem Nilpferdschneidezahn ist eine Jagdszene in der Wüste dargestellt: Hunde mit Halsbändern, Gazellen – unter der Obhut des Herrn der Tiere, des Gottes der Jäger. Allein Gott oder der Pharao walten nun über Gewalt, mit dem Ziel, Ordnung zu schaffen: »Diese Darstellungen entsprechen nicht mehr der Realität und werden zu Symbolen der Macht der Tiere, mit der der Mensch konfrontiert wird, um den Kosmos zu ordnen. Der Krieger auf dem Griff des Messers von Dschabal al-Arak wirft allein mit der Kraft seiner Arme zwei wilde Tiere von sich, während die Ungeheuer auf der Schminkpalette des Königs Narmer[182] gefangen gehalten werden und am Hals zusammengebunden sind … Symbolisiert ist stets der Versuch des Menschen, über die Schöpfung zu herrschen.«[183]

Jäger und Hirten entwickeln parallel Rituale, die mit Jagd- oder Haustieren in Verbindung stehen und dazu bestimmt sind, sie vor Gefahren und eventuellen Angriffen göttlicher Kräfte oder der Tiere zu schützen. Das Ziel ist, ihr Wohlwollen zu gewinnen, um ihrer Kraft teilhaftig zu werden, indem man ihr Fleisch isst, ihre Milch oder ihr Blut trinkt. Abgesehen von Gravuren und Malereien wurde das wilde Tier auch als Totem dargestellt; das Tier auf einem Fahnenmast gibt den Urvölkern Identität und Zusammenhalt, ermöglicht ihnen, Konflikte auszutragen und zu siegen. Die Ägypter haben diesen Kult der Tiere wieder aufgenommen, weiter entwickelt und haben ihm sogar den Status eines allmächtigen Gottes gegeben. Die Macht des Pharao ist in der Gestalt des Horus verkörpert, des Falkengottes, während die anderen Götter verschiedene Formen annehmen: Sechmeth wird Löwin, Anubis ist hundeartig, Amun wird als Widdergott dargestellt. Ein jeder besitzt eine Macht und einen Charakter, die die Zeremonie in den ihnen geweihten Tempeln bestimmten. Die Existenz und die Darstellung von Tieren, die in der ägyptischen Kunst zum Gott erhoben wurden, wurzelt demnach in der Kultur der Jäger und Hirten, die im Herzen der Wüste verewigt wurde.

# Liste der wichtigsten Pharaonen

## THINITENZEIT: 3150–2700 V. CHR.

| **1. Dynastie** | Aha | Adjib | **2. Dynastie** | Ouneg | Chasechem- |
|---|---|---|---|---|---|
| Mehrere Könige (?), | Djer | Semerchet | Hetep-sechemui | Senedj | Chasechemui |
| darunter Skorpion | Ouadji (Schlange) | Kaja | Neb-nefer | Peribsen | |
| Narmer/Menes | Den | | Nineter | Sekhemib | |

## ALTES REICH: 2700–2190 V. CHR.

| **3. Dynastie** | **4. Dynastie** | Schepseskaf | Reneferef | **6. Dynastie** | Nitokris |
|---|---|---|---|---|---|
| Nebka | Snofru | | Ne-user-Re | Teti | |
| Djoser | Cheops | **5. Dynastie** | Menkauhor | Userkare | |
| Sechemchet | Djedefre | Userkaf | Djedkare | Pepi I. | |
| Chaba | Chephren | Sahure | Unas | Merenre I. | |
| Neferka(re) ? | Baefre ? | Neferirkare | | Pepi II. | |
| Huni | Mykerinos | Schepseskare | | Merenre II. | |

## ERSTE ZWISCHENZEIT: 2140–2022 V. CHR., 7.-10. THEBANISCHE DYNASTIE

## MITTLERES REICH: 2022–1674 V. CHR.

| **11. Dynastie** | Mentuhotep IV. | **12. Dynastie** | Amenemhet II. | Amenemhet III. |
|---|---|---|---|---|
| Mentuhotep II. | | Amenemhet I. | Sesostris II. | Amenemhet IV. |
| Mentuhotep III. | | Sesostris I. | Sesostris III. | Sobeknofru-Re |

## ZWEITE ZWISCHENZEIT: 1674–1553 V. CHR., 13.–17. DYNASTIE

## NEUES REICH: 1553–1069 V. CHR.

| **18. Dynastie** | Hatschepsut | Echnaton | **19. Dynastie** | Sethos II. | Ramses III. | Ramses IX. |
|---|---|---|---|---|---|---|
| Ahmose | Thutmosis III. | Semenchkare ? | Ramses I. | Siptah | Ramses IV. | Ramses X. |
| Amenophis I. | Amenophis II. | Tut-Anch-Aton= | Sethos I. | Tausret | Ramses V. | Ramses XI. |
| Thutmosis I. | Thutmosis IV. | Tut-Anch-Amun | Ramses II. | | Ramses VI. | |
| Thutmosis II. | Amenophis III. | Eje | Merenptah | **20. Dynastie** | Ramses VII. | |
| Thutmosis III. | Amenophis IV.= | Haremhab | Amenmesse | Sethnacht | Ramses VIII. | |

## DRITTE ZWISCHENZEIT: 1069–664 V. CHR.

| **21. Dynastie** | Siamun | Scheschonk II. | Pimay | Takelothis III. | **25. Dynastie** |
|---|---|---|---|---|---|
| Smendes | Psusennes II. | Takelothis I. | Scheschonk V. | Rudamun | Pije (Pianchi) |
| Amenemnesut | | Harsiesis | | | Schabaka |
| Psusennes I. | **22. Dynastie** | Osorkon II. | **23. Dynastie** | **24. Dynastie** | Schabataka |
| Amenemope | Scheschonk I. | Takelothis II. | Pedubastis I. | Tefnacht | Taharka |
| Osorkon (I.) | Osorkon I. | Scheschonk III. | Osorkon III. | Bokchoris | Tantamani |

## SPÄTZEIT: 664–332 V. CHR.

| **26. Dynastie** | Amasis | Xerxes | **28. Dynastie** | Achoris | Nektanebes II. |
|---|---|---|---|---|---|
| Necho I. | Psametich III. | Artaxerxes | Amyrtes | Nepherites II. | |
| Psametich I. | | Dareios II. | | | |
| Necho II. | **27. Dynastie** | Artaxerxes II. | **29. Dynastie** | **30. Dynastie** | |
| Psametich II. | Kambyses II. | | Nepherites I. | Nektanebes I. | |
| Apries (Hophra) | Dareios I. | | Psamuthis | Tachos | |

## PTOLEMÄERZEIT: 332–30 V. CHR.

| Alexander der Große | Alexander Aigos | –> Ptolemaios XIII. | Ptolemaios XIV. |
|---|---|---|---|
| Philippos Arrhidos | Ptolemaios I. Soter | Kleopatra VII. | Ptolemaios XV. oder Caesarion |

## RÖMISCHE ZEIT: 30 V. CHR.–395 N. CHR.

| Augustus | Claudius | Otho | Titus | Trajan | Marc-Aurel |
|---|---|---|---|---|---|
| Tiberius | Nero | Vitellius | Domitian | Hadrian | Constantin |
| Caligula | Galba | Vespasian | Nerva | Antoninus Pius | Theodosius |

## BYZANTINISCHE ZEIT: 395–642 N. CHR. / ISLAMISCHE EROBERUNG: 642 N. CHR.

Nach Nicolas Grimal, *Histoire de l'Égypte ancienne*, Fayard, Paris 1988.

# Schlusswort

*»Ich habe die Wüste schon immer geliebt. Man setzt sich auf eine Sanddüne. Man sieht nichts. Man hört nichts. Und währenddessen strahlt etwas in der Stille.*
*›Es macht die Wüste schön‹, sagte der kleine Prinz, ›daß sie irgendwo einen Brunnen birgt.‹«*[184]

Das Wasser Ägytens existiert in zwei verschiedenen Formen: der alles beherrschende Strom an der Oberfläche und das Tiefenwasser. Der Strom, genährt von fernem Regen, bewegt sich frei und sichtbar, schenkt Leben, ist aber selbst bei episodischen Fluten auf sein Tal beschränkt. Er tränkt nicht die Kette der Oasen, denn die Berge, die sie umgeben, hindern ihn daran. Das Tiefenwasser, zu Zeiten humiden Klimas in den Tiefen der Erde gespeichert, fossil, gefangen, versteckt, ist dagegen eine unterirdische Lebensquelle für die Oasen.

Ein anderes Ägypten, das der Oasen, wurde in der Vorgeschichte, als die aufziehende Trockenheit die Nomadenhirten und ihre Herden aus der Wüste trieb, zu einer Zuflucht. Als der Regen wieder Einzug hielt, kehrten sie zurück. Später, vor den ersten Dynastien, setzte sich erneut ein arides Klima durch, das bis heute anhält. Die Oasen nahmen die Nomadenvölker auf, die von nun an auf ihre Wanderungen verzichten mussten. Sie brachten ihre Wüstenkultur mit, die Kenntnis der Fauna und der wilden Pflanzen, die sie in den semiariden Zonen angebaut hatten, Steinwerkzeuge und das Kunsthandwerk wie die Technik der Felsgravur und -malerei. All dies hat die Entwicklung der traditionsreichen Kultur der Oasen ermöglicht und gefördert.

Einst Treffpunkte der Karawanen oder Orte des Exils, ziehen die Oasen heute eine neue Art von Heimatlosen an. Während sich im Niltal die Menschen gegenseitig die Lebensgrundlagen streitig machen – ein Zustand, der durch die sich ausbreitende Sahara noch verstärkt wird –, suchen immer mehr Menschen ihr Glück in der Wüste. Um den katastrophalen Folgen der Überbevölkerung und der austrocknenden Weide- und Anbauflächen zu entgehen, fliehen viele ausgerechnet in die Wüste.

Die Oasen entwickeln eine intensive Bewässerung, um das Vordringen der Wüste zu bekämpfen und die Anbauflächen zu erweitern; hierfür sind Wasser und Arbeitskräfte von Nöten. Die Bevölkerungszunahme in den Oasen führt zum Anstieg des Wasserverbrauchs, und die natürlichen Quellen und die Brunnen reichen nicht mehr aus. Das Wasser muss also aus dem Grundwasser kommen. Ob sich dieses alleine auffüllt, ist ungewiss. Es handelt sich um einen Rohstoff wie Erdöl, Eisen oder Kohle, und selbst diese beträchtlichen Vorräte sind irgendwann erschöpft. Dank dieses Wassers kann sich aber heute das Leben in diesem anderen Ägypten weiterentwickeln, das seinen Ursprung in der Kultur der Wüste hat. »Einer teuflisch interessanten Wüste«, wie Théodore Monod sagt.

**184.** Antoine de Saint-Exupéry: *Der Kleine Prinz*. Karl Rauch Verlag, Düsseldorf 1985, S. 56.

# Anhang

## *Die Entdecker der Westlichen Wüste Ägyptens während und zwischen den beiden Kriegen*

Die Erforschung der Westlichen Wüste Ägyptens ergab sich aus der Notwendigkeit, die Invasion der Sanussi aus der Kyrenaika zu verhindern. Die Operationen der Light Car Patrols (LCP) mit dem Ford Modell T sowie die bewaffneten und gepanzerten Rolls-Royces des Herzogs von Westminster ermöglichten eine tief greifende Untersuchung vieler Orte in der nordwestlichen Wüste. Angeführt wurde die Expedition von J. Ball, Leiter des 1896 gegründeten Departments für ägyptische Geologie (EGS), die sich die Erschließung der Bergwerksgebiete auf dem gesamten Territorium Ägyptens zum Ziel gesetzt hat.

1918 fuhren Ball und C. H. Wilson, Hauptmann des Karawanenregiments der Freiwilligen, mit den Ford T der LCP von Dachla über den Südwesten in die Große Sandwüste; auf ihrer Fahrt entdeckten sie Abu Ballas, den Hügel der Tonscherben.

Nach dem Krieg wurde eine regionale Verwaltung der Grenzen (FDA) geschaffen, um in den abgelegenen Regionen des Nillandes wie Siwa und den zentralen Oasen eine Verwaltung zu etablieren und für Ordnung zu sorgen. Diese Verwaltungsstelle war mit einer ansehnlichen Herde Kamelen ausgestattet und übernahm die Aufgaben der Patrouillen der LCP, als die englischen Truppen am Nil in Garnisonen lagen.

Oberst von Lancey Forth, Major des Kamelbataillons der FDA, startete 1921 in Siwa mit Oberst McDonnel, damals Gouverneur über die Westliche Wüste, und drang 100 Meilen tief gen Süden in die Wüste vor. 1924 setzten sie mit Hauptmann Hatton (FDA) ihre Expedition um weitere 100 Meilen fort, immer noch gen Süden. Sie entdeckten die westliche Zone von Dachla, die Felsfront von Abu Mingar, doch als sich ihr Führer verirrte, mussten sie nach Abu Mingar zurückkehren.

Seine erste motorisierte Expedition unternahm Prinz Kamal ad-Din mit Ball 1923 im Südwesten der Wüste. Sie führte an Abu Ballas vorbei. Sie fuhren in sechs Ford T, Typ *standard pick-ups* mit zwei Gängen, von der FDA. Außerdem waren drei Citroën-Raupenfahrzeuge des Prinzen im Einsatz. Major Jarvis, Gouverneur der Oasen Charga und Dachla, sowie Oberleutnant Fairman (FDA) hatten mit diesen Fahrzeugen auf der möglichen Strecke ab Dachla zwei Lager vorbereitet. Das Department für Wüstentopografie, das Desert Survey Department (DSD), wurde im selben Jahr von J. Ball gegründet und hatte zum Ziel, die Wüsten zu kartografieren. Man bot P. A. Clayton an, vom Department für ägyptische Geologie in diese neue Abteilung zu wechseln, um sich dieser Aufgabe anzunehmen.

1924 erreichten Kamal ad-Din und Ball das »Regenfeld«. 1925 und 1926 erkundeten sie Uwainat; bei jeder Expedition nahmen sie eine andere Strecke, ordneten schließlich das Gebiet geografisch ein und gaben ihm den Namen Gilf Kabir.

1926 erwarb das Department für Wüstentopografie (DSD) für die Geografen Murray und Walpole drei Ford T sowie einen Lastwagen für P. A. Clayton, alle mit Rückstall-Getrieben mit zwei Gängen. P. A. Clayton und Oberleutnant Fairman von der FDA sahen sich vor der Expedition im Jahre 1927 den Verlauf der westlichen Grenze an; diese Expedition hatte zum Ziel, die englisch-italienische Grenze festzulegen. Von Sollum an der Küste fuhren sie mit einem Lastwagen mit übergroßen Reifen des DSD und einem Spezialauto für Wüsteneinsätze der FDA auf dem 25°-Meridian bis zu 350 Kilometer in die Große Sandwüste. Diese Expedition war eine Meisterleistung sondergleichen, bei der jedoch die Grenzen des Modells T deutlich wurden. Die Spezial-Wüstenautos der FDA waren Ford T mit großen LKW-Reifen und einer zusätzlichen zentralen Achse zur Steuerung der Räder und der Raupenketten.

Die Beadnells arbeiteten von 1927 bis 1929 im Süden der Wüste, erkundeten und überwachten die Bohrungen der Brunnen in Bir Sahara (von Mrs. Beadnell getauft) und des »Brunnens der Expedition« in Bir al-Massaha (Name von H. E. Sirrey Bey, bedeutender Topograf). Sie waren mit vier Ford T ausgerüstet. Ihre Expedition begann in Bir Massaha und führte in den Nordwesten bis zur »Entdeckung der schwarzen Hügel über den Ebenen«.

Bis zu diesem Zeitpunkt wurde die Erforschung der Wüste in Kooperation mit dem Department für ägyptische Geologie (EGS), dem Department für Wüstentopografie (DSD) und der regionalen Verwaltung der Grenzen (FDA) geplant und finanziert. Prinz Kamal ad-Din und Omar Tousoon, die in ihrem Citroën und Renault fuhren, waren auf Anweisung des Königs Teil eines Generalplans, unterstützt von Fach-Departments.

Die Offiziere des königlichen Pionierbataillons (RE), die Einheiten des Fernmeldedienstes (RCS) und die Panzereinheiten (RTC) der in Ägypten stationierten britischen Armee lebten alle zusammen in Abbassia am Rand von Kairo. Oberleutnant Bather, ein Offizier des Panzerkorps, der in der letzten Panzereinheit in Sollum gedient hatte, sowie Oberleutnant Holland, ein Offizier des Fernmeldedienstes, erkundeten im Dezember 1924 mit zwei Wagen eine Woche lang den Rand der Westlichen Wüste. Bather lehrte Holland die alten Techniken und die Überlebensregeln in der Wüste, die von den Patrouillen der Light Car Patrols (LCP) aufgestellt worden waren; dann kehrte er nach England zurück. Bagnold, Major des Fernmeldedienstes, kam im Oktober 1925 an und traf Holland. Sie stellten gemeinsame Interessen fest und brachen mit zwei Ford T zur Erforschung der angrenzenden Wüsten auf. Major Jarvis war damals Gouverneur des Sinai und erlaubte ihnen später, diese Wüste zu durchqueren, um nach Palästina zu gelangen.

Bagnold rekrutierte seine künftigen Begleiter in der Wüste unter den Offizieren dieser drei Korps; folgende Expeditionen standen an: Siwa, 1927; Ain Dalla, 1929; die Große Sandwüste, der Hügel der Ammoniten und Uwainat, 1930; die Expedition der »60 000 Meilen«, 1932. Penderel, Befehlshaber der Schwadron, hatte die Royal Air Force davon überzeugt, dass der Einsatz ihres Militärflugzeuges »Vickers Victoria« im Sinne einer inoffiziellen Hilfsaktion im Interesse der Dienststelle war, die seit langem mit den Expeditionen von Bagnold kooperierte.

1929 kam ein neuer Ford auf den Markt, das Modell A, mit dem man viel weiter in die Wüste vordringen konnte. Das Department für Wüstentopografie (DSD) und Oberleutnant Uniake von der regionalen Verwaltung der Grenzen (FDA) testeten zeitgleich mit Bagnold das neue Modell und waren sehr zufrieden. Das neue Schaltgetriebe – statt drei nun vier Gänge – und ein neuer Motor, vergleichbar mit denen von Lastwagen, schienen unabdingbar. Doch hatte man noch nicht das Problem der passenden Reifengröße gelöst. 1930 benutzte man zur Wüstendurchquerung Reifen mit einer Breite von 6 Zoll der Marke Dunlop; am Ende des Jahres kamen die neuen 9-Zoll-Reifen, die nun auch dieses Problem behoben.

Die britische Armee bekundetet allerdings erst 1933 offiziell Interesse an der Wüste, abgesehen von einer Testreihe des Kriegsministeriums, bei der eine Reihe

*Die Mitglieder des Departments für ägyptische Geologie 1925.*
*Erste Reihe: 2. v. l. P. A. Clayton, 4. v. l. J. Ball, 6. v. l. L. Beadnell, 9. v. l. Walpole*

von Fahrzeugen aus Kairo geprüft wurden; die Strecke ging bis zur Grenze nach Uganda und zurück; Oberleutnant Guy Prendergast nahm daran teil.

Graf Ladislaus E. Almasy, auch bekannt unter dem Namen Lazlo oder Teddy, war ein begeisterter Wüstenpilot. Er flog 1929 »Steyr«-Modelle von Mombasa nach Kairo. 1931 flog er mit einem kleinen leichten Flugzeug, Modell »Gipsy Moth«, nach Ägypten, hatte jedoch auf der Strecke einen Schaden.

Sir Robert Clayton East Clayton, frisch verheiratet und Besitzer eines ähnlichen Flugzeuges, suchte das Abenteuer und hörte vom Club Zarzura in London, über den er Almasy in Ungarn kennenlernte. Sie planten eine gemeinsame Expedition mit dem Flugzeug Claytons zur Suche nach der verschwundenen Oase Zarzura. Sie beschlossen in Kairo, dass P. A. Clayton sie führen sollte, nachdem sie im vorherigen Jahr einen kurzen Überblick über die westliche Region des Gilf Kabir gewonnen hatten. Sie wollten die Höhen des Gilf-Kabir-Plateaus aus der Luft erkunden. Penderel, Befehlshaber der Schwadron, stieß dort zu ihnen. Im März/April 1932 wurden die Hügel von ihren Erforschern Peter und Paul getauft. Die Expedition im Westen des Gilf Kabir wurde bis zu der Region ausgedehnt, wo prähistorische Felsmalereien von Giraffen gefunden worden waren. Zarzura fanden sie nicht, sahen aber vom Flugzeug aus bewaldete Wadis im Inneren des Gilf Kabir. Lady Dorothy Clayton, selbst Pilotin, nahm nicht an der Expedition teil. Bei der Rückkehr nach England starb Sir Robert im September an einer Virusinfektion.

Die Erforschung der Großen Sandwüste, angeregt vom Department für Wüstentopografie (DSD), begann Ende 1932. P. A. Clayton mit seinen Fahrern Abu Fudail, Manufli und Muhammad Aid sowie den Topografen Obaid, Hassan Aid und Hassan Shahin, die zehn Jahre für ihn gearbeitet hatten, hatten zunächst den Auftrag, die Wüste direkt von Ost nach West zu durchqueren, durch die Dünen der Großen Sandwüste, entlang des 27. Breitengrades bis zur libyschen Grenze. Auf einem flachen Gebiet westlich der Großen Sandwüste wurde zur Orientierung ein Signalturm von 5 Fuß Höhe installiert, den die Forscher von Weitem sehen konnten. Der Signalturm ist auf den heutigen Karten als »Big Cairn« ausgewiesen. Das zweite Ziel dieser Expedition war es, direkt in den Süden nahe des 24. Breitengrades zu gelangen; sie durchquerten die Sandwüste, um die nördlichen Regionen des Gilf Kabir zu lokalisieren und folgten wieder einer fast geraden Linie entlang der Dünen. Am 29. Dezember, noch bevor sie den Gilf erreichten, entdeckten sie Ansammlungen libyschen Glases in den breiten Dünentälern. Sie fuhren weiter, um den nördlichen Rand des Gilf zu bestimmen, und gelangten in die bewaldeten Wadis, die sie bereits vom Flugzeug aus gesehen und Wadi Abd al-Malik und, weiter im Osten, Wadi Hamra getauft hatten.

Zur gleichen Zeit organisierte Oberleutnant Orde Wingate eine Kamelexpedition in Richtung Osten und Norden; Ausgangspunkt war Abu Mingar, wo er P. A. Clayton mit seiner motorisierten Expedition im Februar 1933 traf. Lady Dorothy Clayton flog mit Oberstleutnant Roundell als Kopilot in ihrem kleinen leichten Flugzeug wieder nach Ägypten. Nach dem Tod ihres Ehemanns wollte sie seine Forschungsarbeit zu Ende bringen. Sir Ahmad Hassanain, so nannte man ihn damals, war es wichtig, dass sie und Roundell sich der Expedition von P. A. Clayton in die nördlichen und westlichen Regionen des Gilf anschlossen, allerdings ohne Flugzeug. Lady Clayton kaufte zwei Fords, von denen der eine, der »Große Bert« mit den ersten 9-Zoll-Reifen, Bagnold gehört hatte. Ihre Route führte quer durch die Dünen, um ein Basislager am westlichen Hang der Sandwüste zu errichten. Dann ging es weiter in die Gegend des libyschen Glases und schließlich gen Westen, auf der Suche nach Giraffenmalereien sowie nach dem bewaldeten Wadi, das im Jahr zuvor vom Flugzeug aus gesichtet worden war. Sie begaben sich nach Khufra und kehrten über die Sandwüste nach Siwa zurück, ohne Zarzura zu entdecken. Lady Dorothy kam im September desselben Jahres bei einem Absturz ums Leben.

Zu Beginn des Jahres 1933 hatte auch Almasy eine Expedition in den Süden und Osten des Gilf organisiert, immer noch auf der Suche nach Zarzura. Penderel diente ihm zu dieser Zeit als Berater gegenüber den Behörden. Richard Bermann, ein wohlhabender Österreicher, hatte das ganze Unternehmen finanziert. Prinz Kamal ad-Din hoffte, sich ihnen anschließen zu können, starb jedoch zu Beginn des Jahres. Sie brachen von Charga in Richtung Abu Ballas und Regenfeld auf, ehe sie sich dem Gilf Kabir näherten, wo sie im Süden eine Gedenkstätte zu Ehren Kamal ad-Dins errichteten. Penderel hatte während eines seiner früheren offiziellen Flüge eine Route entdeckt; sie verlief gerade durch den Gilf in Richtung Süden, um aus der Senke zu kommen. Es handelte sich um das Wadi Firaq, so der heutige Name. So brauchten sie die weiten Flächen des Plateaus nicht im Süden zu umrunden.

Sie erreichten Khufra und fanden die Spuren des ehemaligen Lagers nahe den Giraffengravuren. Ein Stück weiter entdeckten sie dank der hellen Nachmittagssonne die »Höhle der Schwimmer« und ihre heute geschätzten, früher unbemerkt gebliebenen Malereien. Die Gegend wurde von nun an Wadi Sura genannt, das »Tal der Malereien«. Von dort aus ging die Expedition nach Uwainat und schließlich zurück nach Kairo. Almasy kehrte schließlich mit dem Archäologenteam des deutschen Forschers Frobenius in den südlichen Teil der Wüste zurück.

Im Frühjahr 1934 nahm Almasy Hans-Joachim von der Esch und andere mit zu einem versteckten Ort zwischen Dachla und dem Brunnen Abu Mingar, wo antike Scherben besonderes Interesse fanden; Almasy glaubte, hier eine Verbindung zur verschwundenen Armee des Kambyses zu erkennen. Etwas später im selben Jahr ging er mit einer Gruppe Franzosen erneut in den Uwainat. Von der Esch begleitete Almasy bei anderen Expeditionen und wurde wie Almasy als Spion verdächtigt. (Die Ziele der Nazis kamen damals mehr denn je im »Plan Berlin Bagdad« zum Ausdruck, doch hatte sich eine regelrechte Spionage-Manie entwickelt.)

P. A. Clayton unternahm im November 1934 zusammen mit Spencer vom British Museum sowie mit O. H. Tip Little eine Expedition in die Gegend des libyschen Glases in der Großen Sandwüste; Ziel war es, dieses zu erforschen.

1936 nahmen an der Expedition Kennedy Shaws, die durch die westliche und südliche Wüste bis in den Sudan führte, Oberst Strutt mit seiner Frau, R. McEuen, Mason und Oberleutnant Rupert Harding-Newman teil. Der Kommandeur Guy Prendergast trug damals die Verantwortung für eine Batterie Maschinengewehre der sudanesischen Verteidigungskräfte in al-Fasher und besaß glücklicherweise ein Privatflugzeug, mit dem er den schwer erkrankten Oberst Strutt aus der Wüste holen konnte. Unabhängig von alledem besuchte Oberleutnant Teddy Mitford von der Panzereinheit (RTC) auf seiner Hochzeitsreise Khufra.

Hans Otto Berent, Vertreter eines deutschen Chemiekonzerns, flüchtete sich von Zeit zu Zeit von Kairo in die Wüste. Die einheimischen Erforscher der Wüste kannten ihn. Vladimir Peniakow, der belgisches Zuckerrohr anbaute, begab sich ebenfalls auf noch unbekannte Pfade. 1936 fuhr Almasy erneut in den Gilf und hinterließ oberhalb der Schlucht von Aqaba einige Wasserkanister.

Bagnold war inzwischen aus der Armee ausgetreten und schloß sich im Februar 1938 einer Gruppe von vier Wissenschaftlern auf der Höhe des Gilf-Kabir-Plateaus an, vor allem um den vom Wind bewegten Sand zu untersuchen. Sie entdeckten die Wasserkanister Almasys und fanden weitere Felsgravuren im Wadi Abd al-Malik. Es war eine aus archäologischer Sicht sehr interessante Expedition.

Ende 1939 konnte Major Bagnold, der zunächst für einen Einsatz in Indien einberufen worden war, zum Glück doch in Kairo bleiben. Während eines Treffens mit General Wavell im Juni 1940 erhielt er die Anweisung, eine mobile Wüstenstreitmacht aufzubauen. Die ersten geeigneten Wüstenfahrzeuge lieh er von Hauptmann Rupert Harding-Newman, der zu der ägyptischen Armee nach Kairo versetzt worden war. Kennedy Shaw wurde aus Transjordanien zurückberufen; Clayton hatte man in Tanganjika ausfindig gemacht und wieder zurückgeholt. Zusammen gründeten sie die Long Range Desert Group. Obwohl Kommandeur Mitford nach wie vor im Panzerregiment tätig war, trat auch er der Gruppe bei. Schnell musste herausgefunden werden, was die Italiener in Khufra und in dem Teil der Libyschen Wüste unternahmen, der zu Uwainat gehörte. Manufli und Muhammad Aid wurden vom Departement für Wüstentopografie (DSD), dessen Leiter inzwischen Georges Murray war, beurlaubt, um für eine Woche auf eine Mehari-Karawanentour in der Umgebung von Uwainat zu gehen, während Abu Fudail, unterstützt von fünf Neuseeländern, P. A. Clayton half, zwei geliehene Wüstenlaster zu fahren; unter der gnadenlosen Julisonne folgten sie den Pisten im Norden von Khufra. Die Namen von Hatton FDA und Tom Bather FDA sind in Siwa in Gedenken an ihre Leistungen erwähnt.

Am 5. September 1940 startete die »Long Range Desert Group« die Durchquerung der Großen Sandwüste von Ain Dalla bis zum »Big Cairn«, wo sie einen Flugplatz und ein wichtiges Reservelager einrichteten, bevor die Patrouille von Mitford mit Oberleutnant Kennedy Shaw in Richtung Taizerbo im Norden von Khufra und die Patrouille von Clayton in den Süden von Tekro am Rande des Tschad aufbrechen konnten. Das Hauptquartier Oberstleutnant Bagnolds und die dritte Patrouille begaben sich in den Süden des Wadi Gubba, um dort die Rückkehr der beiden anderen Einheiten abzuwarten. Kurz danach griff Mitford Uwainat an, während Clayton 500 Meilen nördlich Aujila unter Beschuss nahm. Gegen Ende Oktober waren die italienischen Streitkräfte gezwungen, ihre Kriegsmaterialverwaltung sowie ihre Reserveeinheiten im Süden Libyens zu stationieren, weit entfernt vom Hauptkampfgebiet an der Küste; das war die Gelegenheit für die »Long Range Desert Group«, in Libyen weiter vorzudringen. Murzuk im Fezzan stellte die

*Ford Modell A des Major Bagnold. V. l. n. r.: Prendergast (sitzend), Newbold, Holland und Dwyer (stehend) auf einer Expedition in die Große Sandwüste 1930.*

Zielscheibe dar. Bagnold, Clayton und Shaw planten den Angriff mit größter Präzision; Clayton führte ein Kommando von 24 bewaffneten Lastwagen von Kairo nach Ain Dalla, in die Umgebung von Taizerbo und des Wadi al-Kabir, stieß auf eine französische Logistikkolonne aus Tschad, bevor er in Murzuk eintraf und für große Überraschung sorgte, im Fort wie im libyschen Flugareal, das über 1000 Meilen im Inneren des feindlichen Territoriums lag. Nachdem die Streitkräfte diesen Teil ihrer Mission erfüllt hatten, kehrten sie in den Tschad zurück, um dort zusammen mit den Forces Françaises Libres, den Freien Französischen Streitkräften, Khufra anzugreifen. Als die Patrouille Claytons am 31. Januar 1941 Gabal Sharif erreichte, wurde sie von einer mobilen italienischen Sahara-Truppe, unterstützt von der Luftwaffe, aus Richtung Khufra angegriffen. Clayton und seine Truppe wurden gefasst, da ihre Fahrzeuge lahm gelegt worden waren.

Im März 1941 nahmen die Forces Françaises Libres Khufra ein; die Stadt wurde zum hinteren Stützpunkt der »Long Range Desert Group«. Bagnold wurde befördert, und Oberstleutnant Guy Prendergast übernahm das Kommando der »Long Range Desert Group« ab August 1941 bis zum Ende des Wüstenfeldzugs. Kennedy Shaw blieb Offizier des Geheimdienstes. Während der Kriegswirren entlang der Küste zog die »Long Range Desert Group« durch die Wüste im Landesinneren hinter die feindlichen Linien; sie befanden sich in Sicherheit, da keine Armee ihnen hierher folgen konnte. Die Kartografie ihres eigenen topografischen Departments hörte vor den Linien der Alliierten Streitkräfte auf.

Hans Otto Berent gehörte als Offizier des Geheimdienstes zum afrikanischen Korps und traf Clayton nach seiner Festnahme inmitten der Kriegsgefangenen in Tripolis. Er ging ebenfalls mit dem Sonderkommando nach Fezzan. Von H.-J. von der Esch hörte man nichts mehr. Vladimir Peniakow wurde Kommandeur der Privatarmee von Popski (PPA), die in Tripolitanien, in Kalabrien und sogar in Venedig mit Erfolg kämpfte.

Im Mai 1942 führte Almasy die Spione Rommels bis ins Niltal. Er lieh sich von den Engländern vier Wagen, um nach Jalo im Gilf Kabir zu gelangen, nicht weit vom Wadi Sura, wo er seine Wasserkanister sorgfältig gelagert hatte. Die fünf Männer passierten bei Aqaba in drei Wagen und benutzten die Wasserreserven von 1936. Almasy fuhr an Charga vorbei und ließ die beiden Spione in der Nähe von Asiut zurück. Danach kehrte er an den Ort zurück, wo er den ersten Lastwagen versteckt hatte. Da er nur drei Fahrer für vier Wagen hatte, entschloss er sich, einen LKW zurückzulassen, nachdem er ihn vollständig geleert hatte. Gesund und unversehrt begaben sie sich nach Jalo in die deutsche Zone. Dieser Teil der Operation Salam war gewagt und wurde von Almasy sehr gut ausgeführt. Die beiden Spione wurden kurz darauf festgenommen, da das ganze Abenteuer von den englischen Geheimdiensten überwacht worden war. Im Juli 1942 besuchte Almasy Clayton in einem Kriegsgefangenenlager in Sulmona und erzählte ihm die ganz Geschichte.

P. H. Clayton – Januar 2000

# Bibliographie

ALMÁSY, Ladislaus E.: *Unbekannte Sahara. Mit Flugzeug und Auto in der Libyschen Wüste.* F. A. Brockhaus, Leipzig 1939.

AUFRERE, Sydney, Jean-Claude GOLVIN und Jean-Claude GOYON: *L'Égypte restituée.* Band II: *Sites et Temples du Désert.* Ed. Errance, Paris 1994.

BAGNOLD, R. A.: *Libyan Sands, Travel in a Dead World.* Immel Publishing, London 1993.

BLISS, Frank: *Wirtschaftlicher und sozialer Wandel im »Neuen Tal« Ägyptens. Über die Auswirkungen ägyptischer Regionalentwicklungspoltitik in den Oasen der Westlichen Wüste.* PAS, Bonn 1989.

CAILLIAUD, Frédéric: *Voyage à l'oasis de Thèbes et dans les déserts situés à l'orient et à l'occident de la Thebaïde …* Paris 1821.

CAILLIAUD, Frédéric: *Voyage à Méroé …à Syouah et dans les autres oasis …* Paris 1826.

CLAYTON, Peter H.: *Desert Explorer. A Biography of Colonel P. A. Clayton.* Zerzura Press, Cornwall 1998.

DENON, Dominique-Vivant: *Voyages dans la Haute et la Basse Égypte …* Band I. London 1807.

DITTRICH, Peter (Hrsg.): *Biologie der Sahara. Ein Führer durch die Tier- und Pflanzenwelt der Sahara.* 2. verb. und erw. Aufl. Eigenverlag, München 1983.

ESCH, Hansjoachim von der: *Weenak – die Karawane ruft. Auf verschollenen Pfaden durch Ägyptens Wüsten.* Brockhaus, Leipzig 1941.

FAKHRY, Ahmed: *The Necropolis of Bagawat in Kharga Oasis.* The Egyptian Deserts Government Press, Kairo 1951.

FAKHRY, Ahmed: *The Oases of Egypt.* Band I: *Siwa Oasis,* Band II: *Bahriya and Farafra.* The American University of Cairo Press, Kairo 1973, 1974.

FINK, Gerhard: *Who's who in der antiken Mythologie.* dtv, München 1993.

FUCHS, Peter: *Menschen der Wüste.* Georg Westermann, Braunschweig 1991.

GEBHARDT, Rudolf Renée: *Unbekanntes Ägypten – Oasen und Wüsten.* Stuttgart 1995.

GERMER, Renate: *Das Geheimnis der Mumien.* Rowohlt, Reinbeck 1991.

GÖTTLER, Gerhard (Hrsg.): *Die Sahara. Mensch und Natur in der größten Wüste der Erde.* DuMont, Köln 1989.

HARDING KING, W. J.: *Mysteries of the Libyan Desert.* London 1925.

HORNEMANN, Friedrich: *Tagebuch seiner Reise von Cairo nach Murzuck.* Nachdruck der Ausgabe Weimar 1807. Olms, Hildesheim 1997.

HUSSAIN, Kamal ad-Din: »L'exploration du désert de Libye III, Expédition de 1925–1926«. *Revue de Géographie* 50 (1928), S. 320–336.

JUX, Ulrich: »Zusammensetzung und Ursprung von Wüstengläsern aus der Großen Sandsee Ägyptens«. *Zeitschrift der deutschen geologischen Gesellschaft* 134 (1983), S. 521–553.

KAYSER, Hans: *Die Mastaba des Uhemka: ein Grab in der Wüste.* Fackelträger-Verlag, Hannover 1964.

KRÖPELIN, Stefan: »The Gilf Kebir and Lower Wadi Howar: Contrasting Early and Mid-Holocene Environments in the Eastern Sahara«. In: Lech Krzyzaniak u. a. (Hrsg.): *Environmental Change and human Culture in the Nile Basin and Northern Africa until the Second Millenium BC.* Poznan Archaeological Museum, Posen 1993, S. 249–258.

KUHLMANN, K. P.: *Das Ammoneion. Archäologie, Geschichte und Kulturpraxis des Orakels von Siwa.* Mainz 1999.

KUPER, Rudolph: »Between the Oases and the Nile-Djara: Rohlfs' cave in the Western Desert«. In: Lech Krzyzaniak u. a. (Hrsg.): *Interregional Contacts in the Later Prehistory of Northeastern Africa.* Poznan Archaeological Museum, Posen 1996, S. 81–91.

KUPER, Rudolph: »Sahel in Egypt: Environmental Change and Cultural Development in the Abu Ballas

Area, Libyan Desert«. In: Lech Krzyzaniak u. a. (Hrsg.): *Environmental Change and human Culture in the Nile Basin and Northern Africa until the Second Millenium BC*. Poznan Archaeological Museum, Posen 1993, S. 213–223.

LHOTE, Henri: *Die Felsbilder der Sahara. Entdeckung einer 8000-jährigen Kultur*. 3. Aufl. Verlag Andreas Zettner, Würzburg und Wien 1958.

LURKER, Manfred: *Lexikon der Götter und Symbole der alten Ägypter*. Scherz, München 1998.

MINUTOLI, Heinrich von: *Caravanenzug des Freyherrn durch die libysche Wüste*. Berlin 1824.

MINUTOLI, Heinrich von: *Reise zum Tempel des Juppiter Ammon in der libyschen Wüste*. Berlin 1824.

MONOD, Théodore: *Les Carnets de Théodore Monod*. Le Prés aux Clercs, Paris 1989.

MONOD, Théodore: *Méharées*. Actes Sud, Arles 1989.

POSENER, Georges u. a.: *Lexikon der ägyptischen Kultur*. Wiesbaden 1960.

RICHTER, Nikolaus Benjamin: *Auf dem Wege zur schwarzen Oase*. VEB F. A. Brockhaus Verlag, Leipzig 1958.

ROHLFS, Gerhard: *Drei Monate in der libyschen Wüste*. Verlag Theodor Fischer, Cassel 1875.

RUSHDIE, Saïd: *The Geology of Egypt*. A. A. Balkema, Rotterdam/Brookfield 1990

*Schätze aus dem Wüstensand. Kunst und Kultur der Christen am Nil*. Ausstellungskatalog. Münster 1996.

SCHÖN, Werner: *Ausgrabungen im Wadi al Akhdar, Gilf Kebir (SW-Ägypten)*. Band I. Heinrich-Barth-Institut, Köln 1996.

SCHOTT, Siegfried: *Das schöne Fest vom Wüstentale: Festbräuche einer Totenstadt*. Verl. D. Akad. d. Wiss. u. d. Lit., Mainz 1953.

WAGNER, Guy: *Les Oasis d'Égypte*. IFAO (Institut Français d'Archéologie Orientale – Französisches Institut für orientalische Archäologie), Kairo 1987.

ZITTEL, Karl u. a.: *Beiträge zur Geologie und Paleontologie der Libyschen Wüste und der angrenzenden Gebiete von Ägypten, I. Theil*. Verlag Theodor Fischer, Kassel 1883.

# Danksagungen

Wir sind weder Touristen noch Entdecker, sondern, wie Jean-François sagt, Reisende. Als Wüstenbegeisterte hatten wir das Glück, einen Traum Wirklichkeit werden zu lassen. Wir durchkreuzten und entdeckten die Libysche Wüste und versuchten, ihre Geheimnisse zu lüften, sie in einigen Bildern festzuhalten und andere daran teilhaben zu lassen.

Wir danken von ganzem Herzen:

Samir und Wally Lama, unseren Wüstenführern, ohne die wir dieses Abenteuer nie hätten verwirklichen können. Ihnen verdanken wir, unglaublich schöne Orte kennen gelernt, gewaltige Dünen und schwindelerregende Gebirgspässe überquert zu haben. Wir durften so viele schöne Momente erleben, haben viel miteinander gelacht … Oh my God! Nur gute Erinnerungen …

Prof. Jean Leclant, Mitglied auf Lebenszeit der Académie des Inscriptions et Belles Lettres, für all seine beeindruckenden und gut illustrierten Veröffentlichungen, für seine guten Ratschläge, seinen aufbauenden Enthusiasmus, seine Hilfe bei der Ausführung dieses Buches sowie für sein Vorwort voller Anerkennung für die Autoren.

Prof. Nicolas Grimal, ehemaliger Direktor der IFAO, Inhaber des Lehrstuhls für Ägyptologie am Collège de France, hat uns mit aufmunternden Worten und seinem Fachwissen während der Erstellung dieses Buches mit unermüdlichem Einsatz zur Seite gestanden. Wir sind ihm sehr dankbar für die Fachliteratur, die er uns zu Verfügung gestellt hat und für die Kontakte zu Experten. Ferner für seine konstruktive Kritik und seine Ratschläge in allen schwierigen Situationen und nicht zuletzt für sein besonderes Geschenk in Form eines bislang unveröffentlichten Textes über die Götter der Libyschen Wüste.

Georges Soukiassian, Archäologe der IFAO, Leiter der Ausgrabungen von Balat, für seine Gastfreundschaft, die zahlreichen Erklärungen über diesen Ausgrabungsort, den Bericht seiner persönlichen Erfahrungen und für seinen Beitrag zu unserem Buch.

Prof. Théodore Monod, dem großen Sahara-Experten, für sein Interesse an unseren Expeditionen, seine ansteckende und geteilte Begeisterung für die Libysche Wüste – in all seinen Werken schwingt stets freudiger Humor mit –, für sein Fachwissen im Bereich der Wüstenliteratur sowie für seine Hinweise bezüglich unserer Recherchearbeit.

Edmond Diemer, Geophysiker, enger und treuer Mitarbeiter von Théodore Monod, für seine wertvolle Hilfe, die er uns im Rahmen lehrreicher Diskussionen mitten in der Wüste entgegengebracht hat, für die exakten wissenschaftlichen Erklärungen, die unsere Texte bereichert haben, für den Zugang zu einer großen Bibliothek an Fachliteratur und für die interessanten Kontakte. Unsere ganze Anerkennung gilt auch seiner Frau, Monique Diemer, Naturwissenschaftlerin, für ihre fachlichen Beiträge aus den verschiedensten Gebieten und für das Korrekturlesen unseres Buches.

Prof. Rushdi Saïd, renommierter Geologe, dessen zahlreiche Veröffentlichungen zu den Standardwerken über Ägypten zählen. Er ist ein unermüdlicher Reisender, hat die östliche Sahara durchquert und sich ein einzigartiges Wissen über das Niltal angeeignet. Voller Enthusiasmus hat er uns einen Überblick über die Geologie der Wüste verschafft.

Dr. Didier Basset und seiner Frau Annie, deren Entdeckerleidenschaft mit einem unstillbaren Wissensdurst gepaart ist. Während zahlreicher Reisen haben sie uns wissenschaftliche Erläuterungen gegeben, auch astronomischer Natur. Ihnen verdanken wir zudem sehr schöne Fotos.

Dr. Rudolph Kuper vom Heinrich-Barth-Institut für sein Fachwissen und seine zahlreichen Artikel über die Libysche Wüste, für seine Ratschläge, die uns den Besuch schwer zugänglicher Orte ermöglichten und lange Umwege ersparten.

Dr. Stefan Kröpelin vom Heinrich-Barth-Institut in Köln, für seinen wissenschaftlichen Beitrag zu diesem Werk, die Bekanntgabe seiner Forschungsergebnisse, seine enge Zusammenarbeit und das rasche Beantworten unserer Fragen.

Major P. H. Clayton und seiner Frau Pamela, faszinierende Reisebegleiter, die zu den ersten Entdeckern dieser Wüste zählen, treue Freunde, die stets bereit waren, alte und wertvolle Dokumente sowie Zeugnisse aus dieser Pionierzeit zur Verfügung zu stellen.

Wir danken auch der Ägyptischen Altertümerverwaltung, dem Bibliothekspersonal des Institut Français d'Archéologie Orientale (IFAO) in Kairo, dem Forschungszentrum für Ägyptologie der Universität Sorbonne in Paris sowie:

Dem Leiter der Bibliothek der Abbaye Sainte Marie
Der Association des Fauconniers et Autourciers (französische Vereinigung der Falkendompteure)
Aly Barakat
Catherine Berger
Paul Berliet
Pierre Stéphane Berriot
Alain und Louis Carion
Sophie Casalis
Chamalières: curé de Notre Dame
Tourismusbüro und Institution Sainte Thècle
Hervé Charbonneaux
Antoinette Charniot, Explorer
Nadine Cherpion
Frédéric Colin
Nathalie Dupin de Saint Cyr, Spot Image
Eyzies, SERPE
Yves Gauthier
Claude Geffré
Bernard Gibello und Marie-Luce Verdier-Gibello
Krystina Gritten
Revue La Hulotte
Sophie de Jocas
Jean Kérisel
Pierre und Isabelle Larbey
Nathalie Leenhard
Giovanni Leonardi
Antoinette Levêque
Ligue de Protection des Oiseaux (französischer Vogelschutzbund)
Sébastien Marignani
Sœur Maylis
Jacques und Danièle de Minvielle
Bâtonnier Mollet Vieville
Giancarlo Negro
Marie-Georges Nida
Roberta Simonis
Jean-François Terrasse
Jean-Marc Thiollay
Jacques Vettier
Guy Wagner
Phox, rue de Laborde, Paris

# Bildnachweis

Alle Fotografien stammen von den Autoren, außer jenen auf den folgenden Seiten:

Bibliothèque nationale de France, Paris, Cabinet des monnaies, médailles et antiques, p. 34
Musée Calvet, Avignon, p. 35
Gamma / Marc Deville, pp. 52, 53, 54, 55
Didier Basset, Farafra, Weiße Wüste, Reigen der Sterne, S. 66
Didier Basset, Dachla, Pylone des Tempels von Dar al-Haggar, S. 78
Musée du Louvre, p. 97
Artephot / Oronoz / Musée du Prado, p. 97
Didier Basset, Charga, Tempel von Nadura, Blick auf den Tempel von Hibis, S. 103
Stefan Kröpelin, Paleomonsoons Project, Blick von Siwa und dem Großen Sandmeer (Landsat 180–40) S. 118
Archives Rolls-Royce, Nr. 1, S. 127
Archives P. H. Clayton, Nr. 2, S. 127
Archives Rolls-Royce, Nr. 3, S. 127
Archives P. H. Clayton, Ford TT, Nr. 4, S. 127
Archives P. H. Clayton, Nr. 5, S. 127
Stefan Kröpelin, Gesamtansicht der Gerhard-Rohlfs-Grotte, S. 130
Stefan Kröpelin, Eingang zur Grotte, S. 130
Edmond Diemer, Sandkörner, S. 145
NASA, Barkhane auf dem Mars, S. 148
Spot Images et Explorer, Dünengürtel auf dem nördlichen Gilf, S. 153
Spot Images et Explorer, westliche Kontur des Gilf Kabir, S. 161
Edmond Diemer, Blühendes Wadi Hamra, S. 168
Edmond Diemer, Flora, Nr. 1, 3, 4, 5, 6, 8, 9, S. 169
Dragesco-Joffé, Wüstenfuchs S. 173
Dragesco-Joffé, Mufflon, S. 173
Didier Basset, Detail eines im Sand stehenden Fulgurits, S. 192
Giancarlo Negro, Pektoral Tut-Anch-Amuns, S. 195
Anhang: Archives P. H. Clayton, S. 234 und 235

# Grafische Gestaltung

Atelier Marc Rosenstiehl